U0016001

孔德成稚齡時，在濟南藝光照相館的沙龍照，當時約三四歲。

青年時期的孔德成。

抗戰期間，孔德成夫婦在重慶一家照相館的合影，孔德成當時十九歲。

寄給我的親愛的琪和我的寶寶鄂益來寧一九四八年五月照于美國

孔德成 1948 年赴美，寄回的個人照。他親筆寫：「寄給我的親愛的琪和我的寶寶鄂益來寧……」。

孔德成一家攝於臺中。

孔德成赴美國舊金山祭孔，攝於臺灣捐贈的孔子像前。

君子「近」庖廚。孔德成偶爾技癢，會親自下廚做菜。

1963 年，孔德成過生日，一家人為他慶生。左一為維鄂、右一為維崍、右二維寧，右三是維益的女友于曰潔。

1968 年，蔣中正赴孔廟親校祭孔習儀，奉祀官孔德成在旁解說。

一九八四年五月十七日
中午十二時與羅馬天
主教教宗若望保羅
二世攝于梵蒂岡教
宗宮內書室
一九八五年十一月二十日
題記于美國加州聖
卡婁斯市貝尤路一五
六號戴尼斯與維鄂
山寓
孔德成

孔德成在女兒維鄂的加州寓所親筆題字紀念和天主教宗若望保祿二世的合影。

蔣經國總統當選連任，孔德成代表國民大會呈送總統當選證書。

孔德成初任考試院長，與行政院長孫運璿夫婦相互敬酒。

孫女孔垂梅結婚，與祖父母孔德成、孫琪方合照。

孔德成與七十九代嫡長孫孔垂長夫婦及八十代嫡長孫孔佑仁。

2005 年，臺大頒授榮譽博士學位給孔德成，次媳吳涯和孫女孔垂玖陪同。孔垂玖當時是臺大資訊工程系學生，上臺獻花給爺爺。

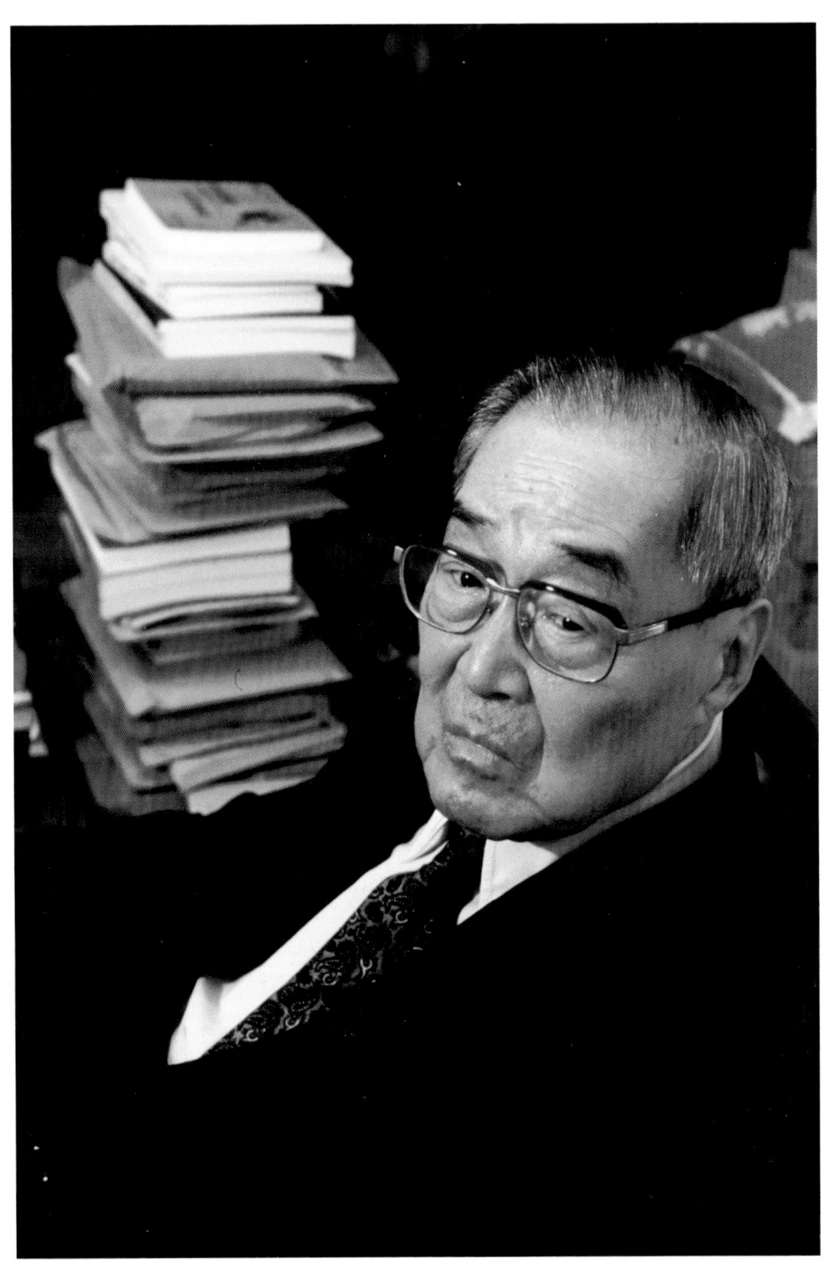

八十七歲的孔德成。

儒者行

孔德成先生傳

汪士淳 著

序一

連戰（前副總統）

「儒家文化」發源於孔子思想，歷經二千五百餘年的朝代遞嬗與時代變遷，走過尊孔的榮盛時期，也經歷過「反孔」、「批孔」的嚴苛挑戰，幾經波折，卻益發展現其深度底蘊，如今，以「新儒家哲學」的面貌再次躍升為中華兒女乃至世界尊崇的普世價值。然而，談到儒家文化，跟臺灣這片土地連結最深的，就是中華歷史上最後一任衍聖公，孔德成先生。

我與孔先生淵源甚深。一九六二年，我的父親連震東先生曾代表　先總統蔣公在臺北祭孔大典上香，當時的奉祀官就是孔先生。一九九三年，在總統府舉行的新任政府首長宣誓典禮中，我宣誓成為行政院院長，時任考試院院長的孔先生即為在場觀禮見證的首長之一。二〇〇八年，孔先生溘然長逝，秉持著對孔先生的崇敬，我擔任治喪委員會主任委員，親自參與相關典禮儀式的規劃安排。我對孔先生的緬懷與敬仰，就如當時訃告文《孔德成先生事略》中所言：「知之深者，則于其學問人品，敬畏有加，學者教授、弟子門生，執禮之恭，近數十年僅見，亦足證其師道之尊嚴矣。」因此，此次我有幸受邀為《儒者行》作序，內心著實感恩。

細讀此本《儒者行》，平實近人的文字，卻深入淺出、娓娓道來孔先生一生八十九年歲月的生命故事，除了是孔先生珍貴的生命史紀錄之外，同時也完整體現了中華民族的現代史。在眾所矚目中誕生的孔先生，出生三個月就襲封為「衍聖公」，九歲時就肩負起孔氏家業的重任，一生衣著簡樸、談吐明晰、行事謙恭有禮。在大時代的背景下，歷經日本占據東北、抗戰勝利、國共內戰、隨國民政府遷移來臺，以及其後的中華文化復興運動、解嚴與政黨輪替。孔先生不僅為故宮國寶的保存與管理費心思量，也在臺灣大學執教作育英才，甚至發揮其聖裔身分，為中華民國當時艱難的外交處境帶來突破性的力量，最後擔任考試院院長與總統府資政，持續為國家人民貢獻心力。現代中華民族經歷的每個挑戰與變遷，都在孔先生的生命中留下深刻的印記與衝擊，但孔先生總是基於儒家道統並站在中華民族的立場，為歷史、為民族以及為自己，做出最適當、全觀、堅定且令人感動的抉擇。此外，孔先生不但是具有聖人遺風的孔子嫡孫以及教育家，還是書法家與美食家，他的翩翩君子風度與宏觀視野，以及對生活之美的細心體會，值得吾人學習。

綜觀今日世界，全球競爭激烈，天災挑戰頻仍，社會發聲多元。值此時期，儒家思想對於個人、人際、社會乃至人與環境之間，所主張的那份適當的「愛」與「尊重」，實為吾人應銘記在心並付諸實踐的重要價值。期許在未來，透過這本《儒者行》，能使更多的中華兒女深入認識、體會並珍惜這匯集祖先智慧的儒家文化，並將之發揚光大，傳遞到世界的每個角落，讓獨特的中華智慧成為引導世界潮流的領航者。謹以此序，祝福每一位中華兒女，都有美好、幸福且燦爛的未來；也祝福孕育我們的中華文化，持續散發光芒，展現其歷久彌堅的力量，永續發展。

序二

孔垂長（大成至聖先師奉祀官）

我的祖父孔德成先生一生顛沛，但也在顛沛中創造了傳奇。祖父是遺腹子，生母也在他出生幾日後過世，從未見過自己父母為其一生之憾。祖父自幼即深知身為孔子第七十七代衍聖公所肩負的重任，因此努力向學，沉穩自持，青少年時就開始當家，將孔府管理得有條不紊。抗戰期間，祖父協助將山東省重要文物安置於孔府，使其得以保存完整。後因戰事緊急而被迫離開孔府，之後來到臺灣。祖父畢生堅持道統，弘揚儒學，不忮不求，對於國家、社會和民族均有卓越的貢獻。

從「天下第一家」的輝煌孔府，到臺灣的奉祀官府，晚年再遷至新北市新店的簡單公寓，面對各種客觀環境的轉變，祖父皆能安之若素，處之泰然，他豁達淡泊的處世態度是種典範。

祖父對我有很深遠的影響，他治學嚴謹，是金文學和禮學的權威，而且誨人不倦。小時候有件事情讓我印象很深刻，那就是爺爺在家裡面放了好幾個手提箱，箱子裡面都是他在各個學府授課的教材，當天他要教哪一堂課，他就會拎哪一個箱子出門。他在臺灣大學等校任教超過半個世紀，八十幾歲時都還在教書，即使晚年行動有些不便，他仍然堅守「傳道、授業、解惑」的崗位，由學生攙扶到教室上課，將他所學以洪亮的嗓音傳授給學生，數十年來，他一直是學生尊重的「孔老師」。

聽祖父的學生提起，他在課堂上以嚴格出名，會要求學生多思考來培養思辨的能力，不要人云亦云，所以他常會問學生問題，學生上課時總是戰戰兢兢，不敢懈怠。其實他對學生非常關愛，總是伸出援手幫助需要協助的學生，他經常請學生吃飯，我很小的時候就常看到他的學生到家裡做客。祖父將每一位學生都當成是自己的孩子，課堂上是嚴師，私底下則是慈父，也是幽默風趣的長者。

我從小是在「三代同堂」的家庭裡長大，我們住的房子不大，家裡書又多，記憶中爺爺幾乎所有的時間都在看書或寫書。他求知若渴的情懷，做學問的扎實態度，讓我對於知識產生了一種虔敬的心理，也體悟到治學和做人的道理一樣，必須腳踏實地，虛懷若谷，一步一腳印，不能投機取巧。

從小，祖父和父親就常教導我們，人一定要有「誠信」，要做一個誠實守信的人，祖父常告誡我，做人的基本原則，就是「信為立世之本，人無信而不立」。這也是先祖孔子給我們的教誨：「言忠信，行篤敬，雖蠻貊之邦，行矣。」我年紀越長，越能領悟其中的真義。

祖父有著敦厚溫文的特質，他的生活非常簡樸，除了請學生吃飯之外，幾乎沒有其他應酬，他以「讀書人」自居，過著最簡單的日子。他認為讀書人應該要「陋巷簞瓢亦樂哉。貧，氣不改。達，志不改」。

有時候，他還陪著祖母去市場買菜，看到鄰居都親切問候，許多人都對他如此樸實無華的生活態度感到訝異。子曰：「君子食無求飽，居無求安，敏於事而慎於言，就有道而正焉，可謂好學也已矣。」這正是祖父的生活縮影，他嚴守夫子之道，並身體力行。

祖父過世後，我接下了「大成至聖先師奉祀官」的重任，雖以平常心來面對這個身分，但也深知弘揚儒學是我光榮的使命。因此，在兩岸關係和緩，大陸也恢復尊孔之際，二〇一一年，我到山東曲阜祭祖，二〇一二年又至曲阜春祭，這是祖父離開曲阜後，孔子嫡長孫首次回到曲阜，意義非比尋常。感覺上我是跟著爺爺的腳步到了他生長的地方，在參觀孔府時，看到他和奶奶當年用過的物品，我的心情非常激動，因為景物依舊，人事已非。

然而，歷史無論如何推演，永遠不變的是，儒家思想是我們立國的根本，也是中華文化的精髓。兩千五百多年以來，儒家思想對世界的影響也不曾減損，反而是與日俱增。今天，我們都應當要汲取孔子和古聖先賢的智慧，使其在現代社會繼續發揮功能，這也是儒學復興與傳承重要的方向。

出版孔德成先生傳記，不僅是我們家族，也是全球孔氏後裔和儒學界所引頸期盼之事。此書完整呈現了祖父一生的經歷和貢獻，在歷史與文化的記敘方面都頗有可觀之處。非常感謝聯經出版公司林載爵發行人的鼎力協助，汪士淳先生的盡心撰稿，以及為此書受訪和出力的許多學者和友人，垂長在此拜謝，也期望此書能成為後世研究儒學的借鑑。

目次

第三部　達生向晚

自從西風東漸，我國受到極大的衝擊，從社會結構到日常生活都有顯著的變遷。而清代以來國勢的積弱，社會的動盪，也曾使傳統思想與禮俗遭受懷疑，部分人士甚至對傳統的一切都抱揚棄的態度，盲目的接受西方功利主義與唯物史觀。

誠然，在歷史上，不無小儒因不知權變，倡導不合人情的禮俗；誠然，某些古禮的儀節在今日已不再適用。然而，如果我們客觀的分析孔孟荀及後儒的思想，其精神是合乎民主合乎科學合乎人情的，並不因時代的演變而落伍。[1]

——孔德成

1 孔德成，〈禮與現代〉，《倫理學研究》一九八七年第二期。

楔子

重返聖地

西元二〇一一年　民國一〇〇年

山東曲阜

孔子第七十九代嫡長孫孔垂長，在他的爺爺孔德成離開曲阜六十三年後，首度以大成至聖先師奉祀官身分重返孔廟祭祀孔子。

孔廟

八月十一日清晨，陰雨籠罩山東曲阜。孔子第七十九代嫡長孫、大成至聖先師奉祀官孔垂長身著長袍馬褂，冒著雨走入高懸「萬仞宮牆」匾額的明代城垛，展開他的尋根之旅。依孔子嫡裔一脈二千五百年來的傳承和中華民族的情感，他要回歸聖地。

孔廟刻意整理過，筆直而溼滑的神道灑上黃砂，平日不開的中門也開啟了，在在顯示孔垂長的到來，對曲阜孔廟意義之不凡。

神道看來一望無際。其實認真地說，有一千三百米。年輕的奉祀官肅穆地邁上神道，在族人護衛下，走進古樸的檜柏群，通過金聲玉振坊、櫺星門、太和元氣坊、聖時門、弘道門、大中門、同文門、奎文閣、大成門以及杏壇，每過一坊一門，孔家儀官以鳴號一響劃破寂寥的清晨，以告列祖列宗。

孔垂長一行來到大成殿前。這位孔子嫡系傳人對於孔廟的第一印象，心裡輕呼：「好大！」他有個感覺，就像回到家一樣，雖然他生長在臺灣。紅毯早已鋪好，眾人就位。孔垂長遵循古禮，淨手入廟，向著孔子聖像祭祀致敬，他終於回到曲阜孔廟了。

孔府

完成此行最重要的家祭重任後，孔垂長參觀了孔府。由於孔垂長的到來，平日不對外開放的前堂樓、後堂樓都打開了，看得出孔廟管理部門刻意地整理過。前堂樓是他的曾祖父孔令貽生活所在，後堂樓則是祖父孔德成新婚之居，牆上還有孔德成的墨寶。孔垂長很仔細地看了室內的陳設，幾張老照片也勾起他的回憶，解說員孔繁鵬詳盡地為他解說。

孔林

二千五百年來，古老蒼然的孔林埋葬著孔子以及歷代眾多子孫。隔天，早已備妥的車子載著孔垂長一行安靜地駛入綠蔭裡，孔垂長要獻花悼念孔子以降五代，以及從他算起的前五代先祖。

在這裡，不同於孔廟裡的聖像以及文物尚能更替或清理而淡化了摧殘，孔林所有的墓碑均為石刻，五十年前的文化大革命期間摧殘的痕跡依然斑斑可見。

七十六代衍聖公孔令貽之墓在孔林之東。孔垂長首先到曾祖父的墓前獻花，孔令貽的墓曾經遭嚴重破壞，如今斷成三截打了鋼釘的墓碑，訴說著當年的不幸。孔垂長無言，向曾祖父的墓碑獻花，深深的三鞠躬。

七十五代衍聖公孔祥珂的墓碑從碑頭裂開缺損，裂縫斜向右方。七十四代衍聖公孔繁灝的墓碑，是唯一完好的。

接下來到孔子墓前獻花。孔垂長肅然而立抬頭仰望，他面前的「大成至聖先師文宣王」的大碑，在文革時首當其衝，現在必須用鐵片箍起來才能恢復成形，上面則布滿蜘蛛網般的裂縫；大碑後方的「宣聖墓」碑也從中斷了。

孔垂長又祭拜了二代孔鯉、三代孔伋以及孔子的父親叔梁紇墳，孔鯉和孔伋墳都有破壞跡象。最後到四十三代孔仁玉的墓前獻花行禮，那是孔子嫡裔的中興祖。

植樹與立碑

曲阜當地對孔子嫡孫的到來，給予最榮譽的接待。大型現代舞劇《孔子》為他而專演一次；一九〇五年創建的曲阜師範學校給予孔垂長榮譽校長之銜；他也在曲阜孔子文化園樹立一座紀念碑，碑文為「聖德百源」。

然後孔垂長到尼山孔廟，在相傳為孔子出生地的「夫子洞」旁，與母親、舅舅及當地領導共同手植一株取自孔林的楷樹，並以「垂長還鄉植楷記」勒石為念：

闕里大宗嫡裔離魯甲子有餘，傳至垂長，幸於西元二零一一年八月十一日親登祖廟拜謁行禮，感慨萬千者也。拜聖林，祭先祖，肅裳鞠躬；瞻梁公，仰聖源，血脈皈依。得故鄉父老熱忱相迎，久志如願，大有感激之情也。今于先祖降誕坤靈之側，效子貢植楷結廬，聆聽祖訓再念儒宗，謹表心緒矣。

至聖七十九代大宗嫡孫孔垂長謹記

這段文字，該是最能敘明孔垂長這趟回曲阜的心境和意義了。孔垂長說，他現在思考的是，回去要怎麼到爺爺的靈前，述說此事。

他於二〇〇九年接續謝世的第七十七代孔子嫡系傳人孔德成，成為中華民國大成至聖先師奉祀官，也是當年最年輕的國策顧問。其實在他求學階段，他有點抗拒這與生俱來的身分，希望自己能夠像一般人一樣，自由自在的工作、生活，藏身在芸芸眾生之中。現在，他必須承接下祖父自血脈傳承下來的重任。

孔德成自隨從國民政府遷台，遠離曲阜孔廟六十多年，再也不曾踏上中國大陸土地，如今是孫子代他返回聖地。

二十世紀，是孔子學說及連綿不絕的後裔受到千年尊崇以來，遭逢最嚴厲衝擊的一個世紀。孔德成生於世紀初，他的人生正好見證了這個世代。孔德成戲劇性的故事，要從十九世紀末，他的父親孔令貽在晚清之時說起。

孔德成遠離曲阜後，再也沒有踏上大陸；他的孫子孔垂長首度赴孔廟祭祀。

孔垂長參觀孔府。

孔垂長在孔林向孔子墓行禮，孔碑遭破壞的痕跡斑斑可見。

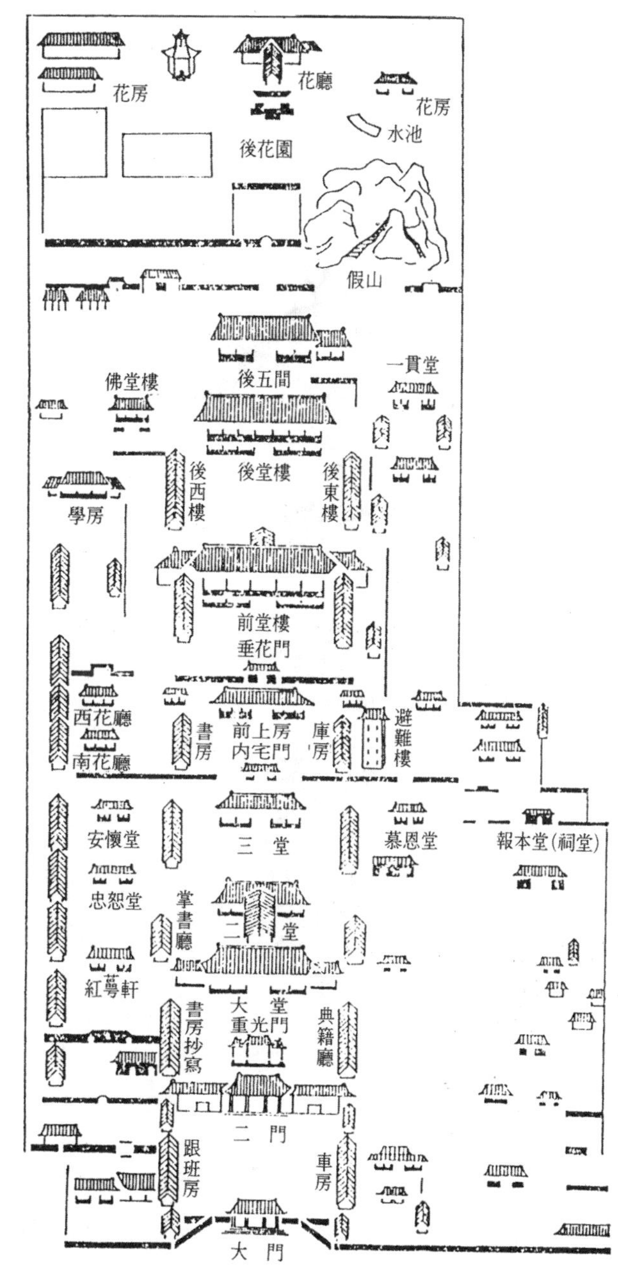

孔府內宅分布圖。
取材自孔德懋著，
《孔府內宅軼事》，
傳記文學出版社。

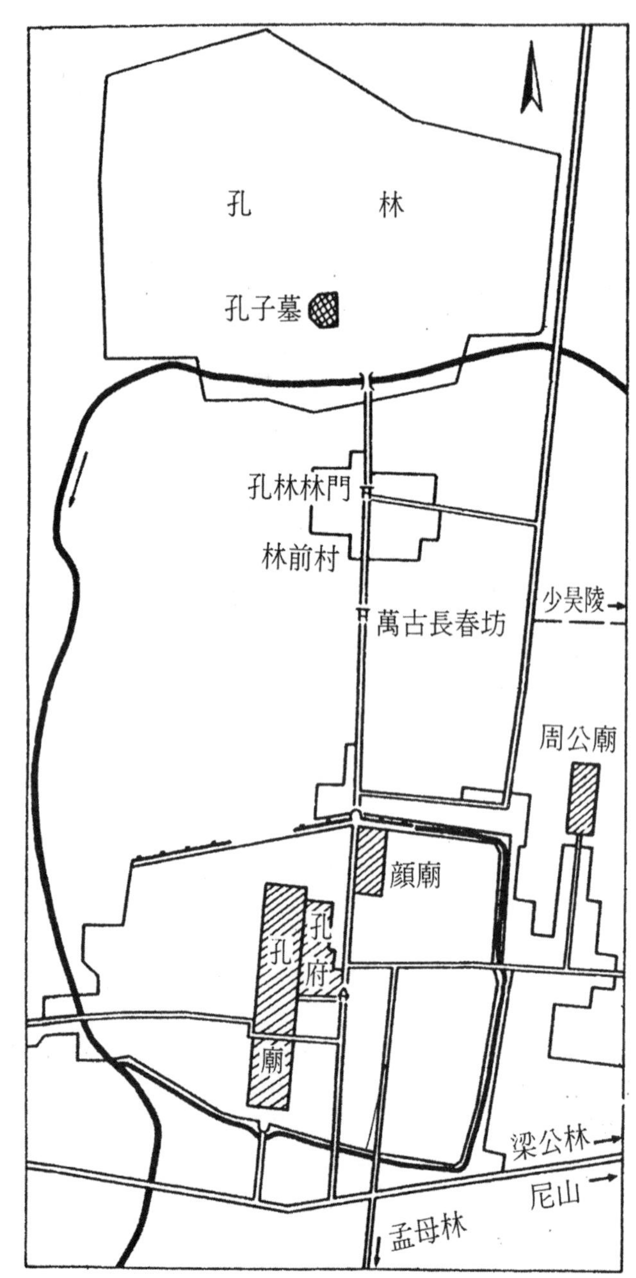

孔府、孔廟、孔墓、孔林分布圖。
取材自孔德懋著，《孔府內宅軼事》，傳記文學出版社。

第一部　衍聖蒙塵

第一章
衍聖公親歷甲午之戰

光緒二十年（一八九四），北京紫禁城。

農曆八月十八日（陽曆九月十七日）這天早朝，對於二十六歲的光緒皇帝而言，似乎是平常的，沒什麼特別。等候召見者有三，頭一位是衍聖公孔令貽，接下來是陝西學政趙惟熙，最後是甘肅學政劉世安，三位都是翰林院編修。[1]

孔令貽比皇帝小一歲，兩位年紀相若、卻是君臣關係的年輕人，背景有些相似的是，都是自兒童起就繼承大位；從談話紀錄看來，彼此之間相當熟悉，但談話內容卻有些玄機。

孔令貽先下跪請安。

---

1 載於《孔府檔案》六三一三卷。

皇上問：「你幾時來的？」

孔令貽回答：「臣昨日來的。」

「走幾天？」

「走二十三天。」

「聖廟破不破？」

「後段好，前段失修。」

「修了沒？」

「迭次咨文山東巡撫福潤飭藩司湯聘珍並不修。」

「為什麼不修？」

「無款可籌。」

「山東年景好？」

「年景好，惟雨水過大。」

「往年也是這麼樣麼？」

「今年雨水大，往年好。」

「黃河怎麼樣？」

「皇上福氣平穩。」

對話到這，可以見得年輕的皇帝對孔廟的情況相當熟悉，也很關切民瘼。接著，他話題一轉，又問了：

「你見李鴻章了沒？」

「見李鴻章，李鴻章代請聖安。」

「李鴻章精神怎麼樣？」

「精神照常。」

「李鴻章給你說什麼話來？」

「沒說什麼話，日本事一字未提。」

「他為什麼不提？」

「是。」

「李鴻章又與你什麼話來？」

「問臣來京為何甚早？奉上諭外官均於十月初一日前來京祝嘏。臣答之，臣趕皇太后加上徽號之期，因雨水過大，路上遲延趕不上了。臣母一同來京叩賀皇太后萬壽。」

「你在家做什麼？」

「寫字看書。上年奉上諭命臣延請明師，奈臣家空乏，請不起。又蒙上諭查找祀田，臣已咨請兩江總督劉坤一、山東巡撫福潤，並不與臣查找。」

「他們為什麼不找？」

「祀田係湖團地，均在沛縣，此地歸徐州道收糧，不知有何手眼？依他們將祀田歸於臣格外人情，並非臣本分，不能專摺奏事，臣蒙天恩高厚，只好聽其所為。」

「你不能專摺奏事？」

「是。」

「幾歲了？」

「二十五歲。」

「你上年來京否？」

「上年來京。」

「你下去罷。」

「是。」[2]

這年，是甲午年。中國的藩屬朝鮮發生東學黨之亂，中國派兵平亂，歷經明治維新而現代化的日本卻也藉機出兵。六月下旬，日艦在朝鮮灣擊沉清廷的運兵船高陞號，使得近千名中國士兵溺死。七月初一（陽曆八月一日），中日雙方同時宣戰。

2 同前註。

甲午戰爭與慈禧壽誕

李鴻章是道光進士，一位深受清廷倚重的漢臣，當時的身分是大學士兼直隸總督、北洋通商大臣，清廷自鴉片戰爭之後發現自己的積弱，於是進行了三十年的自強運動，北洋艦隊是李鴻章一手領導成軍。

然而宣戰至今大約一個半月，日艦行蹤飄忽，雙方一直未接戰。慈禧太后和光緒都是主戰的，但李鴻章對戰事的部署則是消極的，期待一手創立的艦隊盡可能避免損失，而要求以防守為主。光緒應是知道衍聖公抵京必會與李鴻章見面，因此問了與李鴻章談了些什麼。

孔令貽的答話，顯然知道最近的國家大事，也就是日本侵略朝鮮並挑釁中國，兩國之間已經開戰。不過李鴻章沒跟他談戰況，他們談到的是，沒多久以後，慈禧太后要過六十大壽的事。慈禧早在兩年前就派員總辦慶典，次年又成立慶典處，並準備在挪用海軍軍費修建而成的頤和園接受祝賀。

然而孔令貽退下、離開紫禁城沒多久，北洋艦隊終於在鴨綠江大東溝附近的黃海海面與日本聯合艦隊遭遇，就在中午十二點五十分，中日海軍交火了。

這是西方工業革命以來，首次鐵甲戰艦開戰，相互以火砲、魚雷攻擊，不到半天的戰鬥，建軍多年的北洋海軍就已損失慘重，整個艦隊幾個月之後遭日本所奪，整個覆滅。

以海戰起頭的甲午戰爭，要到次年才結束；孔令貽和母親彭太夫人及妻子孫氏奉令續留北京，等候慈禧太后大壽之日。儘管戰事吃緊，慈禧六旬「萬壽」的慶典從九月下旬開始，會持續一個月，孔令貽為此「報效」二千兩銀，彭太夫人幾乎天天都進宮陪著慈禧，婆媳倆並且進奉慈禧一桌早膳——

孔府菜可是出名的，送給慈禧，等級規格更是遠遠超過王侯貴族，而且費了許多心思。

這桌早膳的菜單如下：

海碗菜二品：八仙鴨子、鍋燒鯉魚；

大碗菜四品：燕窩「萬」字金銀鴨塊、燕窩「壽」字紅白鴨絲、燕窩「無」字三鮮鴨絲、燕窩「疆」字口蘑肥雞；

中碗菜四品：清蒸白木耳、葫蘆大吉翅子、壽字鴨羹、黄燜魚骨；

懷碗菜四品：溜魚片、燴鴨腰、燴蝦仁、雞絲翅子；

碟菜六品：炒蕉白、芽韭炒肉、烹鮮蝦、蜜製金腿、炒王瓜醬；

片盤二品：掛爐豬、掛爐鴨；

克食二桌：蒸食四盤、爐食四盤、豬肉四盤、羊肉四盤；

餑餑四品：壽字油糕、壽字木樨糕、百壽糕、如意卷；

燕窩八仙湯、雞絲滷麵。[3]

十月初一，彭太夫人偕同兒媳孫氏奉召進宮。慈禧太后寒暄幾句後，站起來說：「你們知道日本

3趙榮光，《天下第一家衍聖公府食單》（哈爾濱：黑龍江科學技術出版社），頁五八。

國的事不？」彭太夫人回答：「不知。」

太后似乎不敢相信，又問：「你們知道確信不？」

「不知道確信。」

慈禧太后這才說：「現在已經接戰，一時兵撤不回來，一時作事冒失，我怪難為的。」彭太夫人說：「佛爺鴻福不大要緊。」慈禧又重複地講一次，彭太夫人還是安慰她，佛爺鴻福不太要緊。[4]

慈禧太后還政給光緒後，清廷挪用海軍軍費為她修建頤和園，削弱了北洋水師的戰力；而且，任何狀況都阻止不了慈禧過生日，她早在兩年前就開始籌備的萬壽慶典，實際費用需銀達五百四十一萬餘兩。在戰爭的過程中，戶部給前線的兩次籌款總共也只有兩百五十萬兩，還不到慶典支出的二分之一。

甲午海戰圖

海戰失利，日軍掌握登陸地點，隨即進攻中國本土。在大連陷落、旅順危急的情況下，慈禧在寧壽宮盛大地過了六十歲的生日，但她對衍聖公的母親彭太夫人提到甲午戰爭時，透露出自己的不安，乃至於輕描淡寫地自責。戰爭進行到次年，慈禧求和，並把因戰事失敗而遭光緒皇帝免職的李鴻章找回來，赴日簽下喪權辱國的《馬關條約》。《馬關條約》中，把臺灣割讓給日本，從而展開日據時代。

4《孔府檔案》五四七六卷。

甲午戰爭中國敗給日本後，影響深遠。不僅國內有識之士對清廷有絕望之感，也被外國看透中國的軟弱。思想家嚴復譯《天演論》，用適者生存、優勝劣汰的社會達爾文理論剖析中國。他在天津《直報》發表〈原強〉稱：「今之中國非猶是病夫也，中國者，固病夫也。」上海《字林西報》於一八九六年十月七日刊登英國《倫敦學校歲報》評價甲午戰爭的一篇文章，梁啟超在自己主編的《時務報》譯寫如下：「夫中國——東方病夫也，其麻木不仁久矣，然病根之深，自中日交戰後，地球各國始悉其虛實也。」這是日後東亞病夫之稱的來源。自鴉片戰爭以來，清朝擋不住毒品源源不絕地輸入，面黃肌瘦的吸鴉片者吞雲吐霧，精神委靡；中國人民羸弱的體質，低下的精神，屈辱的心理，這種形象隨著愈來愈嚴重的外來欺凌，已形成鮮明的時代特徵，反映了中國災難之深重。中國當前所面臨的更嚴重問題，是如何在外國帝國主義瓜分勢力範圍和王朝快速衰退的局勢下，救亡圖存。

兩大方向的政治運動就此出現，一是體制內改革，這是由康有為領導下於一八九八年四月二十三日（陽曆六月十一日）開始的戊戌變法，而變法中的最關鍵之處，就是改變以儒家為內涵的科舉制度；另一個途徑，則是由接受西方教育的孫中山所領導的革命運動，主張徹底推翻滿清，建立民國。

戊戌變法失敗

雖然光緒帝和康有為全力推行新政，卻受到大多數中央和省級高層官員抵制，廢除科舉制，更遭到主事的禮部強烈反對。這些官員敢挑戰或藐視皇帝的命令，是因為他們清楚，真正的國家權力不在皇帝手中，而在不贊成改革的皇太后那裡。

事實上，光緒帝頒發國是詔後第四天，身為帝師且支持變法運動的翁同龢便被慈禧革職，改派她的親信榮祿署理直隸總督兼北洋大臣，光緒帝和維新派都受到監視，但康有為卻總以為抓住皇帝一人就能成事，可以遂行大刀闊斧的全面改革，結果以慈禧為首的守舊勢力反撲，連光緒帝也受害。

慈禧決定重新掌權。她於八月六日（陽曆九月二十一日）以皇帝疾病纏身為由宣布回朝聽政，光緒帝被幽禁在中南海瀛臺。康有為、梁啟超分別逃到香港和日本，但譚嗣同、劉光第、楊深秀、楊銳、林旭和康有為的弟弟康廣仁都在八月十三日（陽曆九月二十八日）被殺，史稱戊戌六君子。

光緒皇帝

慈禧太后發動政變後，第一步就是下令廢除百日維新的新政，除了設置京師大學堂因涉外還保留外，一切新措施都推翻了。禮部並且特地咨文至曲阜孔府，查禁康有為的所有著作：

咨會事　光緒廿四年九月十一日准

禮部咨內閣抄出光緒廿四年八月十六日內閣奉上諭。已革工部主事康有為，學術乖謬，大悖聖教。其所著作，無非惑世誣民，離經叛道之言。著將該革員所有書籍板片，由地方官嚴查銷毀，以息邪說而正人心。欽此欽遵到部。相應知照山東巡撫可也。等因到本部院。准此除分行外相應咨會，為此合咨貴爵府。煩請欽遵查照施行，須至咨者。

右咨襲封衍聖公府
光緒廿四年九月十八日[5]

維新運動失敗，所造成的影響是深遠的，由於英國人和日本人協助康、梁逃逸，使得皇太后和守舊派更加排外，進而支持荒謬的義和團攻打各國使館而造成庚子之亂，又導致一九〇〇年八國聯軍占領北京的辱國之事，並簽下數額驚人的庚子賠款；而且，既然從上到下的改革行不通，愈來愈多的漢人感受到，只有來自下層的流血革命，才有可能實現國家的救亡圖存。

時序邁入二十世紀。對中國而言，這是驚天動地的世紀；對儒家文化，也是成為立國之根本兩千五百年以來，最受衝擊的世紀。

七十六代衍聖公孔令貽的清朝官服照。

5 《孔府檔案》六〇二七卷。

第二章

從尊孔到反孔

孔子誕生於距今約兩千五百六十餘年前春秋時期的魯國，生於魯襄公二十二年，卒於魯哀公十六年（西元前五五一－四七九），是中國文化精神與思想意識的奠基者，以他為代表的儒家價值體系與人生態度，影響中華民族至深至遠。

孔子成為中國文化底蘊

孔子先世是殷王室的後代，六世祖孔父嘉為宋國大夫，因宮室內亂被殺，兒子木金父攜眷逃至魯國鄒邑，到孔子父親叔梁紇已是沒落的貴族。叔梁紇年老時仍未得子，元配施氏連生了九個女兒，續娶一妾，得一子名孟皮，腳有殘疾；七十二歲時再娶十八歲的顏徵在，生下孔子，據說叔梁紇曾在尼丘山求子，故而取名丘，字仲尼。孔子三歲時，父親去世，母親顏氏移居曲阜闕里，將他撫養長大。

早年，孔子做過管理牛羊的「乘田」及管理倉庫的「委吏」，因此自謂「吾少也賤，故多能鄙事」；五十一歲任魯國中都宰，後升司空、大司寇，協助魯定公收回被齊國侵占的汶陽等地，確立他治理的權能，一時間魯國大治，令齊人儆懼。不過，後來孔子策劃削減三桓的計畫功敗垂成，終因政治理念與道德觀念不合，拂袖而去，從此展開周遊列國的生涯。

仕途雖不順遂，但孔子以畢生之力從事教育事業，他倡導有教無類、因材施教，首開私人講學之風，使學術下移，相傳有弟子三千，賢人七十二，孔子的儒家學說在當時就已產生不小的影響。雖說，春秋戰國時期是百家爭鳴的時代，但以儒、墨、道、法為當時的顯學，秦漢統一後，墨學式微，法家之術不便公開標榜，因此兩千多年以來以儒、道兩家，加上漢代傳入的佛學，三家彼此互有起落消長，

孔子像。（江逸子繪）

整體而言，仍是以儒家為主，釋、道為襯。

在中國歷史上，各朝代莫不推崇孔子思想的博大精深，從獲得追封加諡可見一斑，如魯哀公諡孔子為尼父，帝制以後從西漢平帝（西元一年）追封為褒成宣尼公起，歷代封諡更是不斷變化——北元魏孝文帝封諡為文聖尼父；唐高祖詔以周公為先聖，孔子為先師；至唐玄宗則改諡為文宣公；宋真宗封諡為元聖文宣王，後改為至聖文宣王；元成宗加號為大成至聖文宣王；明嘉靖八年封諡為至聖先師孔子。入清之後，甫主政的順治皇帝於順治二年下詔稱大成至聖先師孔子[1]，這個封諡一直襲用至今。

此外，孔子還有「聖之時也」、「萬世師表」的尊稱。孔子的影響深遠，有一個最關鍵的原因，是自漢武帝採納董仲舒「獨尊儒術，罷黜百家」的建議之後，從國家治理、典章制度到學術傳承、人才選拔，皆採用儒家準則，如設立五經博士，成為專門傳授儒家經學的學官；元光元年（西元前一三四）推行察舉制，從各地選拔的品德優良的「孝廉」出來任官，即是顯例。尤其自隋唐設置科舉考試制度，宋、明發揚光大，迄至清末長達一千四百餘年，莫不以儒家經典做為科舉取士的依據，也就是說，讀書人只要將儒家經典融會貫通，寒窗苦讀數十年，便有機會中第當官。因此，熟讀儒家經典成為入仕的基本工夫，進而把儒家深化為中國代代相傳的立國文化。

儒家文化可說貫穿了整個中國，不僅歷朝歷代如此，也滲入各種不同生活層面，從思想意識到價值觀念，從國家治理到日常生活，從知識分子到庶民百姓，無不是從儒家文化的搖籃中孕育出來的。

---

1 摘抄自《孔氏總譜．歷代封諡》。

清朝的尊孔

清朝雖是滿人所建，但自順治、康熙皇帝起就十分尊崇孔子，儒家學說成為重要的治國之道。如順治設立經筵講席，康熙繼承父志，從小就對儒家經典充滿濃厚興趣，而且深研儒家思想。康熙聽政之暇，常批閱儒家典籍，曾經說：「殊覺義理無窮，樂此不倦。向來隔日進講，朕心猶為未足，嗣後爾等須日侍講讀。」康熙十六年（一六七七）十二月，他在御製〈日講四書解義序〉中，明確宣布清廷要將治統與道統合一，以儒家學說為治國之本。康熙帝的這個態度為王朝內部持續數十年的文化和治國方略的紛爭，明確地給了方向。[2]

雍正繼位，持續推行儒家學說治國理念。他即位之初（一七二三）便追封孔子的五先世為王，改啟聖祠為崇聖祠。他說，「天地君親師」是人人所至為尊重的，能夠闡明天地君親師大義的就是教育，教育以孔子為最優；並說自幼讀書時就極崇敬孔子，但孔子被封為「大成至聖先師」，就已脫離了人臣的封號，無法再尊封了，便改以追封孔子五世先人，前代封的公爵改封為王爵。次年，雍正將祭孔廟時所稱的「幸學」改為「詣學」，「以申崇敬」。雍正三年（一七二五），他下令凡「丘」字一律避諱，猶如避帝王名諱一般；雍正五年將孔子誕辰典禮規格提升如等同於康熙聖誕一樣尊隆，當日

---

2 王清．玄燁，〈日講四書解義序〉，《日講四書解義》，《欽定四庫全書．經部．四書類》（台北：臺灣商務印書館影印，一九八六）。

禁止屠宰。[3]雍正對孔子的尊崇超越了前代，他談《魯論》（即《論語》），認為孔子之教使受人其益尤在君王之上。[4]

孔子所代表的儒家學說成為中國文化精髓，歷代皇朝的尊崇一如上述，並澤被後代，賜爵給孔子嫡長孫以示聖裔傳襲者，更象徵賜封者的立國正統。宋仁宗至和二年（一〇五五）首封四十六代嫡長孫孔宗願為衍聖公，此爵位代代世襲至第七十六代衍聖公孔令貽直到民國初年，已有八百多年的歷史了。

長久以來，儒家是穩定各代王朝的力量，而且即使五胡亂華、五代十國，有女真、蒙古、滿洲等少數民族主政，也都被漢文化同化，並接受儒家體制；但邁入十九世紀，清朝道光年間，挾著堅船利砲而來的「夷狄」不但沒有向化之心，而且還欺凌了中土。

儒家被指為皇朝積弱關鍵

中國發現無力對抗帝國主義國家時，單以儒家經典為舉才的方式，也受到倡議改革者質疑為中國積弱的主因，認為儒家所著力培養的人才，無力應付洋人先進的武力，儒家的經世致用，只在於習聖人書成為君子，以求輔君報國之用，遇到以先進科技強勢侵略的外侮，就超出君子所能因應的範圍了。

---

3 王子林，〈雍正傳位弘曆所作宣傳考〉，兩岸故宮第一屆學術研討會：為君難——雍正其人其事及其時代（二〇〇九）。

4《孔府檔案》四九九七卷之七。

改革勢在必行，特別是舉才制度。戊戌變法時，維新派就打算廢除科舉制度，改以新式學堂代之，儒家體制沒有政治上的支持，顯得岌岌可危。邁入二十世紀，因慈禧太后的顢頇導致八國聯軍占領北京，清廷才顯著地推展改革。光緒三十一年（一九〇五）九月二日，清廷奉上諭：「自丙午科為始，所有鄉會試一律停止，各省歲、科考試亦即停止。」從此延續一千三百多年的科舉考試，就這麼廢除了，國家以制度支持的儒家體制，逐漸瓦解。不過清廷雖改採西方辦學方式，仍以儒家為宗，次年以光緒帝的名義發上諭：「……總之以聖教為宗，以藝能為輔，以理法為範圍，以明倫愛國為實效……。」[5]

衍聖公孔令貽也感受到教育的內容有如此重大的變化。在科舉廢除這年，他創辦了省立四氏師範學堂，自己親任總理，「親身在堂，督率教習」，還把衍聖公府捐納功名的巨款，匯集兩萬餘千文，在全縣十六社各設初等小學堂一所、城內設高等小學堂一所。

光緒三十三年（一九〇七），孔令貽奉旨稽查山東學務時，不免憂心忡忡，擔心新教育會把儒家固有的修身基本功，拋諸腦後。[6]

宣統三年（一九一一）十月十日，辛亥革命爆發，革命的火種迅速延燒到全國，這不僅是帝制的結束，中國兩千五百年來的儒家文化也面臨空前衝擊。

5《孔府檔案》五九六四卷。

6《孔府檔案》五九七六卷。

辛亥革命衝擊儒家

辛亥革命成功，一舉推翻滿清，建立民國。然而，中國延續晚清對立國根本的混沌，進入思想大混亂時期。蔡元培原先是清朝的翰林，在戊戌變法失敗，譚嗣同等六君子被殺後，對清廷徹底失望。對他而言，辛亥革命的成功不僅僅是推翻滿清，建立民國；以後他加入革命黨，並持續關懷國家的根本——教育制度，他的信念是，中國的教育必須改弦更張。

民國元年（一九一二）一月一日，孫中山被推舉為臨時大總統，並由蔡元培出任教育總長。康有為在上海推動成立孔教會，他早在戊戌變法奏請廢科舉之際，就已向光緒皇帝呈遞〈請尊孔聖為國教立教部教會以孔子紀年而廢淫祀摺〉，提倡孔教；清朝覆亡後，他把儒家提升到宗教階段，並期待成為國教，以求喚起民族意識並凝聚文化認同。

但是，蔡元培堅決反對孔教。二月八日，蔡元培在《教育雜誌》上發表〈對於新教育之意見〉。他在文中評論前清的教育宗旨：「忠君與共和政體不合，尊孔與信教自由有違，尚武即軍國民主義也，尚實即實利主義也。尚公與吾所謂公民道德其範圍或不免有廣狹之意，而為要同意，惟世界觀及美育

康有為

蔡元培

則為彼所不道，而鄙人尤所注意，故特殊通而證明之，以質於當代教育家，幸教育家平心而討論焉。」

蔡元培在一九一二年全國教育會議上，又力主「廢止尊孔讀經」，此時臨時政府北遷，已由袁世凱出任大總統，但六月間，內閣總理唐紹儀為王芝祥督直問題，因袁世凱漠視國務員副署權利憤而辭職，蔡元培身為閣員亦堅請同時辭職，於七月十四日獲准。他因在會議期間辭職，關於「廢止尊孔讀經」的指導思想經過激烈辯論，最後只採取折衷方案——不明令廢除或提倡。

蔡元培所言之廢止尊孔，指的是孔教。康有為於六月間發表〈中華救國論〉，再次倡導以孔教為國教說。康有為憂心的是，在政體經劇烈的變動後，傳統文化遭到毀滅性打擊，中國立命的根本——儒家的教化作用和仁孝並重的道德價值，會因此在中國式微。所以，在康有為授意下，懷著同樣憂懼的陳煥章、朱祖謀、梁鼎芬等人發起成立孔教會，出版《孔教會雜誌》並由康有為作序。

孔教帶有宗教意涵，要如何在民族認同上，建立全民共識？康有為承認有困難，不過他認為：「以中國四萬萬人中，誰能具有四萬萬人而共敬之地位者，蓋此資格，幾幾難之，有一人焉，則孔氏之衍聖公也。」[7]他創立孔教會後，曾多次與衍聖公孔令貽協商，孔令貽因此於一九一三年在曲阜設立了事務所，開展儒學研究與宣傳活動。他贊成康有為推展的孔教，發出〈請定孔教為國教〉的通電；後來康有為來曲阜祭孔，並且與衍聖公一起演講。

7《康有為政論集》，下冊（北京：中華書局，一九八一），頁六七六。

袁世凱延續衍聖公之制

清朝覆滅之後，孔令貽對政局變化一時難以適應。他拒絕了地方上推舉他出任民國的國會議員，他所關切的是儒家的未來，是否依然能夠教化人民、繼續成為中國人民立身處世的價值觀，以及一脈相傳至今的孔子嫡長孫衍聖公身分。還有，長久以來孔府的收入短絀，他必須發布告示，減少府內開支。

袁世凱

不過，取代孫中山出任臨時大總統的袁世凱，希望藉著孔裔的加持而使自己的地位更加穩固，他發布尊孔令和祀孔令，又公布《崇聖典例》，給予孔子嫡長孫衍聖公的待遇。

《崇聖典例》第一章〈世襲〉的第一條規定，衍聖公膺受前代榮典，均仍其舊。其公爵按舊制由宗子世襲，報經地方行政長官呈由內務部核請承襲。第二條：衍聖公俸，依公爵舊制，俸額酌定為歲俸銀幣二千元。

第二章〈世職〉則規定了聖賢後裔舊有的五經博士等世職，「均改為奉祀官，世襲……」，這也是「奉祀官」一詞首次出現。

袁世凱並恢復孔府祀田制度，以支應孔府龐大的開銷。他召見孔令貽，授予一等大綬寶光嘉禾章。在袁世凱的推動下，全國各地紛紛成立孔教會；袁世凱還於一九一四年九月二十八日親赴曲阜祭孔。

這是民國以來，首次官方祭祀孔子。袁世凱希望藉著尊崇孔子，鞏固他的政權，他在祭孔告令中指出，「中國數千年來，立國根本在於道德。凡國家政治、家庭倫理、社會風俗，無一非先聖學說發皇流衍。是以國有治亂，運有隆替，惟此孔子之道亙古常新，與天無極。」[8]他並規定，每年農曆仲秋上丁，中央和地方一律舉行祀孔典禮。

袁世凱對於政權的企圖還不僅於出任大總統，他想稱帝。他為復辟帝制，組織籌安會，並再次借重孔令貽。孔令貽出任籌安會的名譽理事，又任教育界請願團團長，代表教育界勸袁世凱稱帝。一九一五年十二月，袁世凱稱帝，並訂為洪憲元年，孔令貽除了仍襲封衍聖公外，並加封「郡王」銜。但袁世凱僅稱帝八十三天，就因國內反袁勢力及國際壓力失敗了，旋即羞憤而死。

袁世凱的野心，帶給民國初建的中國混亂和紛擾，而且讓儒家跟著汙名化。當代新儒學領導人之一的北京大學高等人文研究院院長杜維明指出，「那些奉儒學、利用儒學的，從袁世凱到北洋軍閥，都是企圖通過儒學來達到其狹隘的政治目的。這對於儒學來說，是一種內部的腐化，對儒學在公眾中的形象以及在現代中國進一步發展的可能性，都有很大的損害。」[9]

然而袁世凱為強化自己政權而對孔子與儒家的尊崇，卻相當程度地從制度上維繫了千年以來讓中國社稷賴以為立的傳統文化，他所訂定施行的《崇聖典例》繼續在中華民國適用，直到國府遷臺，行政院於一九五一年頒行〈關於廢止法規之標準〉[10]，這才失效。

8《續修曲阜縣志》卷二，《聖賢志．通編》。
9《杜維明新儒學論著輯要——儒家傳統的現代轉化》（北京：中國廣播電視出版社，一九九二），頁六四。
10「關於廢止法規之標準」第五條規定：「凡暫時援用以前北京政府所頒之法規，一律停止援用……」。

相對於袁世凱對儒家的私心，結果造成儒家進一步受到打擊；孫中山對儒家的思考就是天下為公了。孫中山建構他的三民主義學說，既接受西方文化，但也接收中國傳統文化，特別是儒家學說。如「大同」，是儒家最高的社會理想，孫中山在各種場合不斷地表達他的最高社會理想是「天下為公，世界大同」；在民族方面，他並把《孟子．梁惠王篇》的王道與霸道，用在國際上為中國的發聲——他在日本演講時指出：「東方的文化是王道，西方的文化是霸道；講王道是主張仁義道德，講霸道是主張功利強權。講仁義道德，是由正義公理來感化人；講功利強權，是用洋槍大砲來壓迫人。……究竟是做西方的鷹犬，或是做東方王道的干城，就在你們日本國民詳審慎擇。」[11]

在民權方面，孫中山一方面認為中國近代的民權思想發源於歐洲，同時又認為，中國歷史上雖然沒有實行過民權，但是「兩千多年前的孔孟便主張民權，孔子說『大道之行也，天下為公』；孟子說『民為貴，社稷次之，君為輕』，又說『天視自我民視，天聽自我民聽』、『聞誅一夫紂矣，未聞弒君也』，都是民權主義思想來源。」[12]

在孫中山的三民主義學說中，反映儒家思想最多的是民生主義。民生主義的核心是平均地權，他認為「若能將平均地權做到，則社會革命已成七八分了」，民生主義的目標「就是要全國人民得到安樂，都不致受財產分配不均的痛苦……就是孔子所希望的大同世界」。

一九一六年底，蔡元培出任北京大學校長，他以三個原則來管理北大，一是大學應該是研究機構，

11《孫中山全集》第十一卷。

12《孫中山選集》，頁七〇一。

不獨致力於介紹西方文明，還要創造新的中國文化；不但保存國粹，還要用科學的方法對之重估。二是，大學教育不是舊時科舉考試的替代品。三是，容許絕對的學術自由，保證不同理論與觀點的自由表達，只要是言之成理，持之有故。[13]

他因此聘請了不同政治理念的教授。一九一七年，《新青年》雜誌創辦人陳獨秀（一八七九－一九四二）受聘為北大文科學長，胡適從美國回國後成為文學教授；次年，李大釗（一八八九－一九二七）出任圖書館館長，僱用了年輕的毛澤東擔任助理。儒學學者梁漱溟那時在哲學系任教，成為常與毛深談的友人。

毛澤東青年時期

陳獨秀在出任北大文科學長的前一年，以「敬告青年」為題，嚴厲批判儒家，認為將遭世界淘汰，他以後成為中國共產黨的創辦人。

帝制復辟尚有一端。北洋軍閥的辮子將軍張勳始終效忠清皇室，並且也尊孔崇儒，孔令貽一直與他友好，結為異姓兄弟；一九一七年，中國是否參加第一次世界大戰引發北洋政府內部爭議，國務總理段祺瑞去職，張勳在大總統黎元洪求援下，趁亂領兵三千進入北京，擁立清廢帝溥儀復辟。孔令貽致電祝賀，但復辟僅歷經十二天，就因段祺瑞所率的討逆軍攻入北京而失敗。主張不對德宣戰的張勳

---

13 徐中約，《中國近代史——一六〇〇至二〇〇〇年中國的奮鬥》，第六版（北京：世界圖書出版公司，二〇〇八），頁五〇一。

在德國人的幫助下，逃入荷蘭使館。

五四運動

第一次世界大戰主戰場在歐洲，由於美國的參戰，大戰於一九一八年結束，德、奧戰敗。中國因派出人力赴戰，也列為戰勝國，國人極為興奮，特別是教育學術界，視為公理戰勝強權，學校放假三天慶祝。然而巴黎和會開幕，中方希望廢除先前袁世凱在日本脅迫下祕簽的「二十一條」不平等密約，特別是德國在山東權利的歸還，卻宣告失敗。四月三十日，英、美、法三大國決定允許日本的要求，把德國在山東的權利轉讓給日本。

消息傳來，中國人群情激憤，五四愛國運動於是爆發。在北京，十三校青年學生上街遊行示威請願，這是民族主義的宣洩、對西方的失望以及對「賣國的」北京軍閥政府強烈譴責。

到了六月三日、四日，運動達到最高潮，有將近七百名學生被捕，因而激起各大都市的工人罷工、商人罷市，北京政府終於屈服，下令免除交通總長曹汝霖、駐日公使章宗祥、幣制局總裁陸宗輿的職務。接著，巴黎和會的中國代表拒絕簽署對

五四運動

德和約。

五四運動影響深遠。除了文學革命，還有反傳統及新思潮的浪濤。魯迅（一八八一—一九三六）憎惡儒家遺緒，總是以辛辣譏諷的筆調菲薄孔子與儒學，並批判為「吃人的禮教」；以後他成為毛澤東口中的一等聖人。陳獨秀不僅提出「德先生」（Democracy）、「賽先生」（Science）作為新思想的兩面旗幟，且全面否定儒家，認為應以馬列主義取代。胡適則是創造了「孔家店」的名詞，「打倒孔家店」，也在運動中成為鮮明的口號。如今，杜維明雖肯定魯迅與陳獨秀的批判精神，但對全盤否定傳統不以為然，他說：「不管是魯迅還是陳獨秀，他們對中國文化的批判，我是含恨在心……」[14]

著名近代史學者郭廷以回憶，五四運動以後，一切重心是「新」，凡是「新的」、「西洋的」都是好的，都要無選擇地、不保留地接受，而中國固有的，一無所取。「打倒孔家店」、「非孝」、「吃人的禮教」等的提出，震撼了中國的社會，孔子在中國社會中的地位受到嚴重的打擊。[15]

如此的反孔思潮，也在曲阜發酵，特別是山東省立第二師範學校。二師雖然是由衍聖公所創辦，但在五四運動時，就有激進學生掀起學潮，在孔府門前喊「打倒帝國主義」、「打倒孔家店」等口號；一九二六年，中國共產黨成立曲阜二師支部，不斷地發展組織、發動學生運動，孔家成為舊文化的象徵，受到攻擊。

---

14 二〇一三年六月二十一日《中國新聞網》，〈新儒家領軍人物杜維明：儒家傳統已經煉成金剛身〉。

15 中央研究院近代史研究所，《郭廷以先生訪問紀錄》，頁一〇七。郭廷以（一九〇四—一九七五），中研院近史所首任所長。

第三章
聖裔的延續

一九一九年初，有位十九歲的年輕人赴曲阜旅遊，他想深刻地感受一下，主導中國思潮兩千多年的儒家起源。

日後成為中國共產黨領導人的毛澤東，十七年後深情地回憶那年遊歷的情境：（從北京）前往南京途中，我在曲阜下車，去看了孔子的墓。我看到了孔子弟子濯足的那條小溪，看到了聖人幼年所住的小鎮。在歷史性的孔廟附近那棵有名的樹，相傳是孔子栽種的，我也看到了。我還在孔子的一個有名弟子顏回住過的河邊停留了一下，並且看到了孟子的出生地。[1]

那個時候，毛澤東仍深深地受儒家等傳統文化的影響；然而次年夏天，他已成為馬克斯主義者

1愛德加・史諾（Edgar Snow, 1905-1972），美國記者，於一九三六年訪問毛澤東之後寫就 *Red Star Over China*（《西行漫記》），頁一二八。原中文譯名為《紅星照耀中國》。

了。[2]

毛澤東到曲阜那年，五四運動發生。衍聖公孔令貽在那年兩度赴北京，二月十三日他為十三歲的遜帝溥儀賀壽，溥儀賞他「紫禁城騎馬」；到了七月，丈人陶式鋆在北京病重，陶夫人知悉當晚就帶著四歲的長女德齊北上侍奉湯藥，但月底藥石罔效病故。這時五四運動已告平息，孔令貽於八月動身赴北京奔喪，孔府醫生劉夢瀛一起去。沒想到，孔令貽抵達北京次日就生病了，且病情迅速惡化。

孔令貽病故

據隨行的府醫劉夢瀛分析，孔令貽性情急躁，多思多慮，平日在府內飲酒過量，這回急性發作的背疽，應是酒毒所致。陶夫人延請北京名醫為他治療幾天後，病情看似好轉。《孔府檔案．公爺方》中這樣寫道：「今診脈象雖弱，而漸有力，三旬為吉兆。以下瘡勢而論，三日內大痂而落，十日新肌可以長平。」

沒想到，孔令貽的情況突然急轉直下，右肋又長了名為「下馬癰」的巨瘡，形狀色紅，根盤大如三寸碟，堅硬；醫生們對如此症狀束手無策。孔令貽病重，心裡最懸念的，還是子嗣之事，衍聖公要由嫡長子襲爵，他沒有兒子可以延續傳承千年的衍聖公爵位。

孔令貽先後有四位妻子，元配孫氏是吏部右侍郎孫瑜文之女，但在戊戌政變次年去世，未曾生育；

---

2 同上註，頁一三一。

他納妾豐氏，也沒生；繼娶陶氏，生一子，卻在三歲夭折，以後不育；最後他把隨陶氏一起來的侍女王寶翠納為妾，幾年下來王夫人已生兩女德齊、德懋。

那個時候，王夫人又已懷孕五月，孔令貽只有把希望寄託在這個未出生的骨肉上。病危之際，他依然要對塵世有所交代，那是他的責任。他口述了兩遺呈，分別給大總統徐世昌和遜帝溥儀，指出尚有遺腹子未出生。

十一月八日，孔令貽在北京太僕寺街衍聖公府病逝，享年四十七歲，遺體先停靈在府內。大總統徐世昌派員致祭，國務總理靳雲鵬簽署了大總統的指令，從優撫卹，頒治喪費三千銀元；而溥儀接到遺摺，賞銀五百元治喪。

孔德成的親生母親王夫人。

孔令貽與陶夫人。

受到矚目的遺腹子

孔令貽辭世，繼任者是誰，不僅是他生前遺呈的重點，北洋政府及曲阜家鄉更是重視。北洋政府內務部很謹慎，孔令貽既在遺呈裡提到側室王寶翠已懷孕五月，為求慎重以免聖裔被瓜代而中斷，於是要求孔府開具證明呈報省長公署轉部備案，確認王寶翠真的懷孕，如果屬實，孔令貽的呈文就可照准。

孔府出具了不少證明。

趙慶寫：「原具呈人衍聖公府家人趙慶，年三十八歲，山東歷城縣人，住太僕寺街門牌號衍聖公府。……家主既無子嗣，惟庶主母王氏懷妊五月，奉家主遺囑，如庶主母生男即以承襲衍聖公，生女另由合族選擇相當承繼之人。」[3]

孔府族長孔興環出具的證明則是：「宗子衍聖公孔令貽於十一月八日在京病故，已由家人趙慶呈請鈞署報部在案，其側室王寶翠懷孕五月有餘，自應由興環合同鄰居出具證明，事關聖祖宗祀，理應格外慎重，茲復延請中醫、德醫詳加診察，咸稱實係懷孕，並無其他病症，當由興環同出具證書，分呈備案，再擬俟其臨產時邀集宗子近支各女眷前往監護，以杜流言。」

另外，孔氏族人孔祥棣、孔令照、孔令譽、孔令侯以及曲阜的周公後裔、顏子後裔等人士，也都出了證明。

---

3 孔府檔案，《故七十六代衍聖公孔令貽遺腹子德成誕生經過情形》。

為什麼要這麼慎重？這因為事關千年來的聖裔血脈延續，以及由誰承續衍聖公的實質考量。要知道，一旦成為衍聖公，那就不僅可成為孔府的主人，也不僅是終身的榮華富貴，而且會在歷史上留名；但如有差錯，例如遭到掉包，則可能兩千多年的血緣就此中斷。

王夫人雖然確認懷孕，但繼承權問題還在未定之天。如果她生男就一切問題迎刃而解，若是生女，事情就複雜了。僅僅只是因為生男生女這百分之五十的另擇衍聖公可能性，曲阜的孔氏族人在這個時刻，已然悄悄展開了爭嗣戰，甚至孔氏南宗，以及汶上、菏澤等地的孔氏族人也紛紛趕到，各不相讓。後來經官方斡旋，達成的協議是，如果王夫人生女，就由南五府不到十歲的男孩孔德同繼承衍聖公。而這就是陶夫人的夢魘——她的孔府主人地位會就此結束，必須在新的衍聖公入主孔府之前，帶著孔令貽的王、豐兩妾以及德齊、德懋，搬離孔府。

那幾個月裡，陶夫人燒香磕頭，祈求上蒼護佑王夫人送個男孩。由於擔心有人使壞心眼，孔府在內宅後院單設小廚房，由兩個可靠的廚子專為王夫人做飯，並且三令五申地規定，除了他倆送去的飯菜外，任何食物不得入口。

王夫人在一九二〇年正月初四臨產，產房就在她的臥室，前上房後面的堂樓。在她分娩時，孔令貽的靈柩停在前上房。產房裡，中國醫師、外國醫師都有，不過主要接生的是一位「老娘婆」——孔府當差陳占魁的母親。

為了防止有人偷換嬰兒以及發生任何意外，北洋政府派出軍隊包圍了產房，孔府內外處處設崗，並且有位將軍坐鎮在孔府內宅；各路監產人員齊聚孔府，有省裡派來的官員，有顏、曾、孟三氏五經博士的後裔，孔府本家的老太太們等等。孔府大門外，也因此排滿了轎子及車子。

孔府要迎接這個極為關鍵的小生命到來，從內宅門到孔府大門，所有的門戶連威嚴的重光門都破例地打開了，如今看來，這是竭誠歡迎及渴望之意，希望小生命能夠順利來到人間，延續聖脈，解決一切紛擾。陶夫人在產房外燒香叩頭，祈求「聖人」也就是新生嬰兒，順利產出——如果是男嬰的話。

小聖人誕生

王夫人雖然順利產下兩女，但這次卻難產了，幾個時辰過去還沒生下來。本家老太太不禁議論，前兩次分娩，兩位小姐都很順利，這次拖延這麼久，大概是位小公爺了。有人提議，開孔府大門還不夠，還要開正對孔廟的曲阜縣城南門，公爺要從正南門進來。這門平時關閉，只有皇帝出巡或祭孔時才能打開。真有人去把南門開了，緊張的氣氛才突然變輕鬆了，當差的紛紛忙著準備鞭炮紅紙等，有如已經生出一位小公爺似的。陶夫人仍然提心吊膽，後來又有人出主意，說是內宅後花園地勢高，壓著前面，必須要把前面地勢抬高，小公爺才好出來。於是把一塊寫著「魯班高八丈」的大木牌，掛在後堂樓的角門上，據說掛上這塊木牌後，王夫人就生了，而且是男嬰！

依孔令貽的遺言，這男嬰取名為孔德成。[4]

孔德成是巳時出生，也就是上午九點到十一點之間，曲阜全城立即沸騰。城裡鳴禮砲十二響，全城鞭炮不斷，孔府更是張燈結彩，派出當差四處通報，敲著鑼高喊：「小公爺誕生囉！」一切擔憂、

---

4 孔德懋，《孔府內宅軼事》（台北：傳記文學出版），頁一〇〇。

紛擾，都因小男嬰的誕生而止息。

他一生下來，親生母親王夫人就看不到他了，連餵奶的機會都沒有。陶夫人馬上給新生兒物色乳母，但先後找了十幾個都不適合，有的泌乳不夠，有的吃了以後會拉肚子；那些日子，剛出生的孔德成經常大哭不止，孔府上下都很著急。後來還是醫生劉夢瀛解決了問題。他在孔廟大門口看到一個要飯的年輕女人，懷裡抱著一個小女嬰，這女人衣衫襤褸，孩子卻是個胖娃，於是把她找進來，洗了澡，換了衣服，喝了一大碗海參湯，然後讓她餵奶，孔德成吃了之後就安靜地睡了。

孔德成稚齡時，在濟南藝光照相館的沙龍照，當時約三四歲。

這位乳母姓張，陶夫人很滿意，讓她試了三天，就留下來了。她因為是在孔廟前發現的，大家認為這是天意。孔府找到乳母，還是非常謹慎，張媽媽的伙食由小廚房單做，每天早上燉個小肘子，晚上則燉隻雞，一天兩斤半的饃饃；她自己的女兒則送回家由她婆婆撫養，每天由孔府發給女嬰一斤饃饃、四兩白糖。不僅如此，孔府還給張媽媽的丈夫一個菜園子，有十來畝地，蓋了幾間小屋，讓她家在曲阜定居。孔德成直到九歲斷奶，張媽媽還住在孔府裡，一住三十多年。

孔德成出生，孔府族長立即呈報大總統、國務總理、內務總長、山東省長：

「先衍聖公令貽之妾王氏遺腹，已於二月二十三日正月初四日巳時產一男，大小咸安。」

孔府並呈請襲爵，另外，也立即把這好消息，昭告列祖列宗。

親生母親亡故疑雲

雖說大小皆安，王夫人卻在產後十七天，突然亡故。經由府內書役記錄的陶夫人日記，一九二〇年元月二十一日這天簡單地記載：王姨太太因產後血虛病故，老太太（陶夫人）為儲公覓乳僕，晝夜在抱，隨時閱公事，並操勞家務。[5]

孔德成才出生，這輩子就注定看不到親生父母。不僅孔德成，連前面生的孔德齊、孔德懋，一生下來都另尋乳母餵養，兩個女兒在她生前始終不知她才是親生母親。孔德懋後來回憶，他們三姊弟和陶夫人的關係，是按禮教家規規格化了，很難看得出喜怒哀樂；就她而言，她把對母親的孺慕之情，全投射到照顧她的乳母王媽媽身上。

從儒家角度，這是人倫悲劇，極端的違反人性，也造成孔德成有生以來，一輩子的心靈陰影以及遺憾。

幾十年後，外界質疑孔德成三姊弟的親生母親可能是被陶夫人毒死的，且草草埋葬了事；傳言並

5《孔府檔案選》（北京：中國文史出版社，二〇〇二），頁一六九。

指下毒的是她的心腹本家孔心泉，孔心泉又在省府要來追查王夫人死因時，服鴉片自盡，全案因此宣告結案。

這種說法起自香港《大成》雜誌社刊載孔德懋的回憶錄，但當時身在臺灣的孔德成，很慎重地以〈吾家大事（致香港大成雜誌編者函）〉為題，發表聲明：

> 大成雜誌第九十九期及一百期，分載署名孔德懋所撰〈天下第一家、兩代衍聖公〉、〈我的弟弟孔德成〉兩篇。茲先就有關吾家大事者，加以補述：
>
> 德成民國九年，夏曆正月初四生。　先生妣王太夫人，於是月二十一日卒。其疾，即今所謂之「產蓐熱」也。先繼妣陶太夫人，殮以朱棺（敝府如夫人逝，衹用黑棺）、一品夫人服，停柩忠恕堂（敝府如夫人逝，例停柩府東牆外「東廠」）。時以　先公燕庭公未葬，靈停於「前上房」，故停　先生妣柩于此。敝府衍聖公及夫人喪，例停柩於「前上房」）。及葬期，厝先公墓後（厝，暫時之葬。其穴，容棺三分之二，三分之一，露於穴外，穴上，以臨時築物護之，上掩以磚，或另加工。此猶古時之「殯」。）厝而不葬者，為待　先繼妣百年後，同合葬先公之墓，禮也。每歲清明、十月初一日（吾鄉每歲掃墓之期）掃墓時，　先繼妣必令吾姊弟至　先生妣厝前祭拜。柯姻伯鳳蓀（劭忞）「七十六代衍聖公孔公燕庭暨元配孫夫人、繼配陶夫人、側室王夫人合祔墓誌」：「至匕鬯不驚，以奠二千年之世祚，則尤為夫人（謂陶太夫人）是賴焉。」銘中又云：「遺孤在疚，養育恩勤（謂　陶太夫人）。」又云：「亦有簉室，左右女君（謂 王太夫人）。」皆紀實也。

文中所謂「孔心泉」者，心泉，名廣□，忘其名。寧陽人，寄寓曲阜，卜居城內官園街東首路北。李伙伙（名傳森，曲阜人，清五品銜，衍聖公府「隨朝伴官」。余幼時，　先繼妣命看護余。「伙伙」即伙伴。　先繼妣以其曾侍　先從祖琢堂公及　先公，故不許以名呼之『敝府對侍人，向呼以名』。使余親之，且不以侍人待之也。）曾告余曰：「心泉二爺發喪時，老公爺（敝府人等，對　先公之稱。）為之書『重』，以行氣不整，改粉三次始寫就。」以是時李伙伙侍側也。是心泉先　先公而逝。

至文中應再補述者，容續寫之。

中華民國七十一年，五月十五日，台灣、台北。

孔德懋那篇看似頗有殺傷力的回憶文章，其中最爭議的就是孔德成姊弟的生母，是被繼母陶夫人毒死的。孔德成的回應是，生母並非草草下葬，而且文中所敘下毒者，其實早在他父親之先就已過世了，如此的駁斥，相當委婉。

出生百日襲封為衍聖公

孔德成出生才百日，孔府收到徐世昌大總統的命令：

民國九年四月二十日　奉

大總統令孔德成襲封為衍聖公。

此令

孔德成，字玉汝，號達生，後以達生為字——成為一千三百年以來，最後一任衍聖公。他生於憂患之中，那是二千五百年以來，儒家最受衝擊和挑戰的時刻。

第四章
小聖人的家學

出生才三個月，孔德成就襲封為地位崇高的衍聖公，成為八百多年來最稚齡的公爵。而他參加的第一個公開活動，是父親孔令貽的葬禮。

儒家一向強調慎終追遠，因此孔令貽的葬禮，更是隆重。孔令貽自一九一九年九月十六日在北京突然病故，靈柩擇日運回孔府，由四歲的大女兒孔德齊擔任主祭，大殮後停靈在前上房，這一停就是一年多，經過縝密地籌備，直到一九二〇年十一月九日才發引安葬。

孔令貽的葬禮

孔令貽的出殯，是曲阜大事。葬禮盛大隆重，嚴格遵循古禮儀式，棺式為內棺外槨，棺木是四獨木福建紫杉花板；外棺是漆大硃紅的柏木外槨，彩繪五條金龍，曰運漆捧聖；為防止棺木腐爛，用了松香一百斤、香面子三十斤、上清漆六十二道、壓漆二十五道……。孔府專程從北京僱用了六十四名扛手，演練了一個多月，務要做到六十四人抬棺走路，棺材上放碗水，滴水不灑。也是為了抬棺平穩，從孔府到孔林墓地的路面都重新整理過，為了使龐大的喪輿能夠通行，便拆了曲阜城的北門。

喪禮那天下雪，到處是一片白，人們議論這是老天爺給公爺穿孝。曲阜城外百十公里的人都趕來爭睹衍聖公葬禮，為了不錯過時辰，還有些人因遠道趕來，在紛飛大雪裡露宿在街頭以待天明，因為傳言說，只要看到衍聖公，就一輩子不怕害眼病；如今衍聖公不在了，看看他的棺木也好。[1]

孔令貽的出殯，動用發引儀式一百八十四種、七百多個項目，儀仗隊多達一千兩百五十人以上，自聖府至孔林長達八華里，送葬隊伍前頭已經抵達孔林預定下葬的墓地了，後方還未離開孔府。沿途為停靈、祭拜和送葬人等休息搭的坊，共二十座。棚內桌椅茶酒人役齊全，並備有上席若干桌，各種人役及協助幫辦和送葬隊伍多達三千餘人。那天，各種酒席達一千多桌。[2]

依孔府檔案記錄，孔令貽的喪葬儀隊依序如下：

先是馬隊四十名、縣隊馬執八卦大旗八名、紙糊開路鬼二對、大漢四個、二十抬大銘旌彩樓子一座（來回路）、煙大鬼（來回路）十二名、大國旗一對、門旗一對、清道旗一對。

接下來就是孔令貽的功名了——襲封衍聖公牌一對、清授光祿大夫牌一對、賞戴雙眼花翎牌一對、賞穿代膝貂牌一對、欽命牌一對、欽差大臣牌一對、稽查山東全省學務牌一對。

---

1 孔德懋，《孔府內宅軼事》（台北：傳記文學出版社），頁九五。

2 據張河等人整理《孔令貽喪葬紀實》等。張文見《孔子家世》。

走在後頭的是鼓樂一班、標槍旗二對、紅繡花旛六首、紅繡花傘六把、各色紙旛四十對、藍繡花旛六首、藍繡花傘六把、陸軍步隊二十名、學堂軍樂一班、四抬總統輓聯彩樓子一對、八抬總統匾額彩亭子一座、紙花圈二十對、穿朝馬一匹、洋車一輛、縣警備隊守護紙紮二十名、陸軍隊二十名、白紙雪柳四十對、陸軍步隊六十名、縣警備隊二十名、巡警十二名、執紼人八名、歌郎二十名、催押旗夫二名、方相夫四名、金钃銀鍬一對、扛夫一對。

然後才是金棺一座六十四名大扛、照料本四押旗夫十六名、後護二十五副、標槍旗四隊、圍幕一座。[3]

棺木後面是孝主，孝主四周用白布做成的圍幕圍起來，由於孔德成不到一歲，不能當孝主，由貼身當差屠世貴代替，送殯時也沒讓他去，怕嚇著他了，只在啟靈摔喪盆時，把他抱著象徵性地挨了挨喪盆。

王夫人所生的德齊、德懋、德成姊弟，都由陶夫人照料，三姊弟稱陶夫人為「娘」，稱呼豐氏為「大媽」，稱親生母親王夫人為「二媽」，只是小公爺從來沒機會喊自己的母親。至於陶夫人，則是從孔德成一出生，就把他當親生兒子般照料，一起住在內宅前堂樓東套間的外間，乳母張媽媽也同陶夫人一起，陪小公爺住在外間，陶夫人帶著孔德成睡一張床，乳母另睡一張單床；至於德齊、德懋兩姊妹，則住在裡間的暖閣裡。內宅，是孔府裡的禁地，只有陶夫人帶著姊弟三人住在裡面，民初在孔府五百多名當差僕人中，可以進入內宅的，只有十幾人。

3《孔府檔案》六六四〇卷。

陶夫人，本名陶文譜，娘家原籍浙江紹興，久居北京，父親陶式鋆是大名府的知府，因為經營房地產而相當有錢。陶夫人在娘家排行老五，所以人稱陶五小姐。她於一九〇五年和孔令貽結婚，清廷依慣例封她誥命一品夫人，以後衍聖公去世、小公爺稚齡時，由她實際在孔府掌權。那時，孔府經濟衰敗，財政十分拮据，但她為重整祖業而努力，所表現出來的才幹，許多方面都超過了孔令貽。從孔府檔案可以見得，她會照料打點孔府的裡裡外外，包括修繕孔廟、為孔府添購各種書籍、和軍閥與部隊交涉，又電請山東督辦軍務派兵保護林廟等等，十分能幹。

小公爺自幼習禮

孔德成襲封為衍聖公之後，從襁褓開始，每次祭孔雖由族長代替他主祭，但也都抱著他參加；到了兩三歲大時，陶夫人就指派多位宗長不厭其煩地教他習禮。五歲起，孔德成正式主持家祭，各項儀式都十分隆重，不僅有本族長老、四氏學師生，還有政府高官、記者、來賓等。

孔德懋回憶，「在這樣盛大的場面，五歲的小弟穿著古代祭服主祭，祭孔中他要走長長的一段路，從杏壇前繞到殿前的月臺上，要磕許多頭，那時有句俗語：『小小公爺跪拜多』，他倒很聽話，也不膽怯，由陳景榮和吳建章在兩旁照顧，上臺階或邁大成殿那高門檻他邁不上去，都由陳、吳抱上去。

「大祭前三天，小弟要住到孔廟的齋宿去沐浴和習禮，是用八抬金頂轎從孔廟的正門抬進去，孔廟和孔府一牆之隔，有一小門可通，習禮期間隨時可從小門回來，這規矩叫『明進暗出』，我們也時常從小門到廟裡去看小弟。

幼年衍聖公，孔德成小小年紀在穿著打扮已很「正式」。

「小弟德成長到十來歲時，祭孔禮儀相當熟練而準確，走路神態莊重，眼睛不看地面，一步一塊磚，腳落在方磚正中，老人們誇獎他有『神仙風采』，但他自己並不理會這誇獎，我也不大理會，我們還是喜歡在後花園跑竹馬、放風箏……」4

陶夫人對孔德成的教育，也很用心。孔德成五歲開始讀書，她同本家們商議要為小公爺聘請什麼老師較合適。

衍聖公幼年求學

在辛亥革命之前，孔府和孟、顏、曾府合辦了一個學堂，稱「四氏學」，又稱家學，專招四氏子弟；滿清王朝結束，四氏學改為「四氏師範學堂」，也就是現在的曲阜師範學校前身。不過，歷代衍聖公不到四氏學求學，而是在孔府裡單設學屋，聘請老師。千百年來，歷代衍聖公晉見皇帝，皇帝都要衍聖公好好讀書，孔家人讀書求學問，就有如與生俱來的使命一般。

孔德懋回憶，她和姊姊德齊、弟弟德成都是五歲開始上家學讀書，學屋起初在前上房西間，後來遷到西學後面。房裡正中供奉孔子牌位以及老師的大書桌，靠窗則是放三個人的小書桌和小椅子，牆上有只大掛鐘。每年開學那天，三姊弟要先給孔子牌位磕頭，再給老師磕頭，然後開始一年的讀書生活。孔府最初請來新式學堂畢業的王毓華老師，任教沒多久，就有本家提異議，認為如果光是跟新學

4 孔德懋，《孔府內宅軼事》（台北：傳記文學出版社），頁五九。

堂畢業的老師讀書，聖裔就要忘掉祖宗了。

這個時候，恰好年近七十歲的前清翰林莊陔蘭隨中國郵政代表團來曲阜參觀，他的經書和書法造詣很深，孔府就挽留他，請他在家學任教，他同意留下，但只客居孔府，不要薪俸；以後莊陔蘭又介紹前清舉人呂今山執教，王老師就只輔導自修了。孔德成幼時，修習的是四書五經，以後還加設地理、歷史，另外也花許多時間練習書法。孔德懋說，孔府很講究書法，不僅父親天天練字，三姊弟也著重這門功夫，「每有客人來拜訪，總要在前上房大案子上擺出文房四寶寫會兒字，這已成為接待賓客不可少的禮儀。小弟德成七歲時就有人求字，以後求字的人越來越多，他忙不過來常常由我代筆。」

孔德懋覺得，那時的讀書生活緊張多了，沒有什麼休息時間，更沒有安排過什麼活動，每月有三個休息日，以舊曆書上，建、瞞、平、收、閉、破、成、開、定、執等字為序，每逢「成」

孔府後堂樓陳設。

日是休息日，但常常忽略掉；她說，「老師對我們的時間控制得很嚴格，讀書時如有客人來會見小弟，老師總是限制會客時間，要求按時回來，下學以後會客也要經過老師同意。」

孔德成姊弟每天的作息大致是，早晨起床，由各人的乳母照料漱洗好，先到書房「讀早書」；八點鐘在書房和老師共進早餐，餐後繼續讀書到中午，回內宅吃午飯；餐後再回來讀書，傍晚五、六點回去吃晚飯。在冬天，晚飯後還要來書房上「燈學」，直到就寢；夏天不必，可以到後花園乘涼。平日幾乎沒有休息日，只有祭孔、掃墓日子可以不讀書，除此之外，就只有過年時放個幾天假。

一九二五年，孔府開辦闕里明德中學，依然是招收四氏子弟，那時孔德成才五歲，就成為明德中學的校長，他也在這裡由著名散文家吳伯蕭教他英文，諸城派古琴大師詹澄秋則教授古琴。

老師要求三姊弟每天作詩寫日記，從孔德成七、八歲時的一篇日記可看出他的日常學習及生活：

十二月十八日

早受穀梁傳二小時，寫小字六行，大字二張。作文題：宋公與楚人戰於泓，詩為冬即景，得冬字。下午受穀梁傳二小時，溫唐詩文選二小時，晚宋君來訪，十時就寢。是日晴。寒暑表三十六度。

幾十年後，孔德成回憶那段求學的日子：

我開始識字讀書時，國內已有西式學校，由於家庭背景的因素，我並沒有進西式學校念過書，

> 而是請老師來家裡指導我。當時，我所學的課業，大致和同齡學童在學校裡讀的科目相同，只是比較重視古代經典及文史的傳授，因此養成了我研究史學的興趣。也由於在求學階段中，浸潤於我國經、史、子、集者多，使我日後從事史學研究工作時，占了比較多的便宜，並能靈活而有效率地運用過去所讀的書。
>
> 當然，我們小時候受業，是傳統式的，老師對於讀書方法較不重視，大都強調博聞強記，以背誦為主。在治學方面，自然就比較缺乏系統，往往易因個人喜惡，使研究失真。[5]

孔德成告訴他的學生，他幼年讀書，老師極少講解，只是要他和姊姊把文章背下來，而且要到倒背如流的地步，背不出來就要挨板子，完全是死功夫。但他們倒沒抗拒，很用功，不貪玩；陶夫人偶爾過來看看，但並不過問。

家學裡經常舉行考試，三姊弟總能考到九十分左右，每次考完就由學屋當差把分數稟報陶夫人。作業本或試卷都要寫上自己的年齡、姓名、字，孔德成的字是達生，簽名是「九歲，孔德成字達生七十七代孫」。

多年以後，孔德成憶敘兒時的教導，依然心存感恩：

> 我出生於一個大家庭，經濟狀況在過去雖不能稱之為富有，也尚算得上寬裕。日常生活方面，

---

5 孔德成，〈求真求實〉，《自立晚報》一九八三年五月十一日副刊。

我母親在世時課子、老師教誨，就飲食、衣著兩項來說吧：

飲食一項是十分簡單的，夠吃即可，不許挑嘴或自作主張點菜，家裡有什麼就吃什麼，絕不允許嫌棄菜色而不吃的事件發生。這是中國舊家庭的規矩，並非吃不起，而是要小孩子養成淡泊、平易的飲食習慣，才不致任意放縱。如此，將來進入社會，無論遭遇何種境地都可適應。衣飾方面，錦衣華服雖然也可以說穿得起，然而我們家裡是不為的。

那個時代，穿得起皮鞋的人家較少，稍講究的人家多以緞鞋為主，普通點的便著布鞋；衣服質料呢，講究的人家穿綢子、緞子，一般人家布衣遮身為多。我們小時候，家裡衹許穿布衣，鞋子也是布鞋。種種衣食上的規限，無非教導小孩養成簡樸的習慣。

在待人接物方面，我們家傭人雖不算少，但是小孩子對待傭人不准呼來喝去，請他們做事，必定要非常有禮貌，如果小孩子有不禮貌的行為，老人家看到了，一定嚴予斥責，不可存有主僕的觀念。因此，我們家內的小孩從幼年起，無論飲食、衣著、應對、待人，均須有禮。

我如今一切的一切，不敢稍忘庭訓。……

談及讀書過程，一個人自幼即成長於那樣的環境，當然格外容易養成嬌縱的個性，尤其在求學一事上。然而我讀書卻半點兒錯不得、鬆懈不得。我幼時念書不完全似現在的方法，背書乃天經地義事，背不來是要挨打的，老師拿戒尺打手心，痛徹心扉，不過，所受的課程和當時學校中一樣。可以說，我童年受教育的生涯比起一般人更嚴格。如今回想，年事雖愈長，有時仍能熟記些已念過的書，實在是受惠於幼時嚴格的教育所賜。

此外，親友、長輩對於我，如果發現錯誤的地方，也時加訓誡，母親絕不袒護。我的家庭教養，就算與當時舊社會並論，也稱得上是嚴格的。[6]

童年的玩伴

衍聖公地位崇高，然而孔德成雖身為衍聖公，但終究是孩子，他也要有玩伴，多是府裡當差的子女。如醫生劉夢瀛的兒子劉長厚，乳名三元，成年後也在孔府當差，中共統治大陸後，他在曲阜文物管理委員會任職，曾經當選曲阜市政協委員；孔德成乳母張媽媽的女兒「媽媽妮」，成年後離開孔府幫父親管理孔府賞給的菜園子，一直未離開曲阜。還有位孔府的繡工朱二妮，雖然年齡大些，卻能和孔德成姊弟打成一片。

雖然還只是個孩子，孔德成卻必須做起符合「衍聖公」身分的事了。他毫無顧忌地跟玩伴們玩耍時，其他孩子是不會把他當聖人看的，但是這群小孩子的遊戲卻常常被打斷，原因是有許多名人會來曲阜「朝聖」，希望見到「小聖人」；每逢有這樣的安排時，不管他們玩得怎樣開心，忽然孔德成就被帶走會客了，這時當然就只有停下來等他了。孔德懋以後回憶，「每逢有這些小伙伴在一起時，就顯得格外熱鬧，玩的時候是沒有什麼主僕、尊卑之分的。我們有一輛小平板車，常是我和大姊、劉三元坐在車上，用一隻黑羊和一隻白羊拉著車，小弟拿著鞭子在地上一邊跑、一邊趕車。」[7]

---

6 孔德成，〈庭訓與師道〉，《聯合報》一九八六年九月二十八日第八版。

7 孔德懋，《孔府內宅軼事》（台北：傳記文學出版社），頁一三九。

孔德懋解釋了平板車的來歷。她說，他們姊弟三人小的時候，沒什麼玩具可玩，因為祖先沒留下玩具，而孔府也不輕易買外面的東西，他們只有許多珍珠、翡翠、瑪瑙、金子之類的珍寶可玩，內宅多的是零散的聖蹟圖和碑帖拓片，也常被姊弟拿來摺成各種玩意兒。後來，當差的為他們釘了小平板車，這可說是姊弟三人童年時唯一的玩具了。

劉三元以後回憶，在後花園玩，大家最喜歡到假山的山洞裡，在那裡嬉戲時，誰也不顧孔德成是不是聖人；有次小公爺跟他打土仗，他不敢拿土塊砸小公爺，怕讓父親（指劉夢瀛）看到了責怪他；不料小公爺玩得起勁，卻用小土塊扔他，他躲閃不及，被砸到腦袋，很疼，他哭了。小公爺見他真哭了，忙哄他：「三元，你甭哭了，是俺的過，俺再也不打你啦。」小公爺怕陶夫人責怪，還找來萬金油給他抹。

還有一次，孔德成、劉三元和媽媽妮一起玩魔術遊戲，孔德成一個不小心，口含的一顆玻璃珠就滑進肚子裡，孔府上下嚇壞了，陶夫人還急出了淚。劉夢瀛弄清楚是怎麼回事，便安慰她不要著急，他用長韭菜加元明粉，包了薄皮餃子讓小公爺吃，第二天就順利把玻璃珠子拉出來。

劉夢瀛對孔家忠心耿耿。孔德成出疹子那次，由於不肯吃藥，後來又生了喉症；劉夢瀛為此憂心忡忡，因為那個年代因出疹子而死的大有人在，他又配藥強要小公爺吃下去，並且日夜守在床旁照料，自己則另熬了一鍋鴉片，萬一小公爺有個什麼差錯，他就把鴉片喝下去，以死謝罪。還好，孔德成後來恢復了健康。

孔德成姊弟很難得邁出孔府，孔府的高牆把牆內和牆外隔成兩個世界。孔德懋回憶，孔府東學臨街的高牆裡，在牆根有個大土堆，站在土堆上就可以從牆頭看到外面。「有的時候，我們悶極了，非常想出去看看外面是什麼樣子，就跑到那個大土堆上趴著牆頭往外看街上來來往往的人們，像擺攤的、挑桃子的小販和那些小商店的門面。後來當差的覺得公爺和小姐這樣不太雅觀，不成個體統，可是又不好制止，就想出個法子，在那個土堆上搭了個小看台，還有棚子，我們就可以坐在那裡堂而皇之地往外面看了。」[8]

日後，他們就在那裡，看到二師學生演的《子見南子》獨幕劇，這劇引起軒然大波。

8同前註，頁一四一。

第五章

孔家的考驗

孔德成年幼時，中國正歷經政治、軍事的混亂，在文化思潮方面，由於去儒思想被視為「進步」，孔府千百年來的神聖地位也受到嚴厲的抨擊與考驗。

軍政領導人的反孔與尊孔

一九二五年三月十二日，主張聯俄容共的孫中山因肝癌病逝北京。次年，國民政府任命蔣中正為國民革命軍總司令，誓師北伐，目標是北洋軍閥裡的三大集團吳佩孚、孫傳芳和張作霖，他由援湘開始，先敗吳佩孚，再克孫傳芳；但以個人名義加入國民黨的共產黨人試圖破壞北伐，並且掌權。

一九二七年，由於上海共黨分子控制上海總工會糾察隊，想以武力衝擊英國租界以製造事端，中國國民黨決定清共。四月十二日，清共行動在上海展開，國民革命軍控制了上海，但此舉等於公開與武漢的左派國民政府決裂，十七日武漢開除蔣中正的黨籍，免除他的總司令職；十八日南京成立國民政府，並且通緝共黨首要分子鮑羅廷、陳獨秀等將近兩百人。

這次清黨，造成南京與武漢各有一個國民政府和中央黨部，國府稱「寧漢分裂」，中共黨史則稱「四一二反革命政變」。這個時刻，在曲阜二師的共黨組織也被清查，相關幹部都被逮捕。二師的校長改由宋還吾擔任，但他支持學生從事反孔運動。

一九二八年四月七日，中國國民黨再次發表北伐宣言，蔣中正以第一、二集團軍為主力，沿津浦、平漢北上。共產黨要打倒孔家店，蔣中正則是赴曲阜行禮，二十二日當天的日記上記載：九時半由兗州出發，經沂水顏家村到曲阜，即謁孔聖廟，遊杏壇、詩禮堂，向聖像行三鞠躬禮。其廟規模遠大，殊罕見也。在衍聖公宅中餐，孔德成年僅九歲，而貌甚慧也。下午謁孔聖墓，惟有古柏而已。顏廟衰頹不堪也。[1]

那次謁孔，蔣中正還在孔廟貼了尊孔布告，明確說明要傳播「蓋欲為共產主義之根本之鏟除」[2]的孔孟之道。很顯然的，他認為馬列主義與孔孟之道根本是不相容的。

自從五四運動發出「打倒孔家店」口號以來，各地批孔、反孔氣焰旺盛，曲阜亦然，二師學生經常到孔府門前喊口號，並且四處寫標語。蔣中正才離開曲阜，又有激進學生上街遊行，高喊「打倒舊道德」、「打倒舊孔教」、「鏟除封建餘孽衍聖公府制」，並把標語貼到孔府門口。

1《蔣介石日記》，民國十七年四月二十二日。日記藏於美國加州史丹福大學。

2《孔府檔案》八〇〇三卷。

蔡元培要求衍聖公去爵及收回祀田

蔣中正的尊孔，卻沒能阻止蔡元培把衍聖公去爵的思考。他先是在一九二八年二月十八日，以「中華民國大學院院長」名義，發布「廢止春秋祀孔舊典」的通令；不久，他又和于心澄等人，提出「取消衍聖公，收孔廟、孔林歸國有」等意見，並建議擬定改革曲阜林廟辦法。

蔡元培的意見引起孔府的重視。包括陶夫人在內的孔府長輩、族長，知道外界對前清乃至於帝制時期的襲爵，到了民國時期已難合體制，須有所更張。孔德成尚是稚齡，一切都是由陶夫人等長輩做的決定。八月，孔府以衍聖公孔德成名義，呈文山東省政府主席，請求取消衍聖公封號，但要求保留祀田以守護先人所傳典章制度以及孔廟、孔府、孔林：

……黨國肇建，制度聿新，教澤悉本乎先民，典禮宜合乎政體。德成仰托詒謀，只奉先祖孔子林廟，春秋饗祀，怵惕弗遑。竊維祖訓，夙志大同，覺世牖民，載在簡冊。抱立達安懷之宏願，歷窮變通久而常新，累朝崇祀，榮逮後昆，洎乎近代，乃邀晉爵。前史家乘，悉可得而徵焉。第念衍聖意義，僅纘膠徽，雖崇列爵之班，大異從龍之選。其祀田歲俸，視分茅為有別；其察吏執事，供祭掃而無他。饘粥家風，依然儒素。在先人歷被榮名，往事已成陳跡；在德成生際民國，體制宜有變更。茲幸天日重光，烽煙悉靖。同遊平等之世宙，適符改轍之初心。用敢掬誠陳請，擬將德成衍聖公名義，即時取銷，俾符體制。至保管林廟、整理陳設、祭祀、應盡之事，鄉里展望，不改自寬。謹附具計畫書，隨文陳送，伏請垂察，一併轉呈國府查核。至德成取消爵號以後，而關於守林奉祀各節，仍屬責無旁貸，嗣後蒞事對外，究應用何名稱，擬請國府核定遵行……。

孔德成[3]

隨著此一呈文，還附上《整理林廟計畫》。此一計畫臚列了經管祀田及林廟用費，以及孔府所創設的圖書館學校費用等，每年總計收入約共四萬四千七百餘元，支出約五萬零二百元，透支五千五百元左右。

孔府隨後以孔德成名義發出《敬告全國同胞書》，直接從法律的角度面對蔡元培的主張，表達痛心與反對，並談到人權：

全國父老昆弟諸姑姊妹鈞鑒：竊德成衍聖公尊號，早經呈明，自動撤銷，而林廟祀田書籍器物各產業，係由宗祖孔子暨歷代先祖父子相繼所遺留，已二千餘年。前年七十六代宗子孔令貽去世，經德成以七十七代傳宗子資格執行繼承權，依法全部接受在案。詎料國府委員蔡元培意欲沒收私產，提出非法處分。查繼承權係天然所賦予，法律所規定，各族均係一律，我姓何得獨異。理合根據上開事實及理由，提起抗訴，務懇准予撤銷非法處分提案，以維人權，而張公道。

3《孔府檔案》八一五一卷。

此次國委蔡元培對於敝族私有產業，不惜蹂躪人權，提出非法處分，德成年幼，寡婦孤兒，聞悉之下，彷徨無措，經族人孔昭聲根據法律提出理由，呼籲於同胞之前……。[4]

國民政府內政部要求山東省政部詳查，以及提改革意見。在當時正籌組中央研究院的蔡元培主導下，山東省政部的回應是，「查孔氏嫡派子孫，代有封爵，賢哲後裔，亦襲世職，至今日衍聖公府仍襲舊制。揆之平等之義，似不應有此封建遺典，黨員于心澄等呈請取消衍聖公，其理至當。……」[5]內政部建議，取消衍聖公襲爵，另給孔氏嫡裔以專司奉祀之名義、把祀田改歸國家徵收、劃撥祀田為孔族教養費用等，並研擬出《國民政府整理曲阜林廟委員會條例草案》。

孔府反對蔡元培之議

孔府反對，並以孔德成名義，向也是孔裔的南京政府工商部長孔祥熙，以及蔣中正、閻錫山等求援，其中還包括知名儒者梁漱溟。梁漱溟曾經是北京大學哲學系教授，因此在北大認識了當時擔任圖書館助理員的毛澤東；他不贊成西方民主，也不贊成蘇聯的共產主義，他希望從鄉村建設找到一條改造中國的路。在政治上，他反對國民黨獨裁，發起組織中國民主同盟，是第三條路的代表人物。

---

4 同前註。

5《孔府檔案選編》，下冊，頁七一七。

孔祥熙等人支持孔府，反對內政部及蔡元培的提案，認為有四大問題需先解決：

一、名號存廢問題。衍聖公之名號由來已久，本意完全是出自於尊重孔子，所以只有名號而沒有政權；這與襲爵遺制截然不同。如果真要變更也並非不可，但國內蒙古、青海等地現在仍有王公襲爵，在當前「向背未明」之際，恐怕會引起誤會，不可不防；至於衍聖公名號的存廢宜暫緩，從長討論。

二、古物保存問題。內政部所提的古物陳列供民眾參觀，和孔德成原呈意見相同，自屬可行；但保管權仍宜明定歸諸董事會孔子嫡裔以免流失。

三、祀田分配問題。由於歷史原因，雖有屬於歷代賜予的，然而私家撥入祀孔之田，每代皆有，早已混在一起，是公是私難辨；況且其中學田是民眾捐助，原為贍養貧生之用，所收租課，早已撥為明德中學校的經費。這時由政府管理升科，確可免去地方豪民乘機侵占之弊，但完全收歸國有，對於將來孔子林廟古跡古物圖書、明德學校等各經費又無確切規定，不無可慮。所以他建議按比例由孔家及另組董事會管理。

四、整理委員會人選問題。由國民政府、內政部、教育部、山東省政府、山東省黨部各派一人，孔族代表三人，孔德成為當然委員。[6]

內政部所提出的草案，由於反對聲音不少，最後沒有在國民黨中央政治會議討論通過，轟動一時的整理林廟案，最後不了了之。蔡元培後來在民國十九年又提議追回衍聖公印璽，雖然仍然沒有被南

6《孔府檔案》八一五一卷。

京政府採納，但是依然令孔府感到困擾，衍聖公的襲爵愈來愈受爭議。

然而，蔡元培以後公開澄清，他素來不贊成漢朝董仲舒罷黜百家、獨尊孔氏的主張，因此清代教育宗旨有「尊孔」一款，已於民國元年在教育部宣布教育方針時，「說他不合用了」；但對於老一輩的學者質疑他是「必覆孔孟，剷倫常為快」，其實不然。蔡元培在文中敘述答覆翻譯家林紓（一八五二—一九二四）的來信時，澄清自己主持北大並未排斥孔孟，在北大哲學研究會中梁漱溟提「孔子與孟子異同」、胡默青提「孔子倫理學之研究」，「尊孔者多矣，寧曰覆孔？」顯見學術之自由；至於剷倫常，則更未如所言。蔡元培說，他在北大只有兩種主張：「一、對於學說，仿世界各大學通例，循『思想自由』原則，取兼容並包主義，與公所提出之圓通廣大四字，頗不相背也……；二、對於教員，以學術為主，以無背於第一種之主張為界限，其在校外之行動，悉聽自由，本校從不過問，亦不能代負責任。……」[7]

孔府暫時過了祀田充公這關，但挑戰還是不斷。陶夫人心力交瘁，不久就中風了，從此臥床不起，於一九二九年二月辭世。

獨幕劇《子見南子》風波

一九二八年十月，林語堂在魯迅與郁達夫主編的《奔流》月刊一卷六號刊出獨幕劇《子見南子》，

---

7 蔡元培，〈我在北京大學的經歷〉，見《中央日報》蔡先生追悼紀念特刊，一九四〇年三月二十四日第三、四版。

此劇取材自《論語．雍也篇》，描寫的是孔子見衛靈公夫人南子的故事，劇本刊出後，因為頗具幽默感而大受歡迎；二師學生會在共產黨人的鼓動下，也決定要演出此劇，然而卻在動作及對白上做了更動，醜化孔子。

那場戲之後，國民政府司法院副院長張繼陪日本前首相犬養毅拜謁孔廟，然後赴二師訓話，張繼講了「學生們應好好讀書」，犬養毅也講了一些「孔子的仁是治國之本」、「學生們要安分守己，嚴防赤色分子活動」的話，引起學生憤怒，跺腳、吹口哨、喊口號，在一片「打倒狗養毅」、「打倒張繼」的叫喊中，兩人離去。

本來學生只在校內演那一場，經此事後，學生就在孔府東學對面的街上搭了戲台，每天演出幾場，以供曲阜老百姓觀看。孔德懋回憶，在反孔浪潮席捲曲阜的日子裡，孔府大門緊閉，她十歲出頭、弟弟不到十歲，並不理解情勢的嚴峻，每日照常讀書遊戲。二師學生演的戲是加以改編的，和林語堂的原劇已大不相同，她和弟弟都希望看戲，尤其是這次有女演員，和過去男扮女裝不同，許多當差的看過了。

> 我們悄悄地向當差的打聽，他們只說是演孔子，再問就搖頭不說了，這更引起我們的好奇心……，後來終於我們也看到了，記得是雙十節後的一天，我們姊弟到搭在孔府東朵臨街土堆的看台上去看戲，戲台就在對街，我們在那裡就看得到牆外。我們坐在裡面，看台掛著堂簾，外面看不到我們。……我還記得南子給了孔子一塊綠玉，那是一塊綠肥皂，我看得很清

孔德成十歲時，與二姊孔德懋攝於孔府。

楚，當時我還嚷起來。[8]

戲末，台下夾雜著觀眾的掌聲，還有人帶頭喊反孔口號。

《子見南子》褻瀆了孔子，孔家向南京的國民政府控告第二師範校長宋還吾。蔣中正已明令規定每年孔子誕辰要舉行紀念，這時適逢孔祥熙陪同蔣中正路過濟南，指示山東省教育廳長何思源處理。最後這個事件以查無實據結案，校長宋還吾調任教育廳督學，前後兩任學生會長都被開除學籍。

為親生母親激動落淚

陶夫人當家十年病故。孔德成以後回憶，生母王夫人先前去世時暫厝在孔令貽墓後，為的是等到陶夫人百年之後，三人合葬；他年幼時，每年逢清明、十月初一掃墓，陶夫人一定會指示他和姊姊到王夫人暫厝之處祭拜。孔德懋則說，陶夫人過世，在治喪時有本家主動提出，王氏生了第七十七代公爺，為孔府立了大功，應當合葬，孔德成那年才十一歲，但他激動落淚，立即跪下向本家磕頭致謝，他的父親、陶夫人以及親生母親王夫人，也就合葬。前清翰林、清史館長柯劭忞，以後是孔德懋的公公，寫了「七十六代衍聖公孔公燕庭暨元配孫夫人、繼配陶夫人、側室王夫人合祔墓誌」。

稚齡的衍聖公孔德成，於陶夫人過世後，在孔印秋的輔佐下，名義上接掌整個孔府。

8孔德懋，《孔府內宅軼事》（台北：傳記文學出版社），頁一八六。

錢穆護衛中國傳統文化

在新文化運動之下，所有中國傳統文化都被指為阻礙中國進步，必欲去之而後快，特別是儒家學說；然而，卻有一代國學大師起而衛之，那就是錢穆。

錢穆生於清末，只有中學學歷，他和其他思想家、教育家不同，他既沒有念過大學，非學院派；又沒放過洋，也非西洋派；他是自學成功的典範。一九三一年，錢穆獲聘赴北京大學任教，同時期在北大任教的就是已有盛名的胡適，胡、錢是三〇年代北大講學最叫座的兩位教授，這不僅是因兩人講課精彩，也因為彼此在學術觀點對立相左。

錢穆是反對全力排斥中國固有文化的新文化運動，因此在北大期間，他曾領學生前往曲阜，並面見了稚齡的衍聖公孔德成。那次行程，錢穆是有目的的——他要向學生證明，歷代皇朝尊崇儒家，並非「以便利其專制」。

錢穆師生抵達曲阜後，先赴衍聖公府。錢穆以後為文回憶[9]，當時衍聖公孔德成年約十一歲，由叔父帶來接待他們，並一起攝影留念，錢穆詢問了孔府的經濟狀況及曲阜農民生活，至於為什麼要問，是因為學生們在路途上對孔府頗多批評，認為孔家並不是官府，而是「封建社會之貴族生活」，所以為了讓學生了解孔府的實際情況之故。那個時候，其實孔府用度是捉襟見肘的，而孔德成小小年紀不僅衣著簡樸，談吐也謙恭有禮，毫無貴氣；和北大學生的想像完全不一樣。

---

9 錢穆，《師友雜憶之拾壹——記北大生活》，發表於《聯合報》一九八〇年十月七日副刊。

接著，錢穆帶領學生轉赴孔林。他要求學生在諸聖墓前一定要行三鞠躬禮，「諸生亦無違」。孔林的碑碣林立，但可看得出，大多是金元以後，北宋以上的碑碣甚少。錢穆告訴學生，當時中國人受到異族統治，因此不得不更尊孔，以使外族知道中國歷史上有這麼一位人物，這樣外族才不至於輕視中國人；學生們默然無言。

這是五四以來，儒家受到攻擊的重點之一，認為那些「封建」政權所以尊孔，只是為了鞏固自己的統治基礎以及正當性；錢穆給予這種批判一種反證，間接論證千百年來，尊孔還有文化上、教化上的積極意義，而這些證據，出自歷史悠久的孔林。

第六章

稚齡當家

陶夫人管事時，致力栽培孔德成。她每天上午辦公，坐在過去孔令貽在前上房的大書案前，聽管家、帳房向她稟報孔府大小事務，而年齡不大的小公爺就坐在旁邊見習。孔德成九歲那年，陶夫人突然中風，那些公事改由小公爺處理。

不過，他並不是坐在書桌前正正經經地批事，常常是跟孔德懋一起玩時，由十府的本家爺爺孔印秋過來找他，請示該怎麼裁決。

三爺爺管事

孔印秋本名是孔繁徵，印秋是他的號；他議敘江蘇補用知州，是孔子六十八代孫衍聖公孔傳鐸的第四子孔繼汾的第四代孫孔慶輔的第三子，所以府內人稱之為印秋三爺。一九二九年陶夫人去世後，孔府近族在衍聖公府召開府務會議，與會的孔族人一致公推孔印秋照料府務，一直到一九三六年。

孔德懋回憶，陶夫人身體出問題之後，就由孔印秋來主持對外事務，孔印秋忠厚誠實，十分尊重小公爺，每天總有什麼事要跟他說說，徵求意見。孔德成常常是有禮貌地回答：「三爺爺，我年紀小，不懂事，有什麼事您就看著辦吧。」但不管是什麼問題，找到答案，孔印秋總是再回頭找到小公爺問一下，請孔德成首肯。府裡還有稱為大老太太的孔令譽之妻袁夫人，和她四歲女兒孔德恭，按姊妹排行，稱三小姐。平常，孔府府務對外是孔印秋料理；對內除了孔德成之外，還有大老太太參理。

這個階段，孔德成的日常生活已經比過去陶夫人管事時，自由許多；他的讀書，不再像過去有如與時間賽跑似的那麼緊張，雖說他會自動自發地讀書，但時間已能自行支配運用。

比孔德成長四歲的曲阜人金鴻勛，幼年時是小公爺的玩伴，因家裡世代都在孔府當差，後來他自己也在孔府任事。他對孔德成稚齡當家作主的那段日子，印象很深刻：

那時，孔德成每吃過晚飯，就叫內宅當差李鳳鳴把陳福、「大頭和尚」、「小頭吳」、金生和我幾個大點的孩子叫到一塊，陪他玩耍。在前上房東間裡放著個大木盆，盆裡盛滿了小孩玩的刀槍劍戟，我們各拿兵器，畫上臉譜，學著演戲。李鳳鳴原是孔府戲班子裡打大鑼的，所以他常教我們唱戲，有時他自己也裝扮起來，和我們幾個當差家的孩子一起演戲，讓孔德成觀看。有時我們也在花廳裡玩耍。每次玩到九點鐘，便由當差的伺候他去睡覺，這時，他總是讓我們跟到他的臥室裡。他解衣上床，叫我們在下面玩，他邊看邊跟我們說話。直到他睡熟，當差的便對我們說：「行了！你們回家去吧。」

每年陰曆七月七的前三天，孔府便叫一、二十名「戶人」到孔府刻巧果……，七月七晚上，在前上房的庭院裡放好大八仙桌，供上牛郎織女牌位，擺上祭品，祭品以巧果為主，還有西瓜切成的蓮花瓣、石榴、蘋果、香蠟、黃表、奠酒等。擺設好後，由孔德成上香，女僕們則給小姐們穿針引線，誰先穿上誰最巧，美其名曰，「穿針七巧」。

七月十五的晚上，在前上房的月台上，點起一排排黃蒿燈。一排六盆，盆裡是移栽的黃蒿，用五色棉紙把線香掛在上面。還點著很多的油燈、大荷花燈。這時，秋夜星光閃爍，滿院香煙繚繞，我們陪著孔德成觀景賞燈，十分有趣。

一年之中，數春節前後我們玩得最熱鬧。

每逢臘月初十以後，紮裁戶們便把專門給孔德成和兩位小姐紮的五節小龍燈、小花船、竹馬、雲彩、蛤蚌精等玩意送到孔府庫房裡。晚上，我們幾個大一點的僕人孩子拿出來在大堂玩耍起來。好玩極了！有時在旁邊觀看的孔德成也躍躍欲試，不過「衍聖公」的身分不許他那樣做。有時他也偶爾和我們一樣耍起龍燈，當差的便立即勸阻：「小公爺，歇歇吧，別弄髒了衣服。」

從年初一開始，每天晚上，在前上房的月台上，當差的放好或拿好各種各樣的焰火，等孔德成一到，便一個接一個地點起來。各種焰火競相開放，五顏六色，景象萬千。有一次，他領我到東樓裡看「衍聖公行樂圖」。他指著大玻璃匣子裡的幾個彩塑僕人說，「這個是當差馬振海的爺爺，當初叫他『通草娃娃』；那個是『小朱小』的老祖。」因此，從那時起我就知道我們祖祖輩輩都是孔府的僕人。

每逢清明前後，我們常陪孔德成到孔府東圃放風箏，有大蜈蚣樣的，大蝴蝶樣的，線拐比小孩還大。關於放風箏的趣事，孔德成曾寫入他的日記。

孔德成小時候偶爾有機會也到僕人家去。如每年他都要坐著轎車到大莊「花市」轉一圈。有一次，他藉這個機會到了僕人劉三元家，很香甜地吃了半碗白菜根做的小豆腐。他覺得鄉間的粗茶淡飯挺新鮮。

他看到農家養豬也好奇得很，儘管孔府裡有供他玩的小貓、小狗，他卻非要一隻小豬不可。餵了幾天，他的老師便引經據典，講了一套閥閱之家不畜牛羊豬與庶民爭利、不能餵養之類的話，才沒再養小豬。

孔德成很愛唱京劇。他臥室裡放著兩臺手搖唱機，一個蝸牛式的大喇叭伸在外面。據說當時一臺要花幾百元錢，是孔府「京差」專門從北京買來的。他常拿出京劇片子放，和我們一起看著唱辭，邊聽邊學。後來，孔德成大點了，除學經書外，還增添了舊制中學的全部課程，因此我們在一起玩的時間少了，只有星期天下午，或者清明、端午、中秋、年假，我們才能陪著他到孔林、孔廟、孔府花園或城外去玩。到孔林或城外遠一點的地方去，孔府車欄馬號要備好轎車和馬匹。趕轎車的叫張三，不論道路如何泥濘，只能跟著車，不准坐，我也只能跨轅坐著。內跟班李繼山和陳景榮騎馬尾隨。「水火戶」挑著小穿心爐、茶具以及盛茶葉、點心的食盒緊跟在後。

假日裡，我們常到花園裡的假山上或花廳去玩，講故事，猜謎語，打撲克。記得孔德成十二歲那年，有一次他對我們說，要成立一個「文化學會」。於是，我們在花廳裡擺上桌子、椅子，各就各位坐好，他宣布自任會長，叫我當書記。他要我們每星期天下午在那裡集會，開例會，搞些有意義的文化活動。有時他高興了，就叫當差的把攝影師找來，把我們在後花園的活動拍下來留作紀念。孔德成十四歲那年夏天，有一次我們在後花園玩得很高興，他就叫我和當差賈俊昌與他一起，即與合影留念。[1]

孔廟、孔府遭砲擊

陶夫人去世後，停靈一年多；尚未和孔令貽、王夫人一起安葬時，史稱中原大戰的戰火，波及孔廟和孔府。蔣中正領導的國民革命軍完成北伐、統一全國後，把過去的軍閥如馮玉祥、閻錫山、李宗仁等人聚集到南京，並派以部長級的職務，另方面也下令「編遣」各軍，以求統一軍權、整頓財政，減少軍費支出。但這些將領並不領情，仍持擁兵割據的觀念，拒到中央就職，接著率軍叛變，戰火再起。

一九三〇年七月一日，孔德成正與姊姊孔德懋在前堂樓玩耍，忽然聽到遠處有砲聲，接著愈來愈近、愈來愈猛。他倆被人拉入屋內，只聽見外面許多人喊：「打仗了！打仗了！」家裡的人跑來跑去搭桌椅抱棉被亂成一團。孔德成被塞到木板樓梯下面，孔德懋則被塞到一張大方桌下面，兩邊都用疊起來的棉被層層包了，當差的一再叮囑姊弟倆不可出來。這個時刻，孔府及孔廟都有砲彈落下，十分

1《曲阜文史》，第三輯，頁二四—三〇。

少年衍聖公在孔府，孔德成才十歲出頭，有如小大人一般。

危險。

這天，閻軍在曲阜附近遭遇蔣中正的部隊，雙方激戰，蔣中正的部隊退進曲阜守城。閻軍四面包圍，並且以猛烈砲火轟城，這一打就是十一個晝夜，曲阜到處落了砲彈，老百姓紛紛逃到孔府、孔廟避難，包括內宅在內，到處都住滿了人，前上房還停了陶夫人的棺槨，連棺材下面都有人睡。

孔府、孔廟落的砲彈雖然較外面少些，但孔廟裡有十五處遭嚴重破壞，魁文閣的西北角被打穿，二層飛檐被炸壞，大成殿天花板遭打穿，並造成死傷。孔家這邊，一枚砲彈落在孔德成藏身的樓梯上，但並未爆炸；還有一發砲彈落在大成殿孔子像前，也沒爆炸。孔德懋說，事後大家又傳說這是天佑聖祖和小聖人。

這次戰役，曲阜東、西、北城樓都遭破壞，顏廟的損毀更是嚴重。孔德成姊弟在被圍困的十一晝夜，吃、睡都在方桌和樓梯下，日夜不許出來活動。由於城裡謠言四起，人心惶惶，照顧姊弟的乳母擔心閻軍進城會有不軌，把孔德懋打扮成小媳婦模樣，大辮子改梳成髮髻、換上農婦服裝，孔德成也把原先常穿的長袍馬褂，換成粗布衣服。

這些天的生活對擠在孔府、孔廟的幾千人來說，可謂困頓不堪，孔府平日都是用水車到南門運甜水，現在只能靠東學的一口苦水井，水苦不說，一口井更是解決不了這麼多人的飲水問題，許多人病了，到最後連糧食也快吃光。守城部隊守得辛苦，閻軍派人送信要求限期開門，否則就要施放毒氣，城外又運來多門重砲，城裡百姓和孔府裡的人們更是焦慮。正當危急之時，蔣中正的陳誠部隊於十一日趕到，從城南擊退閻軍，解了兗州和曲阜之圍。

梁思成繪製孔廟受損狀況

戰事結束，孔府以孔德成的名義提出呼籲，要求交戰雙方保護聖地。七月二十二日的電文指出，「曲阜一戰，孔聖林廟受創甚鉅，乞迅電前方將士，加意保護林廟，特懇祈復。」[2]蔣中正、馮玉祥、孫科都以個人名義來電慰問，蔣中正在七月二十三日的電文如下：

曲阜孔德成先生及孔教總會各會員鈞鑒：

此次曲阜林廟受創，人民傷亡，全由晉逆以猛烈之砲火圍攻城垣。不意自稱崇聖禮讓之人做此毀滅聖跡之舉，良可浩嘆！至我方將士，素以保護人民生命財產為職，至現已電令到總指揮轉飭各將士，對林廟一律加以保護矣！總司令蔣中正[3]

這次中原大戰，孔廟大成殿、寢殿、兩庫、奎文閣、碑亭、啟聖門、觀德門、大中門等遭受不同程度的破壞。一九三五年，梁思成奉命到曲阜勘察孔廟受損情形，他於二月十六日抵達濟南，稍事停留後，十八日到曲阜，與孔德成見了面，孔德成領他參謁孔子聖像畢，就視察全廟一遍，次日起，開始實測與攝影，把每座殿宇廊廡，大致勘察了，工作了五天，回到北平。繼續由相關專業人士詳細測

2國史館藏，民國十九年七月二十二日，孔德成等於曲阜皓電。

3同前註。

量以及繪製毀損詳圖，他完成了〈曲阜孔廟之建築及其修葺計畫〉，估計要七十九點七萬元，但因當時黃河決口造成魯蘇兩省嚴重水災，賑濟災民和黃河堵口復堤工程需要鉅款，南京國民政府被迫放棄修復孔廟。[4]

兩位姊姊的婚姻

孔府、孔廟因戰亂而受損，兩位姊姊到了適婚年齡嫁人終需離開孔府，更是令稚齡的孔德成感到不捨。

4 〈孔孟之鄉〉，《齊魯晚報》二〇〇七年四月二十日。

中原大戰波及孔廟，戰火止息後，朝鮮儒林代表（右五、右三）赴曲阜探視十歲的衍聖公孔德成（右四），孔府總管靈叔陪見（右一）。

孔德齊、孔德懋和孔德成自幼喪父、又失親娘，除了姊弟三人沒有其他親人，尤其孔德成，更是從來沒見過父母親，所以兩位姊姊對他而言，手足的感情就更深厚了，姊弟三人從來沒吵過架，沒因什麼事哭鬧過。

孔德懋回憶，她對他們姊弟給母親掃墓的情景記得特別清楚——他們三個小小年紀的孩子，向母親的墳墓磕頭祭拜後，默默地呆立在墳前好長時間，「每當這個時刻，我心裡總是感到我們姊弟格外親近，這世界上只有我們三個是親人。」

然而，男大當婚，女大當嫁。陶夫人生前，就已經把兩位孔小姐的婚事安排好了，而且還考慮了「門當戶對」，表面上看起來，嫁得都不錯；但實際上，她倆的婚姻都很失敗。

陶夫人一九二三年二月間赴北京，就為當時年僅六歲的孔德齊訂了親，那是前清科舉殿試第三名的書法家馮恕的小兒子馮大正；民國以後，馮家開了北京電燈公司，馮恕的夫人馮老太太曾多次到曲阜來，和孔家很熟。

一九二九年，陶夫人又把孔德懋許配給柯劭忞的三兒子柯昌汾。柯劭忞是前清翰林學士，那時是清史館館長、京師大學堂總監督，也曾教過清遜帝溥儀，而且還和大總統徐世昌結拜，和孔令貽生前是至交。

孔德齊在一九三一年出嫁，當時十七歲。婚後，她帶男僕吳建文、女僕席嫂赴北京，但不久席嫂被打發回來，說是為了省些開支。孔德懋回憶，她大姊結婚後經常在吳建文的伴隨下，獨自從北京回來，經常神情憂鬱，沉默寡言。她不能講丈夫的壞話，只好認命。倒是吳建文回孔府透露了——原來馮大正整天在外面花天酒地、尋花問柳，他拚命向孔德齊要錢，要嫁妝，有次他用妻子的錢去買了輛小汽車，弄了一車子女人去兜風，卻因為技術太差撞在電線桿上，把滿嘴牙都撞掉了，換了一口假牙。孔德齊為了滿足丈夫的需求，每次回家來都要帶些金子回去，又怕旁人知道了笑話，總交給吳建文帶在身上。孔德懋說，她和小弟怕大姊難過，也不敢再提她丈夫的事，又怕她不好意思，只有在她自己去取時，假裝不知道。

至於孔德懋自己的姻緣，也不幸福。她為文說，柯劭忞有三個兒子，老大柯昌泗和老二柯昌濟都是甲骨文字學家，小兒子昌汾最受寵愛，也最不成器。

她在一九三五年成親，結婚時十八歲。

她回憶，在她即將結婚的那段日子，小弟德成的飯量大減，臨別時，他淒然地說：「你和大姊都走了，府裡就剩我一個人了。」他那時十五歲，孔德懋覺得表達出來的感情，一點兒都不像孩子。孔府有兩件祖傳的無價珍寶，一是一對像寫字臺那樣大的楷木如意，上面精雕「文王百子圖」，孔府就是這麼兩個，已傳了千百年了；還有一對大金鐘，鑲滿鑽石珍珠。姊姊結婚，孔德成把這兩種珍寶分送給兩位姊姊，德齊和德懋都各有一個楷木如意和大金鐘，做為數百件嫁妝中之首。

在德懋離開曲阜的次日，孔德成就病倒了，治療了好些日子才痊癒。王老師知道他思念姊姊，對他格外照顧，生病時叫他住在家學的院子裡，病好後除了上學，不讓他到後花園或內宅來，怕觸景傷情。孔德成很感謝老師的關懷，但他就是這麼感懷自己的身世，在二姊孔德懋結婚後，他為自己取個字叫「子餘」，這就可以見得他寂寞的心境。

孔德懋婚後，和大姊都住在北京西城，大姊住羊肉胡同，而她住在太僕寺街，相隔不遠，經常往來，但她因為丈夫到天津做事，她也跟著到天津，姊妹倆又分開了。在天津時，有天她突然接到大姑馮四小姐打來加急電報，稱大姊病危要她速去。她馬上動身回北京，孔德齊已經昏迷不醒，沒多久就辭別人世。由於孔德齊嘴唇和手指甲都呈黑色，懷疑是服了毒，當時已是對日抗戰初期，孔德成在重慶，音訊不通，不曉得德齊已經亡故。

孔德懋在孔德齊死後一年，和柯昌汾帶著一雙兒女回到北京，仍住在太僕寺街。她回憶，她的丈夫日夜不在家，偶爾回家，多是向她要錢、要珠寶首飾，而且態度極粗暴，她在孔府從沒見到像他這樣發脾氣的，她毫無抵抗能力，只有跟著她一起去的乳母王媽媽敢為她講幾句話，後來也回曲阜去了。她所有陪嫁的錢財、碑帖、字畫，全到了丈夫手裡，後來在一九四七年她三十歲時離了婚。

兩位姊姊的婚姻都不幸福，然而孔德成的婚姻，卻很美滿。

第七章
改爵為官

國府軍事委員會委員長蔣中正一直認為，儒家是立國之本，而孫中山的思想、三民主義學說的來源，完全是中國的傳統儒家道統的繼承者。一九三一年二月，他在教育部以〈中國教育的思想問題〉為題，發表演講說：「……我們要曉得總理的思想，即是繼承堯、舜、禹、湯、文、武、周公、孔子以來的仁義道德思想，將之發揚光大，三民主義就是從仁義道德中發生出來。總理講這句話是在廣西桂林，我當

青年時期的孔德成。

時也在桂林。」[1] 他指出儒家的倫理道德、修身方法，就是中國的國魂、民族精神、立國的基礎，因此在曲阜綿延近千年的孔子嫡裔，更具立國的象徵意義，中斷多年的祀孔要恢復。

迴避赴日

這年，日本關東軍策劃發動九一八事變，在東北軍少帥張學良奉蔣中正之命不抵抗的情況下，迅速出兵占領了東北，並於次年成立傀儡的滿洲國，扶前清遜帝溥儀當政。國際聯盟組成委員會赴東北調查半年後，譴責日本為侵略者，拒絕承認滿洲國具合法性，日本乾脆退出國聯。

日本顯露軍國主義的野心，又想利用衍聖公的聲望以為調和，於是在一九三五年初，邀請孔德成赴日本參加東京湯島聖堂孔子廟落成典禮。

一九三五年一月十八日，國民政府下令將衍聖公的爵號改為大成至聖先師奉祀官。命令如下：

一、茲以孔子嫡系裔孫為大成至聖先師奉祀官，以特任官待遇。此令。

二、茲以顏子嫡系裔孫為復聖奉祀官，曾子嫡系裔孫為宗聖奉祀官，孟子嫡系裔孫為亞聖奉祀官，均以簡任官待遇。此令。[2]

1張其昀主編，《先總統蔣公全集》，第一冊，頁六一七。中國文化大學、中華學術院編印。

2《續修曲阜縣志》卷二。

一月二十九日，國府相關人員自北平向軍委會呈報日本可能要利用孔子聖裔的情報。呈報內容指出：「日使館息，日文部省在東京修建孔廟一事，已派員來平收買漢苑古物及孔廟用器，日方擬必要時挾衍聖公德成東渡，作將來對華北軍事上傀儡。」[3]

此一訊息應迅速轉抵曲阜。孔德成雖然年紀還不大，內心裡卻清楚明白。他當即表達不願赴約，因日本是侵略者。孔氏族人也擔心，日本方成立傀儡政府滿洲國，如果孔德成去了，會不會被扣下來做為宣傳？在不願得罪日本的情況下，最後決定改由明德中學校長孔昭潤和顏家七十四代孫顏振鴻，於五月間代理赴日。

三月，衍聖公孔德成首次接受報界訪問。[4]《中央日報》記者於十一日隨山東省政府民政廳長李樹春、教育廳長何思源，赴曲阜拜訪孔德成，不過孔德成因「二八丁祭之期」，已於三天沐浴齋戒，準備在那天半夜致祭，他們只好等到次日方得見到年輕的衍聖公。這位記者初見孔德成，對他的印象極佳，「著華服樸素而整潔，貌尤英挺，談吐亦風雅明晰」，有趣的是，記者必然沒問是哪年出生，以為他「年約二十餘歲」，其實那年孔德成才滿十五歲。由於家教，他顯得少年老成。

---

3 國史館藏，民國二十四年一月二十九日北平陳方、管翼賢電，收文者為軍委會祕書長楊暢卿（楊永泰）。

4《中央日報》一九三五年三月十五日二版。

初會媒體

孔德成雖然還只是少年，卻已必須負責家業。他告訴兩位廳長，孔府要辦理祭祀，所以必須向祀田收租；然而祀田各租戶多抗不繳租而影響祀典，尤以泗水縣及鄒縣拖欠甚多，請協助催繳。獲得李、何廳長應允後，記者訪問了孔德成，孔德成侃侃而談，對於曲阜及孔府的所有情況，一清二楚。

他說，曲阜人民多是耕讀之家，所以彬彬有禮，古樸而有謙謙之風；曲阜十有八家姓孔，大多是嫡系近支，共分為六十戶，每戶各有戶頭一人，而以孔印秋為闔族之長，目前孔府因族譜多年未修，而正在著手整補中，至於孔族在浙江一支，將來也準備列入族譜裡。

記者問，孔子後裔為什麼會留在浙江？孔德成回答，說法很多，但應以「當東晉、南宋之世，遭五胡及遼金之亂，隨政府同時南遷」之說，較為確實。

談到祀孔大典的歷史，孔德成也很清楚。他說，在前清之時，孔子誕辰是大祭，朝廷都會派大員赴曲阜致祭，但民國改元後，就中斷至今，去歲方明令恢復祭祀；但「所需祀費及衍聖公府一切生活費，均來自祀田，過去兵災頻仍，所有租佃各戶，除近於曲阜者尚少拖欠外，其遠在泗水鄒縣者甚至拒不繳納，至一切用度均感拮据」，他聽說省主席韓復榘已有代為整理孔子祀田之意。

孔德成談到聖陵及大成殿修復工作，北平建築專家梁思成已來勘查過，未來將由中央和省通盤規劃整修。他也提及許多日本人想來曲阜拜訪他，但他均未予接見。

最後，記者問到孔德成最近在讀什麼書，未來是否打算進入學校就讀。孔德成回答，他目前已讀完四書，正在讀五經，而且現代的科學、英文及算術也都有老師教，每天用功八小時，將來打算赴南京求學，至於考什麼大學現在還不確定。

赴南京改任奉祀官

六月，孔德成與復聖奉祀官顏世鏞、宗聖奉祀官曾繁山、亞聖奉祀官孟慶棠，一起由濟南轉赴南京就職。這也是孔德成第一次出遠門，曲阜百姓熱烈送行，多年後，一位親歷者回憶：

> 當時，縣黨部人員率領各民眾團體走在前面，其後是縣府統率各科職員。教育科組織的各學校師生也一起到西關外送行。工農商也各有歡送的代表。軍樂聲中，孔德成笑逐顏開，並與歡送的代表們一一握手。臨上車時，又回頭向大家揮手致意。人們對少年孔德成的溫存和藹，也報以熱烈的掌聲。[5]

二十四日，一行人抵達濟南。在那裡，孔德成等人受到了各界人士的歡迎，並且拜見了省府官員。七月六日上午九點，孔德成一行在山東省賑務常委趙新儒的陪同下，在聞承烈、何思源及各界代表五百餘人的歡送聲中，搭「平埔三〇五」次列車南下，次日早上抵達浦口，他們又受到國民黨及國民政府代表，以及各界熱烈歡迎。八點整，列車進站，樂聲大作，孔德成下車，與歡迎者一一握手致謝，

---

5 轉引自王謙等，《大家族傳》（山東友誼出版公司，一九九三），頁三二七。

隨即登輪渡江，直達南京，下榻勵志社。

他初到南京，因為年紀還小，蔣中正夫婦對他眷顧有加。日後他的弟子張臨生說，在他的年輕歲月裡，常常受到蔣夫人的照顧，因而產生孺慕之情。

孔德成在南京期間，因為年紀輕、言行談吐卻中規中矩有如小大人般，引起各界對他的好奇。他幾度接受報界的採訪，談及自己的讀書以及未來的發展。他說：「余平時繼承祖志，專攻經史子集，間亦瀏覽社會風土民情。將來志願，當本孔學一貫精神，不從事政治活動，冀對教育事業有所努力。至於如何將孔聖道德思想發揚光大，亦希大眾共同勉勵。」[6]這應該是孔德成有生以來，首次公開講話。

1935年，孔德成赴南京，改任命為大成至聖先師奉祀官的新聞照片，當時他十五歲。

6《曲阜文史》，第九輯，中國人民政治協商會議，山東曲阜市委員會文史資料委員會（一九八九）。

孔德成改任命為奉祀官的禮服照。

陪伴來南京的趙新儒補充，孔奉祀官平時喜好書法，擅長隸、楷、篆、鐘鼎各體；孔府聘請晚清舉人呂今山先生為業師，現在經書已經讀完，正授《公羊》、《穀梁》兩傳；在體育方面，則喜好球類……。這些報導內容，好似現代的青春偶像一樣。

七月八日，十五歲的孔德成偕同顏、曾、孟在南京國民政府大禮堂舉行宣誓舉行就職典禮，典禮由陳立夫主持、戴傳賢監誓，蔣中正委員長也來祝賀。十日，孔德成偕全體隨員和在京的孔、孟族人，前往貢院夫子廟，舉行告廟典禮。告廟文如下：

> 維中華民國二十四年七月十日，國民政府特派奉祀官七十七代孫孔德成率同顏世鏞、曾繁山、孟慶棠恭謁廟堂，謹告於至聖先師孔子之神位前曰：德成等仰承先德，奉派典祀，業於七月七日來京，八日偕詣國民政府大禮堂宣誓就職，祗承新命，竟惕彌深，敬恭馨香，伐祈昭鑒。謹告。[7]

告廟典禮完畢，孔德成率全體人員由左殿門出殿，回勵志社休息。

孔德成再度寫下歷史，成為中華民國最年輕的特任官。他又應孔祥熙之邀赴上海，十三日清晨抵滬，包括福建省主席陳儀都到場歡迎，「有關方面」還派保安隊一小隊專司護衛之責。孔德成下車後，與歡迎人士一一握手，各報記者請他講幾句話。年紀僅算青少年的奉祀官先是謙遜推辭，然後說：「本

7同註5，頁三三九。

人與君等言語恐有隔閡，望多見諒……。本人因族中長者在滬，故便道相訪，兼謁孔財長夫婦。現闕里正籌辦古樂陳列所，聞滬上已有古樂陳設，擬往參觀，以資借鑒。如時間許可，對其他文化機關亦擬前往參觀。」

他在上海停留兩天，孔祥熙為他舉行盛大的宴會，孫科、于右任、宋子文、吳稚暉、李石曾都出席作陪。上海孔教會也辦了十分熱烈的歡迎會，孔德成發表了談話。

此行，孔德成特地到上海孔族裡的孔八府家中拜會。如今是山東大學教授的孔令仁回憶，她比孔德成小四歲，那時讀小學，她的祖母就是在孔德成出生時多位孔裔近支在孔府裡監產的老太太之一，孔德成到她家向長輩請安，並與她父親交談時，孩子們被要求迴避；她和姊姊孔令和對被稱為「小聖人」的孔德成非常好奇，等到談完事可以跟孩子們見面時，她和姊姊稱他「小聖人」，孔德成則因她們姊妹比自己長一輩，很有禮貌，恭恭敬敬地說：「給小姑姑請安。」[8]

十六日，孔德成一行人啟程返回曲阜。孔府把自南京取回的奉祀官大印，供奉在大堂裡，並從濟南找來金匠開印，開印時鳴放鞭砲，門前紮紅彩，有如辦喜事。

改任奉祀官後，孔府有些編制也相應變動，除了原來孔林的林役、孔廟的門斗和正身外，又設身著制服的招待員，孔府又因八佾古樂失傳，在東學成立「古樂傳習所」，招了八十多名學生，由孔德成任校長。

---

8 華夏經緯網二〇〇八年十一月三日訊，專訪孔子第七十六代孫孔令仁女士，〈孔德成曾表達落葉歸根願望〉。

自我惕厲埋首讀書

雖然外務漸多，但才滿十五歲的孔德成並未荒廢功課。他寫詩〈示鷹紀〉，以此自勵：

少小不努力，中年傷已遲。
讀書無所獲，濟世更能期。
靜後方成悟，動能自得師。
寒窗燈下味，最憶是兒時。

兩位姊姊相繼出嫁，感到孤獨的孔德成更用功了。

以一九三四年至三六年他的日記摘抄[9]，可顯示出他的日常日子是怎麼過的；在一九三六年日記中也可發現，雖然年僅十五六歲，年輕的奉祀官已必須為孔府擔負起對外交涉，乃至於經濟問題了：

民國二十三年（一九三四年）
（三月）二十日　星期二
早七時起，盥洗畢，受《禮記》一號，自「君子有三患」至「士喪禮於是乎書」。九時用早

9《孔府檔案選》，頁一七八—一八〇。

點，寫小字六行。受《左傳》一號，自「子常曰」至「荀躒為之言於晉侯」。溫《詩．大雅．烝民》一篇，《禮器》二張。十二時下學。午飯後一時到校，中堂一幅，溫《過秦論》三號，受《地理．美國》半課。又溫《左傳》「僖公十年」至「十二年」四張，《下孟》三張，《倫語．八佾》半篇。寒暑表四十度。

（八月）二十六日 星期日

午後，行政院代表褚民誼、考試院代表林翔及山東民政廳長李樹春、教育廳長何思源來習明日紀念 先聖誕辰之儀。十時寢。是日晴，寒暑表八十度。

二十七日 星期一

五時起，中央政府代表葉楚傖致詞，七日謁廟行禮，皆三鞠躬。禮成，攝景，退用午飯。一時謁 林致祭，如廟之禮。二時返兗回京。十時寢。是日陰，寒暑表七十度。

二十九日 星期三

受《禮記》、《文選》各一號，溫《左傳》、《詩經》、《禮記》各一號。寫小字六行，大字三張，〈晚涼〉一首：西山日已落，庭前已漸昏。寒光掃竹影，秋色夜半個……

（九月）七日 星期五

〈中秋遺懷〉一首：寒風蕭蕭夜何期，獨聽庭前聲如絲。問人家何驚事，正是秋風欲起時（悲世界將亂也）。

民國二十四年（一九三五年）

（正月）二日 星期三

溫《禮記》、《左傳》、《說文》、《文選》、《詩經》五小時，寫小字六張，大字三張。膠西柯姻伯鳳孫嘗教人曰：「先研三《禮》，而後三《傳》」，如是則學純粹。人我以為獨成一家之言，然不知此取董子之言也。

十五日　星期二

溫《禮記》、《左傳》二小時，寫小字六行。一時同伯母之城西大庄，趕花店會。道路水雪泥濘，尚可容行。斜陽已將西落，晴空寒雲，飄蕩四野，白雪侵人，逆風微吹，人衣尚薄，炊煙四起，犬吠村落，人當是時，不免逸世之心也。

（二月）十八日　星期二

早溫《尚書》、《穀梁》二小時，寫小字六行，大字二張，下午溫《唐詩》、《毛詩》、《禮記》二號。十時寢。是日晴，寒暑表四十二度。〈感時〉二句：世事感蟲鶴，大地蚩尤旗。

民國二十五年（一九三六年）

（三月）七日　星期六

早受《尚書》、《穀梁》二小時，寫小字。下午同其敏叔同赴兗州迎韓主席向方（韓復榘），未遇。張測民參謀長留兗用飯。七時歸。十時寐。是日晴，寒暑表三十八度。

十日　星期二

早六時起，赴兗迎接韓向方先生。七時抵兗，留在車中用飯，旋赴進德會休息，又觀劇。晚在孫師長處進餐，又復登車晤韓，因泗水莊不納租事，請彼設法辦理。彼即令該縣長到兗見面，令其回泗速交今年田租，並帶一年陳欠。七時歸，十時寐。是日晴，寒暑表四十六度。〈書燈〉二句：長吟深夜好，燈影伴書聲。

他在十六歲時，和大他一歲的孫琪方成婚，這是聖府最後一次大婚慶典喜筵，訂在一九三六年十二月十六日。

與孫琪方轟動一時的婚禮

孫琪方是安徽壽州人，祖父孫家鼐是咸豐庚午科（咸豐九年，一八七〇）狀元，曾任工部、吏部、禮部尚書，並與翁同龢同為光緒帝師。孔德懋說，這門憑媒妁之言的親事，是一位住在北京聖公府最裡面一進院裡的一位老太太，是一位德高望重的本家，孫琪方是她娘家的姪女。而孔德成日後在臺灣告訴學生，這媒是姊姊介紹，他憑著一張照片相親，看中師母的。

孔德成的婚禮，安排在一九三六年陽曆十二月十六日，是為曲阜盛事。曲阜孔學研究學者孔繁銀敘述：

> 婚前孔府大興土木，從大門到內宅最後，全都粉刷一新。新房設在後堂樓，彩棚從大門一直搭到後堂樓。棚的四周上部是「五福奉壽」的彩色玻璃，頂是紅布和綠布條編織而成。彩棚裡掛滿國民黨中央黨部執委、監委，蔣介石、國民政府主席林森等政府社團、各界人士和親友送的喜幛，光是掛這些喜幛，從濟南僱來的二十個工廠工人就忙了一天一夜。送賀禮喜

儀的人物，上自蔣介石下至曲阜普通市民，所謂千行百業、要人細民、名流凡夫，靡不有人。……結婚前除了大興木木工程之外，還要日夜忙於準備招待來自遠近的客人。西學的所有房屋（現為孔府飯店）都騰出來以待遠方賓朋，一大批人整天忙於縫製招待客人的被褥，數百名僕人都賞做了全身新衣服，闔府上下都是一片忙碌喜悅的氣氛。[10]

那時，曲阜城內外幾乎都在談論這門婚事。孔繁銀當年十一歲，他回憶：

……婚禮前三天就來聖公府看了一趟，但聖府大門戒備森嚴，除奉衛隊站崗外，還有穿黑制服的警察站著雙崗。那一日正值聖府大門南牆和前上房、三堂唱三臺大戲，大門外是山東梆子，唱給老百姓看的；三堂的戲是崑曲，唱給府內來賓和執事人員看的；前上房的戲是京劇，演給府內「上人」看的。第二天是禮前一天，聖府門外、鼓樓大街人山人海，擁擠著爭看「過禮」，從五馬祠街到聖府這二里多路，桌子、椅子、櫥子、案子、凳子、書案桌子、箱子、椅子、家具、盆架、大鏡子、大鐘、沙發、茶几、梳妝台、鏡屏以及各式禮品等等，排滿大街，這些都是「公太太」娘門孫家的陪嫁。一路上人多東西多，鼓樂喧天，光送禮抬了一整天。聖府大門崗哨森嚴，送禮隊伍從聖府東門小紅門進府以後，在外觀光的人就看不到了。正式婚禮那天正下小雨，因此農村進城觀看婚禮就少了一點。聖府大門外和鼓樓東西大街

10 趙榮光，《天下第一家：衍聖公府食單》，頁七八—七九。

上，雖然有點泥水，但仍然是人山人海。新郎新娘乘轎從五馬祠街出府，一頂綠呢子八抬大轎是新郎官乘坐的，另一頂大紅呢五彩繡八仙、彩紅穗大轎是新娘子乘坐的，中途下轎，改乘小汽車，小汽車為棗紅色，連司機只能乘坐三個人，義大利製造，是山東省主席韓復榘送給奉祀官的禮物。到聖府門口，又改乘大轎。入府時儀門放十三聲銅炮，笙吹細打，鼓樂喧天。關於是坐轎還是坐汽車，聖府內外孔氏本族人爭論了好幾天，按照聖公府的規矩，

孔德成與孫琪方結婚，為當年的曲阜盛事。

孔德成與孫琪方結婚時，年僅十六歲。

必須坐八人抬的大轎，禮合當朝一品官。而讀新學的人物和年輕一代則主張乘坐汽車，一是圖個新鮮，二是車為韓復榘贈送，不用未免失禮。最後取了個折衷方案，婚禮時既坐了大轎，又坐了汽車。[11]

孔德懋為文敘述，婚前三天，孫琪方由母親及妹妹蓮芳陪同來到曲阜，借住在東五府（順先堂）；那時大姊德齊還在世，她和大姊兩家人一起回到曲阜，不過大姊夫並沒來。他們在兗州下車，孔府派小汽車在車站等候，回到孔府，仍然住在當年的繡房前堂樓。孔德成結婚，由德懋做伴娘，一同去東五府迎親。

去迎親時，在東五府完全按照舊式禮節，由孔德成拉弓、射箭等等，才把新娘攙出來，從屋門口用花轎抬到東五府大門，再換成與孔德懋同坐的小汽車；到了孔府大門又下車，換乘花轎，抬到舉行儀式的前上房。迎親的隊伍很長，前邊已進了孔府，後邊還沒出順先堂。迎親隊伍也是新舊結合，依祖傳規矩，最前面是全套五班樂器，後面是扇、傘、鑾駕、軍牢、夜役、金瓜、鉞斧、朝天鐙等全套執事；按老規矩，轎前有兩對白色吉祥、兩大彩繪罈子喜酒、由穿彩衣的小孩抱著，有兩個小孩背著裡面放銀元的子孫桶（馬桶）。還有抱鏡子的、抱火盆的；這些孩子進到孔府，每人要打賞兩塊銀元。

11孔繁銀，《衍聖公府見聞》（濟南齊魯書社，一九九二）。

婚禮因蔣中正未至而延遲

從花轎一進門，穿西裝的記者們就迎了上來，閃光燈不斷。許多國民黨要員都參加婚禮，最重要的賓客蔣中正原先也準備要來的，他送的緞幛懸在前上房正中，但卻遲遲等不到他。因為沒有接到他不來的通知，所以原訂上午十點舉行的婚禮也就往後延；到了下午兩點，國民黨駐兗州七十二師師長孫桐萱夫婦來到孔府，通知不要等蔣了，婚禮這才開始。新娘穿著西式白紗長裙、高跟鞋，孔德成穿長袍馬褂，行一跪四叩大禮拜天地，行完禮，攙扶新娘到後堂樓換裝。再出來時，新娘穿著絲絨花的大紅旗袍，大紅緞鞋，梳髻，在新房坐帳，喝交杯酒。

所有來賓一律招待喜筵。

回鄉及本城各團體、孔府所屬各學校和曲阜市民們、佃戶是來賓中人數最多的，一律被安排在東學靠院牆觀賞台的大彩棚裡，待以海參二大件席，這種廣棚大宴，一次開一百桌，每十桌有個司席員負責，隨來隨吃，吃完走人，隨即又一輪，不完全統計約三百桌。司席員見一桌坐滿即開條子發到廚房，廚房見條發菜，如此川流不息，從早上直到半夜一兩點還沒吃完。這場「曲阜市民無一不吃」的盛宴，自奉祀官喜事之後，恐怕永遠成為絕響。

大彩棚的宴席由外廚房辦。請來的演員和府中職司人員之筵，由中廚房辦；貴賓和內宅親友的酒席設在忠恕堂、紅萼軒、花廳、前堂樓、後堂樓等內宅各處，一次開十五桌，席面一律是魚翅三大件。

孔德成、孫琪方夫婦在父親孔令貽墓前合影留念。

證婚人和介紹人席面為燕菜四大件。外西房招待帶兵軍官，外設軍隊棚，席面一律為海參三大件。山東濱海，自古便饒富海產，海參席是聖府宴筵中的基本筵式，最高規格就是三大件席，有八涼盤、八熱盤、四飯菜，再加三大件——紅燒海參、清蒸鴨子和紅燒魚。另外還有點心和飯。

婚禮的第二天早晨，新娘循例向許多家長輩們逐個請安，後面跟著的老媽子手裡端著大盤子，裡面放許多盛有桂圓湯的小蓋碗；新娘、新郎向長輩磕完頭，由新娘敬桂圓湯。長輩要給見面禮，無非是衣料之類；接過見面禮，都放在一個很講究的長方捧盒內，以紅綢覆蓋，下面有許多絲穗。

孔德成和孫琪方這對佳偶，據他們在臺灣的晚輩講，結婚一甲子以來，一輩子沒吵過架，這是後話。在新婚的日子裡，夫婦倆常出去玩，那時孔府已有一輛小汽車，又窄又矮，常出毛病，曲阜的土路又坎坷不平，車子一拋錨，這對小夫妻都得下來推車。那時他們外出很少帶人，買了東西，孫琪方就親自拎回家。

孔德成夫婦住在後堂樓，房內布置也是中西合璧，有西式沙發，也有老式桌椅，牆上掛著梅蘭芳畫的梅花，桌上擺著《孝經》，直到對日抗戰開始，奔赴重慶前，他們一直住在這裡。

至於蔣中正為何沒能參加孔德成的婚禮？這是因為婚禮的四天前，十二月十二日發生了西安事變。

第八章
抗日離鄉

在民國年間，日本侵華辱華的舉措一直不斷，也激起國人的憤怒。然而，蔣中正成為中國具有實力的領導者之後，所要面對的，除了各地軍閥的挑戰、日本的軍事阻撓外，還有共產黨在各地挑起的暴動以及武裝占領。

西安事變

南京政府定下了「攘外必先安內」的方略，以剿共為優先。但自一九三六年起，中共開始提倡與各方黨派、團體和軍隊結合反日，在中共的倡導下，「全國抗日解放聯盟」、「人民抗日同盟」、「全國救亡社」等民間團體應運而生，如「中國人不打中國人」、「立即對日開戰」、「停止剿共」等等頗具說服力的口號廣為流傳。

蔣中正依然認為，必須先消滅武裝作亂的共產黨，才能集中力量抗日。他下令張學良的東北軍及楊虎城的西北軍進擊中共，但戰事沒有進展。蔣中正親赴西安督軍，十二月十二日清晨，張學良率東北軍一〇五師及他自己的衛隊第二營發動了兵變，劫持了蔣中正，提出停止一切內戰、改組南京政府、釋放一切政治犯等要求。當時消息傳遞並不發達，這等大事，曲阜上下未曾聽聞，因而孔德成的大喜之日，竟然為了等候遭劫持的主賓蔣中正而遲延。

西安事變在二十五日落幕，平安回到南京的蔣中正停止剿共，但他也成為具有抗日使命、全國服膺領導的領袖人物。孔德成在蔣中正脫險後，去函問候：

南京行政院蔣院長勛鑒：台麾離陝，舉國鼓舞，中華鼎運，轉危為安，為民為國，諸祈珍攝，顒望旌節，無任忭慰。孔德成

結婚後，孔印秋將府務交還給孔德成，他雖然還是只有十七歲，但處理事來有條不紊，而且對府裡五六百個當差，整頓一番。他的改革有：

一、規定了考勤制度。過去孔府的員役想來就來想走就走，非常隨便；規定上班時間為上午七至十二點、下午二至五點，有事請假，曠職一次記過、三次開除。按時上班下班，定期獎勵麥子二斗。

二、給孔府員役發了標誌，長方形，白布印黑字並編號，佩戴胸前，定期更換式樣，以免遭冒用。

三、制定孔府員役紀律及各處職責。如太平缸必須滿水，隨時剷除院中雜草，臨時來客所領物品

要登記，用後歸還，保護古建築和陳設文物，走路要有規矩，各處人員非有傳諭不得任意走動等。

四、取消斗尖糧，改為賞錢，以免剋扣了佃戶。

五、查出曲阜附近魏莊、東北場等十多處屯莊徵收祀租清冊未交，限期交齊，失責革職。

六、發布諭告，凡內外員役有犯法者一律開除，其所享受之政府免役權亦呈報政府取消。

七、府內物品統一登記清理，人員裁減增補，款項動用，都要經過奉祀官批准。[1]

孔德成才管理孔府一年多，日本於一九三七年七月七日發動侵華戰爭，抗日作戰全面爆發。華北很快失陷，山東危急。

協助山東圖書館藏書

山東省立圖書館藏有大批古籍珍善本圖書與文物精品，館長王獻唐[2]擔心毀於戰火或落入敵手，於是開始預做準備。八月十四日，編藏組主任屈萬里奉命開始裝箱，王獻唐呈報省主席韓復榘，請求派車運文物南下並撥付經費，沒想到韓復榘在呈文上批了兩個字——不理。

1 孔德懋，《孔府內宅軼事》（台北：傳記文學出版社），頁二二一—二二二。

2 王獻唐（一八九六—一九六〇），山東沂州日照縣東港人，著名的德文教師、經學、金石學學者，曾任山東省圖書館館長。

省主席不理，王獻唐只好尋求外援。初選南遷地點時，省教育廳想到故宮博物院在南京的保存所；王獻唐則想到奉祀官孔德成，孔府當可做為南運的中繼點。孔德成年紀雖然才十八歲，卻很有見識，他慨然允諾把這批古籍文物存放在府中。於是在十月開始，由屈萬里帶著工友李義貴，冒著被日機轟炸津浦路的危險，首途把十大箱古籍文物搶運來孔府，但打算續運南京時，卻發現南京也危急了。王獻唐改變主意，立即寫信給人在曲阜的屈萬里：

韓復榘

翼鵬老弟（稱屈萬里的字）左右：

兄（王獻唐自稱）來濟後，始知南京不守，如此迅速，則武漢即受威脅矣。商之當局，亦不以南遷為然，因決定不遷。……此間，書箱約十五件，已決運曲阜。……此刻，請弟注意以下二事：一，先向奉祀官說知，日內又有十數箱運來。二，此刻在家守候，如運兗，即赴兗接車，並辦運曲諸事。如由汽車直運曲，即幫同辦理一切。大約汽車運，須兩次。輯五之弟可同來為一次，維柄為一次。若兄隨何之車來，當不能定，一切均俟以電通知矣。兄獻唐頓首。十五、午。

由於孔德成的全力協助，王獻唐又運了兩次，共計二十八箱到曲阜。因局勢轉壞，王獻唐和屈萬里又把第一次所運十箱，精選出半數，輾轉運到四川，其餘存放在奉

祀官府。日本人尊孔，這批文物全部未受戰火波及，獲得保存。

原先山東省政府打算遷到曲阜，設在孔府裡中孔府西學紅萼軒等多處房舍都騰出來，並且挖了防空洞。然而，這回連奉祀官都被緊急「運」走了。

孔德成撤離曲阜

一九三七年十二月，日軍進逼山東，月底濟南不戰而陷。孔德成心裡有數，他準備好行李，就待適時撤離曲阜，不過妻子孫琪方已即將臨盆，卻令他相當為難。山東主席韓復榘在濟南失守時就改駐泰安，沒兩天津浦路南嶧車站也失守了，所屬的轂車馬隊由泗水撤至曲阜，全省形勢岌岌可危。三八年一月一日韓部向曹縣撤退時，接到國民政府行政院長孔祥熙的火急電報：「蔣委員長諭撤退時一定將奉祀官孔德成帶走。」韓命令孫桐萱赴曲阜執行這項任務，孫於一日晚上十點到達曲阜，立即赴孔府對孔德成說明來意，要求他兩小時內收拾妥當，以兗州等候的專車迎他南下與國民政府會合。

但是，這對孔德成來說是困難的，因為妻子已隨時要分娩。他為此猶豫不決，孔府家屬都給孫桐萱下跪，要求留下不走。孫桐萱說：「在路上生孩子我們也有大夫、護士，不走不行，這不是你我說了算的事，這是民族氣節問題。」孔德成於是恭請莊陔蘭、王毓華兩老師，任職山東財政廳科長的族叔孔令煜（字霅光）和古樂傳習所副主任的族叔孔靈叔留守；二日（農曆丁丑年十二月一日）凌晨兩點，孔德成叩別祖廟，和妻子孫琪方、老師呂今山和到府才十幾天的祕書李炳南，以及貼身當差吳建章、陳景榮，還有張氏、劉氏兩女僕，一起登車赴兗。走時孫琪方還在梳頭，連頭也沒梳完就催著上車了。呂今山以後為文說，深夜危亂之際，只見沿路的汽車燈光外，韓部撤退的兵員在路上到處都是，他們在凌晨三點抵兗州。

現任世界孔子後裔聯誼總會會長孔德墉，是孔德成的堂弟。他的父親孔令煜在孔德成撤走之後，代理奉祀官，主持孔府事務。當時十來歲的孔德墉回憶：「記得那是農曆年十二月一日，孔府沒電，點的是煤油燈，昏暗的光線裡，突然孔德成上我家，問我爸爸在哪，我回答在寧陽。他說，『孫師長要我走，公太太也一起走，但是肚子這麼大怎麼走？』他又離開，半夜十二點鐘，孔德成又來說，『不走不行了。去接大叔去。』他講的大叔就是我爸。凌晨把我父親接來了。他簡單地交代，要我父親代理府務，然後帶呂今山老師和李炳南祕書一起走。天亮，我上大門口，就看到日本鬼子來了。」

一行人趁夜抵達兗州，孫桐萱預備的一列鋼甲車已經升火待發，清晨五點啟程向南，那時黎明逐漸到來，幾個月來日機不斷地轟炸往來的火車，呂今山在車上忐忑不安，心裡焦慮至極，心由想著這趟冒險遠行，責任重大，如果遭到不測，則後果實在難以預料。

二日傍晚六點抵達徐州，這天眾人沒吃沒喝，因為鋼甲車裡沒預備，而且沿線又受戰事影響無法採購，因為敵機經常臨空。直到改走隴海路向西，大站終於有賣吃的了，這才能買到些許食品解解飢。列車再開，沿路上只見凋敝不堪的房舍村落，這都是歷年內戰之下的遺跡，令人嘆息；三日晚上七點，列車抵達鄭州，接著再往南。

呂今山寫：「由鄭州過許昌至信陽，地勢平衍，大致與隴海路東段相同；信陽以南，青山翠篠蔚然，漸有江南氣象，雞公山在路東，山不高而清幽，上多新式房舍，或即中西顯達逭暑處……，四日晚六時仰庇聖人在天之靈，平安抵漢口。」

到了漢口車站，呂今山看到軍事委員會、行政院、漢口市等各政府機關及新聞記者，都已列隊歡迎孔德成夫婦的到來。原來孔德成離開曲阜免遭日軍所扣，是如此的受到重視！在車站招待室合影之後，孔德成夫婦就搭車赴軍委會交際處安排的太平洋飯店住宿，食宿都是由政府安排。

孔德成夫婦一行花了整整三天，冒險抵達武漢，蔣中正五日的日記提到了孔德成：

上午批閱，與辭修、兆民談話，國際形勢漸佳。下午會客，嚴懲撤退部隊之主管。聞孔德成衍聖公不願附倭來漢，甚歡也。[3]

在漢口，孔德成發表了抗日宣言，譴責日本侵略中國。六日他拜會了甫上任的行政院長孔祥熙，再過江到武昌謁見蔣中正[4]；九日，蔣中正再召見他，關心即將臨盆的孫琪方，諭知宜遷到醫院住院待產較妥。[5]蔣顯然提及自己看過病的萬國醫院，夫妻倆於是遷入漢口法租界的萬國醫院，讓孫琪方待產，這也是因為日本經常轟炸，西方的醫院應較有保障之故。抵漢口五天後，孫琪方生了長女，孔德成因地取名，湖北省簡稱鄂，命名為孔維鄂。

孫琪方母女均安，一家人再轉往重慶。要怎麼去，也做了考量，軍委會先是代買飛機票，但後來

3《蔣介石日記》，一九三八年一月五日，藏於美國史丹福大學。這天的日記裡，辭修為陳誠之字；兆民為汪精衛的字。

4 載於蔣日記。

5 呂今山，《入川遊記》第壹卷，未發行。

又退還了；最後決定乘江輪赴渝。在漢口過了農曆春節後，正月初十下午五點，孔德成夫婦一行由三北碼頭登龍安輪，向西行駛。這回隨行就多了，除了來此會合的族叔孔晧庵父子、孔佩卿等孔氏族人，軍委會和警備司令部都派員保護，全部總共二十多人。龍安輪行駛了五天抵達宜昌，再換小輪過長江三峽，又行駛好幾天才抵達重慶。

蔣中正對這位身分特殊的年輕人特別照顧，也留意到他的教育以及未來的發展。先前在一九三七年，國民政府就指派當時的財政部長孔祥熙當孔德成在政治方面的導師，孔府長輩和孔德成也都同意了，然而孔祥熙一直沒有真正指導過他，倒是國民黨元老丁惟汾[6]被指定為讀書的導師後，真正對孔德成的教育起了作用。

日軍尊孔

這個時刻，中國人的關注在於整個民族存亡的大事上，對於曲阜的陷落並無特別的回應，然而外國媒體卻很重視。英美兩家主流刊物——美國《生活》雜誌（*LIFE*）和英國《倫敦新聞畫報》（*Illustrated London News*）沒多久就自曲阜發出戰地現況報導，圖文並茂地報導了日本占領曲阜，孔廟、孔府、孔林未受破壞的現況，以及奉祀官孔德成的動態。

其實，事後可以見得，蔣中正緊急派員把孔德成撤離曲阜的決定是正確的。日本一直企圖拉攏孔

6丁惟汾（一八七四—一九五四），國民黨元老，曾任國民黨中央宣傳部部長、監察院副院長。

德成，做為大東亞共榮圈的象徵，甚至有意立為傀儡皇帝。但孔德成早就避免和日本人直接往來，先前就推辭赴日本東京參加孔廟的落成典禮，後來日本又在曲阜設宴，他也稱病未赴約。

日本人對曲阜孔廟極為看重。日軍攻到曲阜外圍之際，研究孔子儒家學說的日本東京大學高田真治教授上書日本軍部：「山東作戰，如破壞曲阜古蹟，日本將負破壞世界文化遺產的責任。」軍部於是急令前線部隊，避開曲阜一帶的戰鬥，而且在完全占領山東之前，提前派遣部隊進駐曲阜，立即派兵把守三孔，雖然奉祀官孔德成已經不在此，且抗日態度明確，日本仍想藉著尊孔收買人心，表明東亞同源共榮的態度，所以在孔府張貼布告，宣布尊重和保護聖裔住宅，凡日本軍人禁止入內。

孔令煜的曾祖父孔慶鑾，是第七十三代衍聖公孔慶鎔的弟弟，在孔本家中是最近一支，到了孔德成時，孔令煜是在孔家分支中最近、年齡較長者，素有威望，又一直住在孔府東院，沒有分出府外。他在抗戰期間代理奉祀官，相當稱職。

孔德墉回憶曲阜被占領之時，日本人確實很尊孔，「那時，軍階較低的日本軍人只能到孔府大堂，內宅貼了止步的紅紙條，就不敢進；軍階較高的就迎到忠恕堂，請喝茶。他們即便坐下來，也只待個十分鐘，自己帶棉紙，請我寫個字，還帶糖果等禮物，趕快照個相、捐個錢就走。因為下面還有人等著呢。」

因為父親是代理奉祀官之故，所以日本人對年僅十來歲的孔德墉也十分敬重。他回憶：「我接待過一位日本少將，他不敢坐在我的上邊，只要我坐下來，他一定選擇下位來坐。當官的坐在他旁邊，隨他來的其他軍官，全部都在外邊站著。」

一直到一九四五年大戰結束，孔廟、孔府和孔林都未受到破壞。

在重慶，日機日夜轟炸，孔德成必須兩度遷居，因為住所被炸中了。連續四年的轟炸，後來中央飭令各單位包括奉祀官府在內，疏散到距重慶七十公里外的歌樂山。

歌樂山讀書

孔德成的官府，是歌樂山雲頂寺側的樹林間裡快速興建的兩棟木造平房，李炳南的故舊徐昌齡描述：「此處環境優美，鄰舍相距甚遠，非常幽靜，屋前行人小徑，進出有柴扉，以『猗蘭別墅』四字匾額裝置，甚為高雅。」[7]

在歌樂山，孫琪方一九三九年生長子，也是因地取名——四川古稱益，所以命名為孔維益。這對兒女大了些，每天由女傭送到幼稚園；一九四一年，次女維崍在重慶出生。

一九四三年春節，正逢孔德成二十三歲生日，孔家特邀在重慶工作的曲阜明德中學八名學生，一起來熱鬧。其中一位學生郭超敘述了那天的情形。

我們八位到孔府，孔德成先生從室內含笑走出，著藍色絲綢長袍，儀容英俊，文質彬彬，舉手投足十分瀟灑。先生夫人孫琪方也到客廳，含笑點頭問好，其面容清秀，儀表端莊，一派大家風範。由同學孔祥燦，字季光（孔德成的叔祖輩），一一引見。大家獻上壽帳壽禮，站

7《明倫月刊》，一六四期（台中佛教蓮社）。

成一排向壽星鞠躬拜壽，隨著一陣掌聲紛紛落座。孔先生和藹可親的與大家攀談，詢問每個人工作情況和老家音訊。

午宴開始，大家入席，圓桌上佳餚紛陳，都是孔府傳統名菜。在座的除孔壁如先生三十歲出頭屬長輩外，其餘都是二十多歲青年人，斟酒後起立舉杯向壽星祝壽。季光雖屬叔祖輩，因他年紀輕，孔先生就託他替自己向各位先生勸酒，並輪流把盞，猜拳行令，孔先生異常興奮，還不時為雙方鼓勵加油助興，不時樂得前合後仰。

午宴後，孔先生讓大家玩起麻將牌，由於孔先生被大家敬酒時喝得夠嗆，已悠悠乎面放紅光，大

對日抗戰期間，孔德成一家住在重慶歌樂山的猗蘭別墅。

家玩牌，孔先生說聲：「恕不奉陪。」就休息去了。

當天，孔德成先生還留大家參加晚宴。晚宴菜餚同樣豐盛，先生穿了件醬色馬褂，更顯得一副學者模樣。席間，先生比午宴時話多，說起來慢條斯理，好突然發問，風趣橫生，引起陣陣歡聲笑話。

其間，談到一個嚴肅話題，他說：「孔氏門中倡導修身、齊家、治國、平天下。以修身列為第一，這是從政治角度談的。至於從個人修養來說則是正心、誠意、修身、齊家。做人就要以高度的道德標準要求自己，首先要正心、誠意。」孔德成先生語重心長詮釋儒家教義的一席話，使大家深受教益。直到晚上九點大家才向主人道謝辭別。[8]

孔德成一家在歌樂山住了六年。他成為國民參政會參政員，這參政會的層級極高，抗戰之初中國共產黨發表「共赴國難」宣言，宣布將取消一切推翻國民黨政府的暴動政策及赤化運動，停止以暴力沒收地主土地的政策、取消現在的蘇維埃政府、紅軍改編為國民革命軍等，隨後毛澤東就被選入國民參政會。

孔德成除了出席參政會外，其餘時間大多在鑽研學問。呂今山是清末秀才，以《毛詩》、《春秋》、《穀梁傳》、《說文》最有研究心得，從孔德成到了讀書之齡就由孔府族長聘來指導讀書，八九年來遍教群經。他知道責任重大，所以教學上既努力又嚴格，曾言：「孔奉祀官是儒家道統的寄託，我不

---

8 沙坪壩資料第十八輯，〈巍巍歌樂山〉，沙坪壩區政協文史資料委員會（二〇〇二）。

敢對於全經有所刪節，也不敢以文藝看待經學。」

在歌樂山，孔德成除由呂今山繼續督書外，也向丁惟汾修習《詩經》和古聲韻學，向王獻唐修習青銅器和古代文字學。王獻唐住在李莊，有時也會到重慶來，一起聽丁惟汾的課，聽完課之後，就喝酒。多年後，他的學生、臺灣東吳大學女教授丁原基憶述，有次是過年，孔德成邀王獻唐到家裡喝酒，喝得酩酊大醉，他先把王獻唐送到下榻處，自己也不知怎麼回到家的，等醒來已是昏睡三天三夜了——孔德成以後說，那次醉酒令他難過至極，從此再也不敢喝過頭了。[9] 至於他為何會喝成這樣，另外一位學生、臺灣世新大學教授洪國樑給了答案：「那是因為他的老師丁惟汾。丁惟汾有兩句話——飯要吃飽、酒要喝醉！也就是

9 丁原基，《大師的側影——先師孔德成先生》（上）。

抗戰期間，孔德成夫婦在重慶一家照相館的合影，孔德成當時十九歲。

說，要盡性，人要率真盡性，酒量好而保留就是對朋友不夠真誠。丁惟汾這麼講，孔老師那個時候不醉也難。」[10]

丁原基並提及，孔老師服侍丁先生的情況：「老師跟我說，『你知道嗎？丁老先生到了晚年得了攝護腺腫大，尤其是如廁的時候非常麻煩，我總要陪著他，甚至要幫他解拉鏈，我就像是他的一個男護士！』」[11]丁惟汾於一九五四年在臺北去世。

在抗戰期間，生命似難珍惜，養生是談不上的，歌樂山的小圈圈出現關於抽菸的趣話。到四川之初，王獻唐和屈萬里每個月只有各三十元的維持費，總共六十元要供包括工友在內三個人的開銷；王獻唐菸癮大，一天要吸掉七十支，通常不大用火柴，一支接一支的點。屈萬里勸他：「王先生，我們兩人都戒菸吧，不然將來兩個人都要沒飯吃了！」

王獻唐回答：「你這說的什麼話！香菸跟我們是多年的朋友，我們總不能因為窮，沒飯吃，就不要朋友了。」[12]

孔德成非常用功。女兒孔維鄂以後回憶這段時間：「記得我年幼時在重慶歌樂山家中，冬天的夜晚好冷。娘和大弟維益以及僕人們已深睡。靜靜的山居，爸爸只有您和我在書房內，您仍伴著煤油燈，在暗暗的光線下苦讀、寫筆記，夜夜如此，直到夜深，我在您書桌邊沙發上蜷縮著入睡，您會站起來，

---

10 洪國樑自臺大中文系教授退休後，現為世新大學人文社科院院長。

11 同註9。

12《屈萬里書信集／紀念文集》，頁三四九。山東省圖書館／魚臺縣政協編（濟南：齊魯書社，二〇〇二）。

去拿一床被為我蓋上，再去讀書寫字，到某一段落，您也睏了，才熄燈，抱我上床去睡。」[13]

待人以誠

他在抗戰這段日子裡，也和屈萬里建立起深厚情誼。日後從屈萬里的回憶裡，可以見得孔德成待人處事的真誠與豁達：

> 一九三九年，日本人經常在重慶大轟炸。當時，我高中的呂老師（呂今山）及孔老師（孔德成先生的本家叔父）都在孔德成先生家裡。孔先生因為是大成至聖先師奉祀官的關係，蔣委員長非常愛護他，所以，行政院撥款供給他和他的隨

13孔維鄂現居美國加州舊金山灣區，此紀念文為二〇一三年二月十九日寫。

重慶大轟炸，我對日抗戰。

員使用，雖然不多，倒也可以維持。我到重慶後，去看呂老師，他說：「轟炸成這個樣子，你到哪裡去找事，達生（孔德成的別號）在這兒正需要有一個人和他伴讀，你就留在這兒，和他一道讀書好了。」

孔先生也勸我留在他那裡，我便留在那邊。到一九四〇年，國家經濟愈來愈緊了，物價愈來愈貴，孔先生除了供我吃飯外，每月還給我七十元零花。雖然在那期間我利用時間把《皇清經解》中和《易經》有關的書都看了，並且撰成了《先秦漢魏易例述評》一書，對我幫助固然很大，但我在那兒無事可做，自己愈想愈不過意。到了夏天，我實在忍不住了，便對孔先生說：「我在此地一點用處也沒有，你的錢多時還無所謂，但現在我看也很緊，我實在待不下去了，請你允許我另外找工作。」他很爽快地說：「我如果有什麼對不起你的地方，請你痛痛快快地說，若是我的錯，我一定改，如果沒有的話，你不能走。我挨餓時，你跟著我挨餓，我現在有飯吃，雖是粗茶淡飯，大概也還能吃飽，你絕不能走。」[14]

如此真摯的情誼，讓屈萬里留了下來，直到秋天，他有個機會到教育部工作，這才辭別。以後在台灣，兩人同在臺灣大學中文系任教，並同一研究室，成為莫逆之交。

14《屈萬里書信集／紀念文集》，頁三五〇。

一九四五年八月十五日，日本無條件投降。下午，孔德成得知這個消息，非常高興。他和李炳南一道下山，到街上買了鞭炮回來，邊放鞭炮邊為勝利歡呼；但他沒有立即回曲阜，因為山東省大部被共產黨所控制，包括曲阜在內。

次年中央政府遷都，孔德成因缺船而續留歌樂山，直到隔年九月，奉祀官府才遷到南京，在中華門裡設了辦事處。對日抗戰勝利，更艱鉅的挑戰正在眼前。

年輕的孔德成與孫琪方夫婦，在重慶歌樂山與維鄂、維益合影。

第九章
大陸變色

抗戰勝利，國民政府在國共內戰爆發之際準備行憲，以期邁入民主憲政；然而這更是招致中共的反對，並且全力攔阻。

出任曲阜國大代表

孔德成一家住在南京。因為曲阜為中共所控制，所以他沒有回去；國民政府正準備制憲，他於一九四六年十二月擔任制憲國大代表，通過了《中華民國憲法》，明定次年十一月下旬全國選出國大代表，十二月正式行憲。他在南京期間，也擔任了中華民國老人協會會長。多年後，他告訴丁原基：「我擔任老人協會會長，別人都以為我的年紀已經很大了，其實我那時才二十七歲，這絕不會是因為

抗戰勝利後，國軍奪回由共軍占領的曲阜，孔德成重返家鄉，在孔林與國軍軍官、政府官員合影。

1947年，國軍收復曲阜，當年孔子誕辰祭祀大典得以由孔德成（右11）親自在孔廟主持，國府特派銓敘部次長王子壯（右13）致祭。

我的年紀大，足以當會長，而是我祖先的年紀大。」[1]

孔德成在南京，先後住在琅琊路五號、桃園新村和四海里一號，他留在南京期間，孔府繼續由孔令煜管理，一直到一九四七年四月，他返回曲阜為止。

孔令煜大孔德成二十二歲，管理孔府的九年裡，態度嚴肅、紀律嚴明，治家有方；他也較圓滑，知道如何調整自己。所以在抗戰時期，他以保護名勝古蹟為目的，與日本人斡旋，還宴請日本高階軍官。日本剛占領曲阜之時，他把曲阜城男女老少藏到孔府和孔廟裡保護，因此很受當地人們敬重。不過，他也在汪精衛政府紀念孔子誕辰時，發表了親日的廣播演講，全盤接受日本之發動「東亞戰爭」、驅逐英美、「與日本共存共榮」等觀點[2]；從內容看，可以看出何以日本如此看重孔廟、孔府。

一九四二年十一月十日，汪精衛政府發布行政院訓令，恢復祀孔春秋釋奠典禮，並定春祭為每年清明節、秋祭為九月二十八日，還把國父孫中山入祀到歷代聖賢祠，列為國民諸賢哲之首。[3]

莊陔蘭遭鬥死亡

對日抗戰結束後，中共迅速占領了華北不少地區，其中包括山東省曲阜。國共戰爭期間，中共發

---

1 丁原基二〇〇九年六月二十七日在山東省圖書館「大眾講壇」談孔德成。見臺北市立教育大學儒學中心之儒學專論：〈大師的側影——先師孔德成先生〉。

2《孔府檔案》八八八六卷。

3《孔府檔案》八八八四卷。

動「一手拿槍、一手分田」行動，展開土地改革運動，發動佃農向地主要求減租減息。曲阜孔府有萬餘佃戶，也成為鬥爭的目標，一九四六年三月二十五日，萬名佃戶們按村編隊，進城高呼：「只有減租減息，才能提高生產，交租交息才更有保證！」他們向孔府提出「實行二五減租」、「取消百戶（孔府任命的佃戶管理者）」、「禁止奉衛丁（孔府設立的類似警察機構）打人罵人」等十三條要求，並事先派人通知孔府。代理奉祀官孔令煜派代表答覆：「大家所提出的要求都是孔府不合世界潮流的地方，必定快改！」經佃戶和孔府雙方談妥，赴縣政府立約簽字。事後孔令煜一再向這次集體行動的佃戶代表們表達肯定之意，而曲阜的中共幹部則宣稱，共產黨和農民並不抹煞歷史，既減租又無損於聖人。[4] 然而在九月間，留守孔府的孔德成的恩師莊陔蘭受到土共迫害致死，享年七十四歲。[5] 這對一向尊師重道的孔德成而言，是難以承受之重。

一九四五年十月，國軍進占兗州，成為國軍第十綏靖區司令部所在地，司令官是李玉堂。到了四六年一月，新四軍一縱隊圍攻兗州城未克，六月國共戰役全面開打。四七年春，國軍大舉進攻山東，收復了曲阜；當曲阜脫離共產黨控制，孔德成就在四月間，由李炳南陪同返回孔府。

4 白希，《開國大土改》，第四章〈開國前中共的土改歷程〉（北京：中共黨史出版社）。
5 王衢，〈孔奉祀官德成先生與莒縣人之淵源〉，《山東文獻》第二十四卷第二期，頁九三。

最後一次重返曲阜

孔德成時年二十六歲。他祭祀孔廟，接管府務，孔令煜離職，由孔令俊（字靈叔）以祕書主任之職，協助管理府務。孔令煜卸職後移居濟南，以後遷居北京，一九五五年在北京去世，享年六十八歲。

孔德成迅速了解整個狀況後，決定改變舊制以穩定佃戶人心。

五月上旬，孔府大門外南牆貼出布告：

一、取消收租的「斗尖」、「地皮」、「合子糧」等制度，減輕佃戶的負擔。這部分收入原屬於孔府傭人管莊人員，所以又相應規定管莊人員糧食按員額由孔府糧庫內支發。

二、銷毀過去打人的皮鞭、大板、黑紅棍等刑具。

三、取消各佃戶莊的集市稅收。

四、外省外縣的土地移交當地政府管理。本縣祀田作為辦理博物院基金。

五、對於至聖府府管理實行委員會制。下設祕書主任、祕書等等。

對於已向共產黨繳糧的佃戶，孔德成決定不再收租，以免造成佃戶的生計困難。

孔德成在曲阜成立府務委員會，並且制定各項制度後，旋赴南京，準備參選曲阜縣國民大會代表。

一九四七年十一月二十一至二十三日，國大代表人民直選如期舉行，全國各省市，除東北北部由中共完全占領無法選舉外，全國約有三億選民投票選出了國大代表，孔德成在曲阜縣高票當選。十二月間，他的次子維寧在南京出生。

年底，國民大會選出蔣中正為中華民國首任總統。

孔德成此刻在南京，仍然遙控府務。對內，他要求上下要認真上班，並尋求減薪、減少人力，把孔府已經用不到的區域封起來；對外，先是收租不順，他領悟到佃戶的困難，以及受到欺壓，決定即使孔府本身已入不敷出，也要盡量輕省百姓的負擔，並避免有人假借孔府名義向佃戶要錢。

他決定清理孔府龐雜的祀田，外省縣的祀田一律還給政府，即使曲阜的祀田，也專款專用，不歸孔府。

一九四八年元月，他把孔靈叔召來南京開會，二十三日在桃園新村的會議決議重點如下：

> ——先查《闕里文獻考》及府中冊房之冊、書房之卷作為根據，編造祀田清冊，除留曲阜全境祀田，請作辦理博物院基金外，其餘各省縣之祀田一律繳歸政府。
>
> ——張家樓等十四集稅係屬舊規，此種舊規於現在法令不合，從三十七年（一九四八）元月起，一律取消。除分別布告及諭知各集頭外，再函請專員公署，轉令各縣政府，布告各該集一體知悉，如後再有假名義前往敲詐者，准由人扭送懲惡。
>
> ——各莊管事擬減人數、各莊管事每處只留二人，所有被裁各人，照舊仍給應得之提成，因過被革者，不在此限。
>
> ——府中人役，如何使上下情形不致隔閡，每於星期日上午集合內外員工訓話一次。[6]

---

6 《孔府檔案》八九二八卷。

這次會議結束後，他立即函請山東省魯西南行政公署，指出清代為隆重祭祀至聖先師孔子，曾將附近各縣集捐撥給孔府管理，民國肇始孔府雖然繼續派員徵收，但為了符合法制，決定將集捐一律取消，「嗣後如查有本府員役膽敢赴集收捐者，即由該管理縣府依法嚴辦」。

赴美遊學

一九四八年三月，孔德成以考察文化教育事業名義赴美遊學，這是他在抗戰之初還未離開曲阜時的願望，且已獲國民政府核准，卻因隨員較難安排而延宕[7]；如今還是國家給的公費，終於成行。他先飛抵舊金山，受到當地華僑的熱烈歡迎；然後前往美國東岸，到康乃迪克州紐黑文（New Haven, Conn.）與來美養病的傅斯年同住一公寓，以受傅

---

7 呂今山，《入川遊記》第壹卷，未發行。

孔德成赴美遊學，當地華僑在機場迎接。

孔德成赴美遊學，與傅斯年合影。

寄給我的親愛的琪和我的寶寶鄂益來寧一九四八年五月

孔德成 1948 年赴美，寄回的個人照。他親筆寫：「寄給我的親愛的琪和我的寶寶鄂益來寧……」。

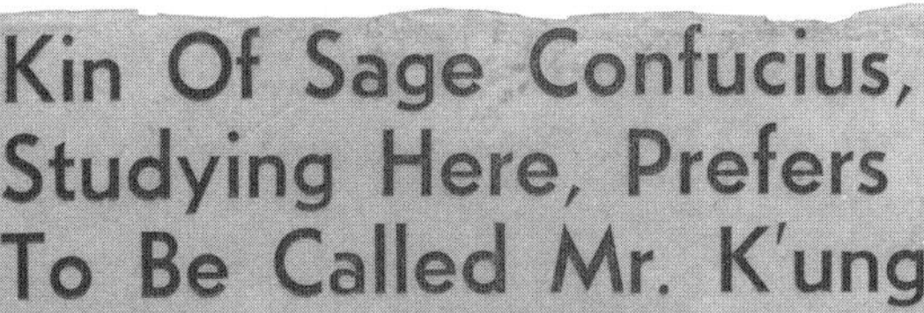

Kin Of Sage Confucius, Studying Here, Prefers To Be Called Mr. K'ung

THE 77th lineal descendant of Confucius has come to New Haven to study philosophy.

Officially, K'ung Teh-Cheng, a tall, slim, smiling Chinese is "The Lineal Keeper of the Rites for Reverence of the Great Master." The 28-year-old scholar prefers to be called "Mr. K'ung."

His father, who died before K'ung was born, was the last "Holy Duke" in a line extending back 2,500 years. The Chinese republic abolished such titles, a fact which K'ung in no wise regrets.

K'ung, who came to New Haven in March from Nanking, is studying English under a private tutor. He plans to enter the Yale Graduate School in the Fall. After taking several courses in philosophy, he wants to become a teacher in China, even as the distinguished sage and philosopher who was his ancestor.

It would be difficult to learn what manner of man young K'ung is, were it not for Professor Fu Ssu-Nien, director of the National Research Institute of History and Philology of the Academia Sinica, who is K'ung's close friend, mentor and interpreter.

HE'S VERY SHY

"He is very shy," Professor Fu explained. "He knows several words of English, but will only use them when he is alone with me."

Questioned through Professor Fu as to how he liked the United States, K'ung, who never before had been outside of China, said:

"I had read a great deal about America and I have been in no way disappointed by what I have seen. Everything is so convenient. The people are so hardy."

Puffing nervously on a pipe and smiling frequently as Professor Fu interpreted, K'ung said he had only a "quite limited" knowledge of Christian missions in China.

"Certainly I have no objection to them," he said, "but I think their most important contribution is in the category of social work—welfare and schools."

Professor Fu quickly corrected a reference to K'ung as the leader of Confucianism.

"There is no leader," he said, "nor any organized church. Confucianism, something between a religion and a philosophy, is mostly a social tradition influencing the conduct of the middle class and, to a certain extent, the upper class."

K'ung professes no other religion, however. The strict tenets of Confucianism permit only the worship of ancestors. Reminded that the children of prominent Americans are almost constantly in the public eye and asked if his title and heritage had been a burden to him, K'ung said:

"I am very proud of my family tradition, but I do find that there are many inconveniences. I would like to be a plain citizen—nothing more, nothing less."

K'ung formerly was a man of considerable wealth, Professor Fu said, but much of this has been dispersed. Communists now hold much of the land assigned to his family for centuries past, and China's chaotic economic condition has impaired the revenue from the rest.

The Japanese drove K'ung from his home in Chu-Fu, Shantung, the birthplace of Confucius, in 1937. He worked at the War Ministry in Chunking during the war.

His wife, two daughters and two sons a
now in Nanking.

MODERN CONVENIENCES

Their home there, K'ung said, is n
much different from the suburban dwelli
where he lives with a Chinese speaki
Yale graduate student. His home in Ch
Fu, to which he hopes to return, is mu
more elaborate, but lacks "modern conven
ences."

What of China's future?

"I hope the Communists will soon
defeated," K'ung said, "then China can
on to reconstruction. I want to see moder
ization and industrialization there, but on
if it is for the benefit of all the peopl

So said the great-great-great-great e
grandson of Confucius. Professor Fu i
sists it is entirely correct to identify K'u
thus. In a statement to Dr. Franklin Edge
ton, professor of Sanskrit at Yale, Profe
sor Fu said:

"Mr. K'ung's lineage to Confucius is r
corded in state and family chronicle
works of this kind are numerous in Chi
and usually authentic. His being the pre
ent lineal descendant of Confucius is

77th descendant of Confucius, K'ung Teh-Cheng is studying in New Haver

孔德成赴美，引起美國新聞媒體的重視。

斯年的照料，他開始英語學習課程；接著應耶魯大學（Yale University）之聘為榮譽研究員，與耶魯研究亞洲文化歷史的學人往來。歷史學者吳相湘說，孔德成在耶魯雖然只有短短一年，卻直接接觸到美國學人治學的精神與方法，其中尤以小題大作鍥而不捨的精神，對孔德成有深遠的影響。[8]

孔德成以後和自己學生談起來，與傅斯年同住，有個小故事。他的女弟子張臨生說，安排與傅斯年同住，為的是親蒙傅的教誨，「那個時候孔老師就住傅斯年先生家的樓上，傅先生住樓下，便於照顧他。孔老師說他當時年紀輕，好玩，朋友邀他去他們家裡打麻將，一次回去很晚，發現傅先生竟在等門。老師覺得對傅先生很過意不去，從此再也不敢晚歸。老師說他一生怕的人就是傅先生，那時能奉之如父的也就屬傅先生了。」

就在孔德成赴美之際，整個國家局勢急轉直下。

一九四八年五月下旬，中共華東野戰軍山東兵團在津浦路中段發動了夏季攻勢，曲阜危急。孔德成和孔令煜不同，他不認同共產黨，而這回曲阜又即將失陷，過去在日本占領時期，日本至少是尊孔的，因此不至破壞孔府孔廟；共產黨對文物的保存與維護，令他擔憂。沒有多久，包括泰安、曲阜、鄒縣、寧陽等十二座縣城，都被共軍攻陷。

七月十三日，共軍攻克兗州城，全殲兗州守軍二萬八千餘人。九月，陳毅部隊圍攻濟南，二十四日，這座重兵防衛的古城失守，近十萬部隊被擊潰，第二綏靖區司令官兼山東省主席的王耀武被俘。

濟南戰役是國民政府潰敗的先聲，接著東北也完全淪陷；十一月初，國共雙方主力部隊在徐州決

8 吳相湘，《民國百人傳》，第四冊，頁三七九。

戰，國軍稱之為徐蚌會戰，共軍名之曰淮海戰役，國軍慘敗，國民政府搖搖欲墜。

進入一九四九年，蔣中正於一月二十一日宣布下野，隔了兩天，戍守北平的傅作義投共，北平也落入中共之手。

孔家抵臺

一九四九年二月間，孔德成離開美國返中，抵達臺灣臺中，那時大陸已是烽火連天了。他的家庭，已在一九四八年間就遷來臺中，從小就照料孔德成的僕人陳景榮和吳建章隨行。

這年，正好是孔子誕辰第二千五百週年紀念。雖然整個大局形勢危急，教育部還是決定擴大紀念這個特殊的日子，因為中國向來以儒立國。孔德成當時二十九歲，他於臺中的復興巷寓所接受《中央日報》記者蔡策專訪。[9] 蔡策很敏銳地感受到，過去孔德成住在山東曲阜孔廟旁的府第，皆為畫棟雕梁的建築，習稱為「大成至聖先師奉祀官府」，「向為中國歷史上最偉大精神思想的象徵，如今淪入黑暗的鐵幕」，使得這位孔子嫡裔不得不寄居在臺中市一條陋巷裡的日式窄房裡；但看來年輕的奉祀官倒是安之若素，他和妻兒住在這兒，夫人孫琪方稱呼他很簡單——官兒。

在《中央日報》專訪中，孔德成對當前的局勢很感慨，也指出共產黨的本質與儒家之間的衝突。他說：「儒家思想，並不即是孔子思想。我們只能說孔子思想是儒家思想的始祖，而後經過孟子、荀

9《中央日報》一九四九年八月二十七日一、二版。

子等人闡說，而作更進一步的推進。

「一種哲學思想，能樹立起來而永垂不朽，自有其偉大；因其偉大，則常為政治家利用。而儒家的哲學思想，便這樣一直成為中國文化的靈魂，歷代政治的圭臬。不過當一種哲學，被運用到政治上來以後，即往往會被斷章取義的解釋或運用，如元清兩代，以異族統治中國的情形是最顯著的例子；或與其原來的質、義，不盡相同，如宋真宗時的新儒家即是。

「至於在過去戡亂中，一般反對政府者對儒家思想的態度，如果那一代的政府，是已漸趨腐敗，失卻了以儒家思想為政府最高原則時，那屬於政府對立地位者，是執行衛道的精神。而一般流寇土匪的作亂，自無所謂思想可言，也終必歸於消滅。」

談到儒家思想面對共黨執政，年輕的孔德成當時有很大的危機感，認為在大陸甚至可能被共產黨消滅。

他說：「一般人都說中國有其偉大的文化，所以每當異族統治中國時，不但不為異族所同化，反能同化異族。這實在是一種錯誤的看法，要知道過去異族如元清兩代統治中國，而被中國所同化，非獨因為中國的文化的偉大，而且也因異族本身拿不出一套來。而今日的共產黨卻不然，他們是整個地搬來一套異族的東西，以圖消滅我國數千年來固有的文化，就這一點值得每一個同胞深切了解和警惕。」

因為孔子二千五百年誕辰，孔德成於八月二十五日飛抵廣州祭孔，卻身陷危難。

再赴險地祭孔

孔德成一直沒有講述在大陸最後三個半月的行蹤，以及是何時、怎樣離開大陸的。這趟行程，歷史學者吳相湘後來指出，孔德成是由教育部長杭立武所邀，前往廣州、香港、澳門作反共演講，並號召國人重振傳統道德精神。[10]然而，依國史館的史料顯示，與吳所言有出入。

其實，蔣中正非常重視在整個大局形勢嚴峻之際，大成至聖先師奉祀官孔德成的動向如何。因此，孔德成在八月二十三日這天，去函中國國民黨總裁辦公室，他是「奉中央電召參加八月二十七日祭聖典禮，遵擬二十五日搭機飛往廣州」[11]，也就是說，他報備準備搭機離開臺灣飛往廣州，在大陸淪陷最後關頭，前往主持孔子兩千五百年誕辰祭典。後來，報紙又報導孔德成於九月二十三日自廣州搭機赴四川重慶。在重慶時，他曾重回歌樂山，回顧曾經住了多年

國共內戰。

10吳相湘，《民國百人傳》，第四冊，頁三七九。

11孔德成致中國國民黨總裁辦公室箋函，收文日期一九四九年八月二十五日第三五五號。國史館藏。

的猗蘭別墅，然而這兩棟木屋無人居住不到三年，已如廢墟了，他為此感嘆。以後李炳南在〈題王獻唐畫猗蘭別墅著書圖三首〉詩序寫：

「蜀山猗蘭別墅，孔上公避寇所構也。……己丑，上公再至蜀，其居淪廢墟矣。」

重慶亦危，行政院於十一月二十九日遷往成都，由於飛機不夠，連教育部長杭立武以及奉祀官孔德成，都必須搭乘卡車前往成都。

從國史館保留的國民黨總裁辦公室公文顯示，孔德成為了要祭孔而赴廣州，以後李炳南的題字證明他曾赴重慶，並重回歌樂山；至於最後階段呢？依臺灣前高速公路局主任祕書吳俊的親身經歷，很明確

1949 年 8 月下旬大陸即將淪陷之際，孔德成為孔子二千五百年誕辰，冒險赴廣州祭孔。

指出孔德成是從成都新津機場，搭機飛離成都，抵達海南島的。[12]那時共軍已向成都進逼。

吳俊當年二十七歲，在司法院祕書處上班，父親吳國權是總統府人事室專門委員，十一月底，因重慶陷共而和父母、弟弟、妻子和出生才半年的女兒，隨著總統府的撤離隊伍，沿著成渝公路，辛苦地逃難到成都，沒想到成都也即將陷共，中央政府決定撤退到臺灣。吳俊以後為文回憶，那時限於交通工具不足而無法全部撤離，然而十二月四日那天，父親竟得到四張空軍協助疏散至海南島的機票，父親要母親、弟弟，以及他和妻子帶半歲的女兒先走。

六日上午在成都新津機場，有六架飛機已等在那裡，目的地是海南島的海口市。這六架飛機每架只能載運二十餘名乘客，他們登上其中一架，吳俊看到乘客裡有大成至聖先師奉祀官孔德成，但因當時彼此並不相識，所以未打招呼。九點鐘，六架飛機全部起飛，前往海南島。

至於蔣中正，他先於十一月十四日自臺北飛往重慶，希望力挽狂瀾；但共軍進逼之下，他於三十日飛抵成都，最後在十二月十日下午，槍聲可聞之際，離開黃埔軍校，自成都鳳凰山軍用機場起飛，傍晚六點三十分抵達臺北。[13]

12吳俊著，《一個平常人憶往事》，頁六〇。

13《總統蔣公大事長編初稿》卷七，下冊，頁四九六。

十二月十六日，孔德成又致函總裁辦公室，報備他的行蹤：

總裁鈞鑒，飫承

鴻訓，復荷

寵榮銘佩之深，莫可言喻。成已由蓉搭機轉往海南，於咸夜安抵台中知關……。

孔德成　謹上[14]

內容除指出他已自成都脫困之外，也透露他在重慶時，曾與蔣中正見過面。後來總裁辦公室回覆，蔣中正已閱悉他返回臺中的信箋，「對　台駕抵臺，至表欣慰」。[15]

對於蔣中正而言，孔子七十七代嫡長孫孔德成，隨政府播遷來臺，具有極特殊的意義，這代表在臺的政府，傳承了中國長久道統，方為正統。至於孔德成不是國民黨員為何會去函國民黨總裁辦公室，想來那倒不是因為國民黨之故，而是因為他要對蔣中正有所交代。

吳俊所見顯然為真。他們一家五口在海口市降落後，於一九五〇年初搭船來臺灣，在基隆港下船入境；父親吳國權則另外登上一架直飛臺北的飛機，反而早到臺灣。吳俊後來在高公局任職，而同機的女嬰吳涯長大後，日後成為孔德成的二媳婦——與孔維寧結婚。

---

14 總裁辦公室於一九四九年十二月十九日收文，第一二九六號。國史館藏。

15 來源同上註，一九四九年十二月二十一日發文，第一〇四八號。

衍聖公第二度離曲阜孔府

八百多年以來，歷史上各朝各代的衍聖公，只有一位遠離曲阜，那是四十八代孫孔端友，在南宋時期因金兵大軍壓境而隨高宗南遷，但還有胞弟留在曲阜守廟；孔德成是第二位離開曲阜的衍聖公，而這次離開曲阜是因為他心裡明白，共產政權並不認同儒學，也不尊崇孔家。他義無反顧地，隨中華民國渡海來臺。

第二部

以禮為教

第十章

兩岸的去儒與興儒

一九四九年，中共野戰軍主導整個戰局，有如摧枯拉朽般地殲滅國軍之際，九月起，中共開始會商戰事結束後，要如何治理新中國。很顯然的，兩千五百年來儒家貫穿歷朝歷代的治國中心思想，會被馬克斯、列寧主義取而代之，成為新的國家意識型態。去除了儒家的文化內涵，「新」中國會是怎樣的景況？

中共以馬列主義為國家意識型態

十月一日，中共領導人毛澤東在北京天安門宣布，中華人民共和國正式成立。在此之前，九月二十九日「中國人民政治協商會議」第一屆全體會議通過的《中國人民政治協商會議共同綱領》第五章文化教育政策規定：「中華人民共和國的文化教育為新民主主義的，即民族的、科學的、大眾的文化教育。人民政府的文化教育工作，應以提高人民文化水平，培養國家建設人才，肅清封建的、買辦的、法西斯主義的思想，發展為人民服務的思想為主要任務。提倡愛祖國、愛人民、愛勞動、愛科學、愛護公共財物為中華人民共和國全體國民的公德。提倡用科學的歷史觀點，研究和解釋歷史、經濟、政治、文化及國際事務。……」[1]

在這個文化教育政策之下，儒家被打成必須被肅清的「封建」思想；也確實如此，因為馬克斯的無產階級專政及階級鬥爭概念，根本沒有儒家思想的迴旋空間。山東曲阜的孔廟、孔府、孔林，在中共的主政下，已自中國文化精神思想象徵退位，一九五〇年三月二十日，中共魯中南區黨委決定，孔廟、孔林向群眾開放。[2]這個決定，使得有兩千多年歷史的三孔，不再屬於孔家。

從次年起，陸續有中共高官、名人赴曲阜參觀文物古蹟，包括中央人民政府副主席宋慶齡、中央人民政府常委陳毅、中央人民政府副主席劉少奇等。到了一九五一年十月二十八日，中央人民政府主席毛澤東也到曲阜參觀，這是他第二度赴曲阜，上一次已是二十二年前。他並詢問孔子後裔情形。[3]

毛獲得怎樣的答案，難以得知；然而，在那個時候曾經住在孔府的幾位孔家德字輩，除了奉祀官孔德成在臺灣之外，其他與孔德成最親的二姊孔德懋、三小姐孔德恭和堂弟孔德墉，那時過得都不好。

現任世界孔子後裔聯誼總會會長的孔德成堂弟孔德墉回憶[4]，大陸解放時孔德懋在南方，經他協

1新華網之新華資料，自人民網取得。

2《山東省情網》山東省省情資料庫—孔子故里庫—大事記。

3同註2。

4孔德墉於二〇一三年四月在北京兩度接受本書作者訪談。

助才回北京。後來孔德懋自言她沒有做事，在文革時也受到鬥爭，做了燒磚入窯、上火車卸石灰沙子等體力工作。[5]

小孔德成六歲的孔府「三小姐」孔德恭的情況，更是受到孔裔背景的影響。孔德墉說，孔德恭原先住北京孔德成岳母孫家，在北京解放前就離家出走，那年她二十歲，跟一位姓陳的大學生一起上解放區去了，「後來我們見面，才知道她的際遇非常不好，因為交代背景發現她跟孔德成的關係，不僅婚姻破裂，而且什麼工作都沒有，就是不斷地查她，以後只能在街道工作，她有個兒子叫毛毛。」[6]

至於孔德墉自己，他起先於一九四八年濟南戰役後加入解放軍，國共戰後他在濟南工作到五〇年六月，然後被派到福建西部的部隊後勤單位，專管押運汽油等補給；好幾年後才回到北京，進入音樂學院，但到了文革時就受到鬥爭。

五〇年六月二十五日，韓戰爆發；十月上旬，中共決定派兵參戰。三十日，中國人民解放軍總司令朱德到曲阜參加第九兵團召開的軍事會議，他特地在孔子墓享殿前，作抗美援朝動員報告。[7]軍事會議直接拉進孔子墓前舉行，對三孔而言，形同去除兩千年來受到的尊崇與神聖性。

韓戰的爆發，也使得遷臺的國民政府得以喘息，進而站穩腳跟。一九五〇年代，臺灣反共意識高張，光復大陸成為國策。

5《你好臺灣網》名家訪談：平民聖裔訪孔子第七十七代嫡孫女孔德懋，二〇〇七年七月二日。

6同註4。

7同註2。

孔德成不再沉默

孔德成來臺，他對五四運動以來，把孔子學說以及儒家被指為落伍、是國家進步攔路石的說法，不再沉默。他幾度公開發言，指出這是錯誤的，導致大陸被赤化。

一九五一年八月二十七日，孔德成在當時的孔子誕辰紀念日投稿教育部的半月刊，指出希望大家提倡孔子學說，實非專為尊崇孔子，乃是希望振興固有文化，復甦民族靈魂。他說，今日的局面，大家只曉得軍事第一，這層固不可否認，然須各方必要的條件都配備起來，方能成功；在這波全國各界總動員的推進中，復甦民族靈魂，振興民族文化，也必須正視。

一九五二年六月三日，蔣中正在總統府國父紀念月會上，以〈整理文化遺產與改進民族習性〉為題，提到了應該研習經書以及五四運動的流弊。他說：

> 經書是我們民族文化的精髓。總理（孫中山）嘗說他的政治思想，是上承堯舜禹湯文武周公孔子一貫的道統而來的，所謂「文武之政，布在方策」，這些思想的脈絡，就都彌綸在五經四書裡面。
>
> 我曾聞民國初年在北京大學的本黨同志，多反對讀經，以為非此不足以標榜革命與維新，這實在是誤認革命與維新的真義了。我亦曾經說過五四運動雖曾提出科學與民主兩個口號，卻沒有提到救國的基本問題，所以發生了很大的流弊。北大為五四運動的導源地，這兩個口號，當然亦是北大所產生的，但是民主與科學的口號已經喊了三十餘年，而這兩個口號，是否對

年輕時的孔德成，時年三十出頭。

我們民族發生了幾多功效呢？我以為……沒有我們民族的文化來做民主與科學的基礎，那麼這兩個口號不僅不能救國，而且徒增國家的危機，這是我們當前革命失敗的一個事實的教訓。[8]

一九五二年孔子誕辰紀念日前夕，《中央日報》記者孫錦昌專訪了孔德成，談到大陸的情況。先談孔子學說思想對於中國近代文化的影響。

孔德成說：「孔子雖然是二千多年以前的人，但孔子的思想卻永遠是新穎的。孔子的思想建立於仁。仁者，即人也，為人之道也，是即人與人之間的一種維繫。不管將來國家怎樣進步，不管未來世界的物質文明怎樣發達，人永遠是人，人永遠應盡到一種人的責任，人要在這社會處下去，永遠要保持孔子的『仁愛忠恕』寬大慈愛精神。」他強調，西洋哲學的發展，著重在知識；中國的哲學，除了著重內在的知識外，還著重外在的行為表現，仁者，即是教人如何構成做人的條件，以及人道上的一切需要，也就是指示人如何去合乎人道。

話題轉到大陸共黨的反孔思想。

「孔先生來臺灣快四年了，最近有沒有聽到大陸上的新消息？」

「沒有，僅僅從香港的報紙上看到一些。」

8《總統蔣公大事長編》卷十一，頁一六〇—一六一。

「是關於中共反對孔子學說思想的嗎？」

「關於這方面的是很少，不過共黨此項政策是早在意料之中的。」

「那麼，中共反對孔子的學說思想，是否能夠長存？」

「不，中共的理論不論其有何根據或以何為根據，但事實所表現的一舉一動，完全是逆乎天理，背乎人道；中共的表現是如此，全世界各地的共黨表現莫不如此。思想、言論、信仰、集會、結社、行動的自由，是人類基本生活的條件，而共黨將這些人類最基本的生活條件剝奪，使人成為機械，使人成為禽獸，而供其奴役驅使。共黨這種殘暴不仁，必將引起人類的普遍反抗，終歸失敗滅亡。」「時間將說明一切。」

他又說：「我們尊崇孔子、研究孔子學說思想是復古嗎？時下有些人是這樣說，也可以這樣說；孔子是二千多年前的人，但孔子的人道思想是永遠為一個進步社會的指南針。再說，我們研究孔子的學說思想，並不一定要回復到牛車煤油燈時代，而將現代的汽車電燈反棄置不用，若這樣，那當然是笑話了。」孔德成說完這話，臉上浮現意義深長的淺笑。

「孔子不但是一個人道主義思考的首創者，並且是一個身體力行者，凡合乎人道者，孔子必竭力贊助，反乎人道者，必全力反對，吾人深信孔子的仁道，必將為全中國乃至於全世界人類所共同維護。」[9]

9《中央日報》一九五二年九月二十八日第七版。

孔德成對於共產黨的本質和當前做法，相當清楚。

大陸改造知識分子的儒學思想

許多知識分子對新政府懷抱著憧憬，以第一屆中央研究院八十一位院士為例，他們是中國當時學術精英，卻只有二十人跟隨國民政府赴臺，其餘都留在大陸。當時絕大多數知識分子之所以選擇留下，以及後來大批留學歐美的學人放棄舒適環境和優厚待遇，毅然回國，目的都在於希望參加祖國建設。然而，這些菁英馬上發現，他們在能夠發揮自己所長之前，必須先面對思想檢查與改造。

中共主政之初，就要求知識分子和國家幹部學習馬克斯列寧主義，並且從教育做起，去除掉以儒學為中心的「舊文化」影響。大陸學者如此敘述：「……在學習中結合批判封建主義、資產階級思想，要求樹立馬克思主義的世界觀和方法論。經過學習，我國的許多專家、學者、學術和文化工作者，初步學會運用科學的歷史觀點，研究和解釋歷史、經濟、政治、文化及國際事務，開始建立了辨證唯物主義與歷史唯物主義的世界觀和方法論，用馬克思主義武裝了學術界、文化界、思想界。

「與此同時，國家還有計畫有步驟地改革了深受儒學思想影響的舊教育制度、教育內容和教學方法，逐步建立起以馬克斯主義思想為指導的教育制度、教育內容和教學方法，開展教育革命。」[10]

思想改造，從一九五一年毛澤東和江青對電影《武訓傳》的批判而啟動。這部電影是由教育家陶

10宋仲福、趙吉惠、裴大洋，《儒學在現代中國》（鄭州：中州古籍出版社，一九九一），頁二八三。

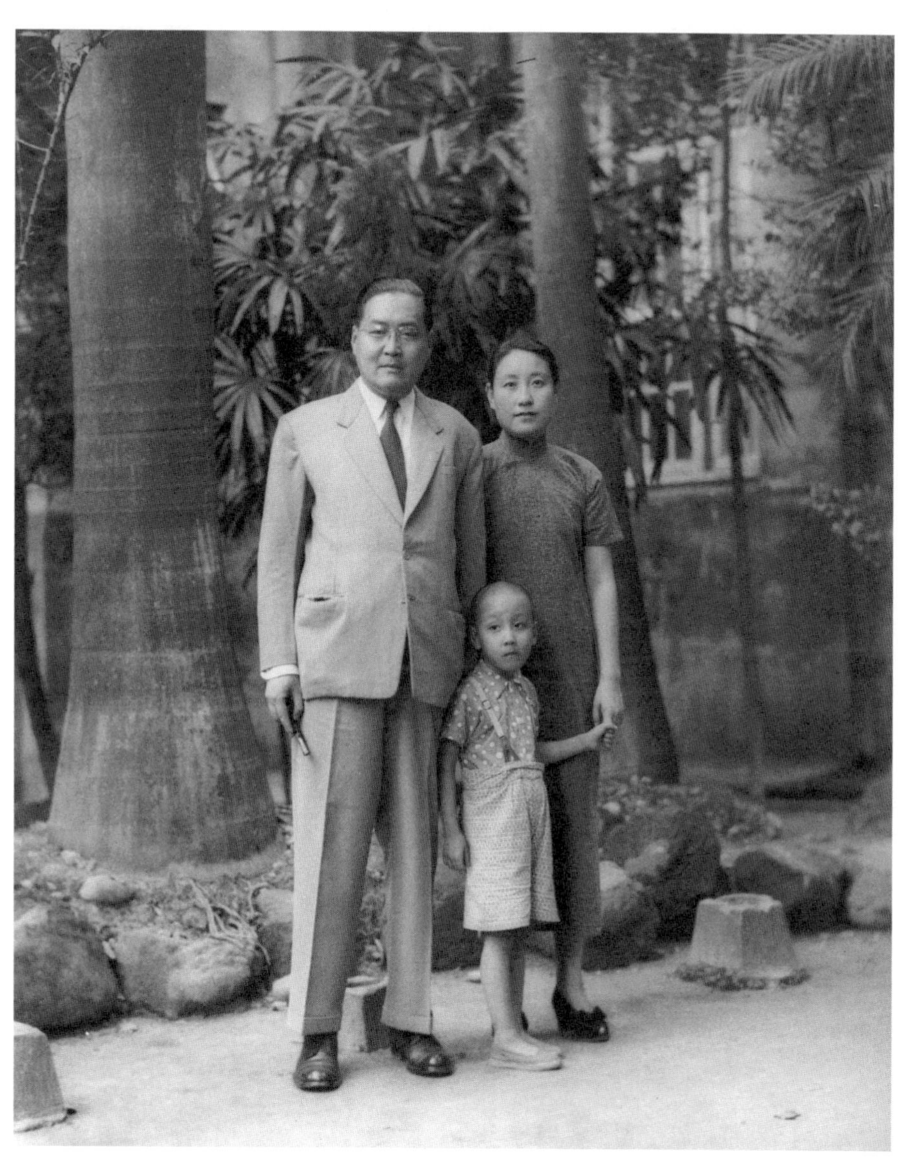

孔德成、孫琪方夫婦與次子維寧。

行知發動開拍，上映之後《人民日報》發表了毛澤東修改過、題為〈應當重視電影《武訓傳》的討論〉社論，說《武訓傳》「承認或者容忍這種歌頌（指對武訓那樣的人）就是承認或者容忍汙衊農民革命鬥爭，汙衊中國歷史，汙衊中國民族的反動宣傳……」，這部電影遭到全國性的批判後，進而引出大規模的「知識分子思想改造」，除了教育界以外，哲學、社會科學、文化藝術各界都以《武訓傳》及其教訓為由，對自己專業的學術觀點進行清理，許多教授學者開始檢查自己的「錯誤」思想和學術觀點。[11]

思想改造暫告一段落之後，中共中宣部繼續發動思想鬥爭，首要的目標就是胡適。胡適是五四運動的主將、對現代中國最有影響的自由主義思想家，他因反共，在國共戰役後期被中共列為戰犯，並指他是資產階級唯心論。這場砲火，在國民政府遷臺之初，就很猛烈。

梁漱溟直接批毛政策遭噤口

在大陸變色之際決定留在大陸的知名儒者梁漱溟，一九五三年九月列席中國人民政治協商會議全國委員會時，發言質疑中共採取蘇聯經濟發展模式，會把最沉重的負擔壓在農民身上，使得城市工人事實上成為一個特權階級。他的發言，遭到毛澤東當場痛罵：「我看你滿身臭氣！」並奪走他手上的麥克風。

---

11 魏承思，《中國知識分子的浮沉》（台北：老古文化，二〇一〇），頁一二四、一二五。

毛澤東批評說：「梁漱溟反動透頂，他就是不承認，他說他美得很。他跟傅作義先生不同。傅先生公開承認自己反動透頂，但是傅先生在和平解放北京時為人民立了功。你梁漱溟的功在那裡？你一生一世對人民有什麼功？一絲也沒有，一毫也沒有。而你卻把自己描寫成了不起的天下第一美人，比西施還美，比王昭君還美，還比得上楊貴妃！」[12]在會中，梁漱溟又爭取發言：「我再一次發言，是想考驗一下自己。」然而，他一開口，毛澤東再次地打斷他。論者認為，這是傳統儒家在毛澤東主政之下，最後一次有意識的公開表現。[13]梁漱溟雖是毛澤東年輕時的老友，並曾兩度親赴延安，肯定共黨於抗戰時放棄暴力奪權的作為，然而他受到嚴厲的批判，二十年後，他也在文化大革命因拒絕批孔遭到批鬥，挨了紅衛兵的耳光。

一九五四年，毛澤東在中華人民共和國第一屆全國人民代表大會第一次會議的開幕詞中詔告：領導我們事業的核心是中國共產黨；指導我們思想的理論基礎是馬克斯列寧主義。

反右運動

在民主社會看來覺得不可思議的中共對知識分子鬥爭，依然持續。一九五七年，毛澤東號召百花

12 毛澤東的談話紀錄稿以〈批判梁漱溟的反動思想〉標題收入《毛澤東選集》第五卷。

13 艾愷（Guy Salvatore Alitto）著，王宗昱、冀建中譯，《最後的儒家——梁漱溟與中國現代化的兩難》（南京：江蘇人民出版社），頁三。艾愷為美國芝加哥大學歷史系教授，漢學家。

齊放，鼓勵知識分子批判黨內弊端。三月間，中共中央指示，「在階級鬥爭已經基本結束的時候，黨中央提出了『百花齊放，百家爭鳴』的政策。這個政策的目的，是用說服的方法，用自由辯論的方法，而不是用粗暴的方法，向知識分子進行長期的、耐心的、細緻的馬克思主義的宣傳，促進我國的科學文藝在馬克思主義的指導下迅速地繁榮起來。」[14]

許多大陸知識分子顯然相信官方的鼓勵，公開表達對共產黨的批判，六月八日，中共中央發出毛澤東起草的《組織力量反擊右派分子的猖狂進攻的指示》，正式發動反右運動。截至年底，逾三十萬知識分子被打上「右派分子」的標籤，徹徹底底地葬送了前途。[15]

毛澤東主政時，儒家在中國大陸已無政治上的空間，全然退位。但是渡海來臺的蔣中正可不是這樣，來臺之初就在臺中市、苗栗縣等幾個沒有孔廟的縣市，興建孔廟，要使儒家文化在臺灣興旺起來。

14 一九五七年三月十六日，中共中央關於傳達全國宣傳工作會議的指示。來源：人民網。
15 史景遷，《追尋現代中國——從共產主義到市場經濟》，頁七七二。

第十一章
道統的延伸

經過兩年的沉寂，臺灣自一九五二年重新開始祭孔。經過推算，確認九月二十八日才是孔子誕辰，因為孔子誕生於周靈王二十一年農曆八月廿七日，依西曆為西元前五五一年九月二十八日。先前在一九三九年，國民政府定孔子誕辰為法定節日，由於官方廢止傳統的農曆及春節，故先定於西曆八月二十七日為孔誕紀念日；如今又改為九月二十八日，且訂為教師節，全國放假。

臺灣的尊孔

一九五二年孔子誕辰紀念日這天清晨六點三十分，孔府先在臺北大龍峒孔廟舉行家祭；八點整，在孔廟大成殿舉行釋奠典禮，由臺灣省主席吳國禎主祭，奉祀官孔德成陪祭。

接著，上午十點在總統府大禮堂舉行孔子誕辰紀念典禮，由蔣中正首次以總統身分親自主持，中央文武官員及地方政府首長約二百餘人參加。身為總統府資政的孔德成，專題報告了紀念孔子的意義，他解釋了孔子的人道觀念，呼應了蔣中正三個月前關於五四運動的看法：

先聖對於傳統文化，一面是「述三王之法，明周召之業」。一面是加以擴大充實和改進。對於周初發萌的人道觀念更有所發揮。人道觀念之發現，是我國文明中，了不得的一件事情，從此人與人之間，才樹立了正式的規範，正式的基礎。人道是先聖哲學中最基本的觀念。先聖的哲學，一切是以人——也就是以「仁」為出發，為依歸的。《論語》這部書中，提到仁的共有一零五處，「仁」字這個語義，在先聖思想裡，是人的全德，可以說大小人生行為品德都歸納到裡邊。所以我們說先聖的學說，是仁的哲學，也就是人道哲學。仁是什麼呢？是人在社會上，在國家裡，在人與人之間，要遵循的一條大路。他的原則，是認定人性，為不變的真理，也就是《中庸》上所說的「天命之為性」，孟子的性善的主張。這樣人之所以為人，能為善，才有其出發點，在行為上有其依據。在分類上說，仁、義、禮、智、信是體，忠恕是用。孟子說：仁、義、禮、智是人生本有的。忠恕在用的方面來說，是盡己之謂忠，忠是因自己之所欲，推以知人之所欲。也就是「己欲立而立人，己欲達而達人。」推己之謂恕，恕是因己之不欲，推以知人之不欲。即「己所不欲勿施於人」。至於四維八德，都是人與人之間所用以維繫者。……共產黨是反人道的，與先聖的學說，恰恰相反……我們今天須要建設現代化的國家，這是天經地義的，這個現代化，是與道德不相違背的，不但不相違背並且是相得益彰的。……所以發揚固有的道德和現代化不但不相衝突，且是合之則美，離之兩傷的。我們固有的道德，是在儒家經典裡的，也是二千多年來，我們國家社會的骨幹，我們若果只想現代化，而不注意道德，那是很危險的。[1]

下午四點，孔德成又到中山堂以「孔子生平事蹟及其思想」為題演講，聽眾爆滿。

為文論民族復興

其後，孔德成也發表文章，提及中華文化復興的概念，以及五四以來「打倒孔家店」所造成的民族文化問題：

今天紀念孔誕，正是中華民族文化的一種復興運動，也正是一種救國運動。要警覺國家的元素是民族，民族的元素是文化，但筆者希望我們黃帝子孫，要徹底了解，孔學就是我中華民族的元素。

孔子是「祖述堯舜，憲章文武」，自己曾聲明過「述而不作」，後人也講孔子是集大成。這可以明白孔子並沒有新創學說，世人稱為孔學，實在就是中華民族歷代先哲的人性文化，不過由孔子集合與提倡。與其稱他是孔學，不如稱他是先期的民族主義，因為 國父中山先生

1《聯合報》一九五二年九月二十九日第一版。

的民族主義，就是由此一脈相傳，承接而來的。

……這種文化，是我民族先祖的遺德，背之便是不孝，不忠。不問在孔子以前，或在孔子以後，數千年來，尊崇這種文化時，國家便臻榮盛，輕侮這種文化時，國家便遭危亡。桀紂幽厲的滅亡，少康太甲湯武的興起；周朝成康之治，漢朝文景之治，唐貞觀、宋慶曆之治，漢代桓靈之敗，晉代懷愍之敗，宋代徽欽之敗。這不皆是顯著的一些證據嗎？野心而又狡獪的帝國主義者，利用機會，嗾使一般不明道理的國人，教你自己的拳頭，搗你自己的眼睛。要侵略你的國家，先分化你的民族，要分化你的民族，就得先破壞你的民族向心力的文化。但是這番話不好出口，狡獪者就放了一個煙幕彈：說孔子學說，是科學民主的攔路石，不幸的很，竟有人相信這一套把戲，起來附和。殊不知道孔家店裡的貨品，就是道地的中華民族主義！[2]

孔德成成為道德文化的象徵

孔德成這年三十五歲，他以孔子嫡裔的身分、扎實的學養，逐漸在臺灣的政界與學界，浮上檯面。因為他的特殊身分，美國《生活雜誌》（*LIFE*）派攝影記者來臺，拍攝他「落入凡間」的家居生活。各種與文化有關的學會，都邀孔德成參與。如一九五二年孔誕紀念日成立的中國文化學會，以實

2 孔德成，〈紀念孔子與民族復興〉，《中央日報》一九五四年九月二十八日第三版。

踐孔子「學而時習之」精神，提倡讀書風氣，弘揚固有文化與民族道德，以強固反共抗俄的基礎，他是九人主席團的成員之一；中共準備簡化漢字之後，一九五四年五月八日，中國文字學會在臺北市中山堂舉行成立大會，希望國人認識文字的重要、增加對文字的修養，孔德成當選監事；同一天，中國憲法學會也選出孔德成擔任理事。

一九五五年，世界道德重整訪問團準備來臺訪問，行政院組織接待委員會，孔德成也名列委員之一，他並撰文呼應道德重整運動：

> 道德的標準，固然因為民族、歷史、生活的情形，社會的環境而各不同；但也有其同一的準則，即像道德重整會所標的：誠實、純潔、公正、愛人。這四條，是質諸百世而不疑，放諸四海而皆準的，是道德的最基本的條件。尤其是他們的力行標準，和力行的精神，這更是使我們敬佩與讚揚。因道德，不只是一種觀念，一種理論，而是要把他實行出來的。甚而可以說，不行，不能算是道德。這個理論的標準，和力行的精神，在我們中國，二千五百年前的時候，也是孔子所竭力提倡，而成為他的學說的中心。也是我們中國人兩千年來的政治制度、法律典則、社會組織、公私生活的規範。所以我們今天來歡迎提倡道德的國際友人，其衷心之愉快，是不言而喻的。[3]

---

3 孔德成，〈孔子學說與道德準則〉，《聯合報》一九五五年六月二十三日第四版。

當大陸如火如荼的反右運動使知識分子失去尊嚴之際，在臺灣的孔德成並未褪下聖裔的光環。一九五七年八月，他接受日本道德科學研究會和廣池學園聯名邀請，赴日訪問。這個時刻，他已不擔心有如抗戰前後之時，日本是否會另有他意。

孔德成於十月十二日啟程赴日，前一天，蔣中正先召見他以及同行的臺大教授屈萬里、擔任翻譯的臺大中文研究所研究生鄭清茂，接著他獲得教育部長張其昀頒授金質學術獎章。這趟赴日，政府突然另派政治大學教授蔣君章同行，讓孔德成和屈萬里感到意外，日方有人懷疑是蔣總統派來監視孔德成在日言行，但孔德成親自否認。[4]

臺灣各界，沒想到年輕的孔德成，會這麼受到日本各界乃至於民間百姓的重視，所以並沒有什麼人到機場送行；然而當他在日本東京羽田機場下機時，機場內外人山人海，估計有三千多人，爭睹孔子的嫡裔踏上向來尊孔的日本國土。

一次成功的訪日

邀請孔德成訪日的道德科學研究所和廣池學園，都是已故日本學者廣池千九郎三十多年前所創辦的，他的學說中心為皇道思想，卻是以孔子的仁愛之道為骨幹，他曾在二次世界大戰前，力邀孔德成來日，遭孔德成婉拒。他的兒子廣池千英繼承父業，終於完成父親遺志，把孔德成邀來日本。

4〈孔德成先生應邀訪日散記〉，《屈萬里先生文存》，第五冊，頁一九〇八—一九〇九。

《中央日報》發自日本的報導指出，兼任日華經濟協會理事長的日本參議員大竹平八郎在歡迎會上說：「孔聖裔孫的訪日，乃日本國民二千年以來的宿望，也可以說是日本開國以來，民族的大望。今日一旦實現，國民的感激，可想而知。」廣池千英則說：「自有歷史以來，政治上保持萬世一系的純潔傳統者，唯有我皇室；思想上子孫一貫相繼歷世不衰者，則唯有孔門。這不是偶然的，因為皇室一向主張和平，而孔子乃仁愛的結晶，今後因世界漸入大同，孔子思想的光芒，必將更廣被於八方。」

十三日，孔德成在廣池學園演講，由日本外務省公使清水董三翻譯，內容大致是：

孔子生在亂世，努力於政治制度、經濟制度、社會道德的建立，政治制度上，因春秋時有犯上作亂的情事，所以首重君君臣臣父父子子，即各守本分，以維持政治秩序；孔子不但積極肅清魯國的亂臣賊子，便是對鄰國的叛逆行為也主張討伐，可見孔子對於大義名分的建立，是一點也不肯放鬆的。

在政治系統上，他尊崇周室，此種思想，到了漢代成為大一統主義。大一統主義是吾國民族最基本的政治觀念，迄今未衰。對於以不合法手段暴力劫取欺詐騙得的政權，根本不承認。過去如此，現在還如此。

他對經濟政策主張藏富於民。以為民富則國自富。凡橫徵暴斂，以政治壓力榨取人民脂膏的政府，深惡痛絕。又孔子對國防的主張，認為為了自衛建軍是必要的，所謂「不教民而戰，是棄之也」。

孔子論社會道德，從個人修養說起。個人修養，著重在一「仁」字。古時「仁」與「人」通，即沒有仁，便算不得人。求仁之道多端如好學、近思、切問、克己復禮，還有恭、寬、信、敏、惠，都是仁的品德。仁之至，「父為子隱，子為父隱」，兒子清算父母，非孔子之所謂仁。但「仁」字最通俗的解釋，莫過於「己所不欲勿施於人」一語，即世所謂「恕」。[5]

屈萬里說，每逢講到孔子的恕道學說時，孔先生總是很巧妙地幾乎要舉出我國對日寬大政策的例子來，但卻「盤馬彎弓故不發」；當這個時候，清水董三便以翻譯者附加注語的辦法，詳細地把蔣總統對日寬大政策的事實列舉出來。清水董三說：「當第二次大戰結束，蔣總統宣布對日不以怨報怨，立時遣送邦人兩百多萬歸國，蔣總統這種作風，是得到孔子的真傳，即『仁』與『恕』的實踐，也就是保持了東方傳統的精神文明。」話甫說完，臺下響起了如雷的掌聲，歷久不絕。[6]

報導指出，孔德成始終以學者風度，淡淡地闡述孔子思想，雖不談當前政治局勢，但無不針對今日的世局，聽者自然會質疑共產黨作為。他對記者說：「孔孟哲學在日本植根很深，我不過將孔子的基本道理，和他們公開認證而已。」他這作風非常成功，每次演講，聽眾蜂擁而至，人數總在三、五千以上，因為爆滿，許多人無法入場。[7]

十四日，孔德成先赴首相官邸拜會首相岸信介；下午參加湯島孔廟的祭孔大典。次日，前往大阪。

5《中央日報》一九五七年十一月六日第三版。

6同註4，頁一九〇三—一九〇四。

7同註5。

記者報導，孔德成在關西，火車每到一站，月臺上都有許多日本人手執我國國旗列隊歡迎，都是當地平民特地聚集在車站，等著一睹孔德成的風采，有如歡迎大明星一般。大竹解釋：「這是因為孔子的思想，深植在我們成年人的思想裡之故，所以自然流露。」

孔德成一行改乘汽車由大阪駛入京都時，雖已夜幕低垂，然而座車經過時，卻仍有不少市民列隊歡呼。記者問同車的研究所常務理事山本恒次：「他們何以知道是孔氏的座車？」山本回答：「參加過本所演講會或講習會者，全國計有一百五十萬，我們的正式會員也有一萬五千多人，這些同志分散在都市或鄉村，都以能親近孔氏為生平夙願。孔氏此次來，由於他們沿途電話聯絡，所以都知道何時到達，所以還是在夜裡等著向孔氏歡呼表示敬意，而且引為光榮！」

孔德成下榻京都飯店，已有數百人手提紅燈迎候；座車通過時，夾道歡聲雷動。孔氏隨即在六樓陽臺現身，兩手都持紅燈向樓下的燈海搖動為禮，好幾分鐘後，歡迎人潮才逐漸散去。

二十三日在東京，東京都政府贈送榮譽市民之鑰給他。

蔣中正肯定孔德成是國寶

孔德成在日本造成轟動，尚未返臺前，越南已邀請他前往訪問。返臺的前一天，日本裕仁天皇特地為他舉行園遊會，邀請各國外交使節參加，並對孔子表達崇敬之意。他於十一月五日返回臺北。張臨生說，孔老師回國後，蔣總統斥責大家，此人乃國寶，出國時竟無人送行！

孔德成在臺灣的外交方面，是極大的助力。邀他訪日的日本參議員大竹平八郎半年後來臺訪問時

孔德成以聖裔身分赴越訪問。

說，孔奉祀官訪日，對於容共思想濃厚的日本有相當大的影響。

屈萬里則說，孔德成到日本講學，在戰後的中日邦交方面有正面影響，特別在日本民眾的心目中，由於孔先生此行的結果，使他們對於自由中國，不但普遍地加深了認識的程度，而且也油然地興起了親切和愛護之意；同時，從日方招待孔先生的熱烈周到等情形看來，也可以反映出日本一般的人士——尤其是中年以上——受我國儒家思想涵育之深，以及愛護儒家學說之誠。[8]

五八年十月孔德成前往越南訪問，五九年九月赴韓訪問及演講，都很成功，並由兩國元首親自接見。邀請孔德成訪韓的成均館大學，授以榮譽文學博士學位。

五九年的孔子誕辰紀念兼教師節，孔德成正在韓國訪問。韓國總統李承晚在那天接見了他；而發自西貢的報導則指出，越南總統吳廷琰親自主持該國的孔誕紀念會，推崇孔學是人本觀念的學說，應發揚光大。吳廷琰並說，越南雖迭經戰亂，仍能保持綱紀不墜，全靠孔學傳統精神在維繫，「我們惟有秉持孔學中心思想，充實我們的生命力，來防止赤流泛濫。」[9]

孔德成子女的教育

由於經常有外賓拜會孔德成，他原先兩間舊平房顯得寒傖，臺灣省政府教育廳長劉真認為起碼要有一棟像樣的官邸，以接待國內外貴賓。經教育廳協調，由省立農學院（國立中興大學的前身）撥地、

---

8 同註4，頁一九〇一。

9《聯合報》一九五九年九月二十九日第三版。

教育廳出資二十多萬元，在臺中市國光路農學院旁興建一棟平房，一九六〇年九月興建完成。

劉真象徵性地把一支銅鑰交給孔德成，並說大陸未光復以前，奉祀官將保居住這棟房屋的權利。孔德成致辭則說，大陸尚未光復，大陸同胞年飯都沒得吃，而他本來就有房子住，現在又獲得一棟新厦，豈不慚愧？孔德成一家住在臺中好幾年以後，才舉家北遷；至於這棟房子，就交由奉祀官府辦公之用。

這個時刻，孔德成的聖裔背景以及他對國家的實質貢獻，使得他聲名鵲起。孔德成對於自己子女的教育，基本上是身教重於言教，言教方面李炳南受託教導。長女孔維鄂說，來臺之初，他們家起初有段苦生活，後來生活安定了，「每年暑假我們跟著李炳南老先生讀《論語》，父親說：『你們四人必讀的是咱們祖先的人生哲學！』李老先生是父親的祕書，父親對他非常尊重。」

他也親筆寫了《論語．述而篇》的「德之不修，學之不講，聞義不能徙，不善不能改，是吾憂也。」以此祖訓來勉勵次子維寧，當時維寧才十一歲。

面對新式教育，孔德成並未把兩千年以來儒者乃至於自己幼時的嚴格讀書方式，施加於子女身上，他採尊重的態度。因此，孩子們在臺灣，經歷了和他過去完全不一樣的童年。政府遷臺之後，他因受蔣中正重視及重用而極為忙碌，也就無法親自督促兒女的課業。祕書李炳南受他之託，在儒學方面教授過四個子女；孫琪方以後談起兒子教育時，曾經很慶幸地跟二媳婦吳涯說，幸虧離開了孔府，否則在那種養尊處優的環境裡，兒子可能更難教養！維益雖然在青少年之時有輕狂之舉，不過邁入成年之後，也就穩健。

孔德成一家攝於臺中市國光路。

新儒家宣言

中國大陸一九五七年的反右，徹底地使在大陸的知識分子噤口。對於中共的馬列主義獨占思想方向，離開中國大陸的儒學學者不免憂心忡忡，有學者提出問題——中國文化是否已經死亡？

一九五八年一月，學者牟宗三（一九〇九—一九九五）、徐復觀（一九〇三—一九八二）、張君勱（一八八七—一九六九）、唐君毅（一九〇九—一九七二），聯名發表〈為中國文化敬告世界人士宣言——我們對中國學術研究及中國文化與世界文化前途之共同認識〉。這四位在大陸變色之前移居香港、臺灣的儒學學者，顯然是觀察中國共產黨在大陸執政九年以來的作為與思想，決定提出宣言：

「中國現有近於全球四分之一的人口擺在眼前。這全人類四分之一人口之生命與精神，何處寄託，如何安頓，實際上早已為全人類的良心所關切……如果中國文化不被了解，中國文化沒有將來，則這四分之一的人類之生命與精神，將得不到正當的寄託和安頓；此不僅僅招致全人類在現實上的共同禍害，而且全人類之共同良心的負擔將永遠無法解除。」

〈宣言〉懇求全球研究中國學術文化者，須肯定中國文化之活的生命是存在的。[10]

這是被歸為新儒學之列的牟宗三等四位學者，對中國大陸成為共黨國家九年的觀察與探討，以此主張馬列主義的政治不能長久，中國儒家文化應不至滅亡。日後證明，他們在人性方面的思維，是對的；而中國大陸即使在共產黨一黨專政半世紀，近二十年儒家文化已然重回人心。

10《唐君毅全集》卷四之二（台北：臺灣學生書局，一九九一年校訂版）。

孔德成在臺中一中週會的演講

一九五六年某個星期一早晨，臺中一中的週會。校長宋新民請來一位貴賓到校演講，十五歲的高一學生章景明因此首次見到孔子的嫡長孫——大成至聖先師奉祀官孔德成，他印象深刻：「我記得那時教育廳長是劉先雲，孔先生才三十幾歲，身穿白西裝白皮鞋，手持大雪茄，很帥很摩登。那次演講他聲若洪鐘、中氣十足，講的是儒家思想。」

套句現代的話，孔德成那時正是當紅炸子雞。他方於一九五五年以三十五歲之齡應聘到臺灣大學任教；隔年七月，又因文物上的專長而發表為國立故宮中央博物院聯合管理處主任委員。

在大陸人為災難逐漸出現時，臺灣的政局是穩定的。雖然以反共為目標的戒嚴體制之下，有所謂的「白色恐怖」情事發生，然而人民的生活逐漸改善卻為事實。章景明回憶，他在高中時相當叛逆，而臺中一中學風是自由的，老師也鼓勵學生多看些書，圖書館的禁書不少，他興趣在文學，所以往這方面涉獵，魯迅、周作人的作品都可以看到；「我那時寫週記，都是寫些自己對時局的看法，像五七年發生劉自然事件，我就有所批評，和導師在週記上打筆仗，教官要我參加國民黨，我抵死不從，也被列為問題學生。」高中畢業，他考上臺大中文系，也就有機會與孔德成開啟了半世紀以上的師生關係。

第十二章 北溝風雨

一九四九年八月二十三日，故宮博物院文物、南京中央圖書館和南京中央博物院的文物遷臺。兩院大批文物抵臺後，起先暫置於臺中縣霧峰鄉吉峰村的臺中糖廠倉庫，且同時在霧峰鄉北溝覓地建築庫房。

擔任故宮中央博物院聯管處主委

這個時刻，臺海兩岸處於交戰狀態，不僅各個城市鄰里之間都興建了一個個防空洞，要存放國寶的庫房更是要考慮防炸，所以北溝庫房是挖了U字型山洞再建築磚瓦屋舍而成，以後在臺北士林的故宮博物院，基於同樣的思維而開鑿山洞為庫房。

北溝庫房竣工，一九五五年冬天中央文物聯合保管處改組為國立中央博物院館聯合管理處，隸屬於教育部，由杭立武部長兼任主任委員，並由行政院組成兩院共同理事會，理事有王世杰、王雲五、胡適等人，都是在臺的黨政學界一時重要人物。

次年七月，杭立武出任中華民國駐泰大使，孔德成接任聯管處主委。

以孔德成的背景，領導國立中央博物院聯合管理處相當適合。他自幼對孔府祭祀的古禮及廟裡的鐘鼎彝器都掌握得十分透徹，且有深厚的國學造詣。自故宮博物院副院長任內退休、現為震旦博物館館長的張臨生指出，古器物中的青銅器是古代典禮中的禮器，青銅器銘文承載著典謨誥示，與經史相發明，孔德成除了在家直接學習外，早年到北平遊學時，也看遍私家珍藏，或出入古董列肆，特別是尊古齋。在北平期間，他每天下午都到

孔德成（中）出任兩院聯管處主任委員，胡適（左三）十分喜歡赴北溝駐足。

尊古齋，主人黃濬本人博學多聞、經驗豐富，是商周銅器專家，孔德成得益頗多。

張臨生說，孔先生也是書法大家，精於篆書和行楷；他遍觀故宮典藏的古代名蹟後，又更上層樓，故宮董其昌的書法作品多，孔先生受到濡染，書體沉著不露鋒芒，也頗有董其昌的筆意。任職主委這段期間，孔德成對於書畫、青銅器的接觸較為全面。

孔德成接掌主委，並不含糊，他以做學問的方式，了解兩院所有藏品。依他所留下當年的筆記，他在一張便箋上寫「兩院遷臺文物小計」，條列如下：

1、銅器	二三五箱	四四〇二件
2、瓷器	一三〇二箱	二三七八〇件
3、玉器	一〇三箱	三八九四件
4、漆器	五三箱	四二一件
5、琺瑯	一三一箱	一九二七件
6、文具	八七箱	二五三一件
7、書畫	一一九箱	六四一二件
8、圖書	一三三四箱	一五〇五六一冊
9、文獻	二〇四箱	二八九二〇包
10、緙繡	一五八箱	二〇〇七五件

他再分門別類，做了各種藏品的來歷、製作過程等筆記。他特別重視圖書方面，所做筆記裡尤其寫到《四庫全書》：

……兩院現藏之古書，為昔日宮庭內府祕珍，故多善本。故宮藏書雖以殿本為主，而書則不論刻本、印本、寫本、稿本，均與內府有關，今依宮史書籍編類如下：

實錄、聖訓、御製、方略、典則、經學、史學、儀象、志乘、字學、類纂、總集、目錄、類書、校刊、石刻。

殿本、寫刻、圖精，以內府之「袖珍本」為最，橫徑三寸，中雙行，小字四十行。吉祥本——為第一次印刷本，板上塗紅，取吉祥之義，故名吉祥本。

殿本書略述：

明代經廠本，實為清朝殿本之起源，惟明以司禮監專主其事，選擇未精、校讎不善者，往往有之。清代以刻槧書籍，而集全國人才於內府，故歷代寫經，乾隆石經，滿蒙文劇本……等，佳者其數無慮萬千。

故宮存一整部四庫全書：

乾隆三十七年（一七七二）下詔徵求中國書籍，於次年春、一月設四庫館，命紀昀於總纂官，設館於翰林院中，三十九年（一七七四）下詔限各地方官於半年內送全國書籍至館中，並訂獎勵辦法。

進書五百部者賞「古今圖書集成」一部；一百種以上賞「佩文韻府」一部；進書中特佳者，

帝親題討於書首。

四庫全書共三四七一種書、七九二一八卷、三六三八三冊（目錄在內）。

設藏書之閣七，建築方式皆仿浙江寧波之天一閣（係十六世紀「明」藏書家范欽所建），外表看來為兩層，實為三層。各閣在「全書」未送藏前，先須發銅活字本「古今圖書集成」（共五〇二〇冊）。「全書」初只寫四份，以後續抄三份，儲鎮江、楊州、杭州。

七閣：

一、文淵閣：北京，今存故宮。

二、文溯閣：瀋陽，民國三年（一九一四）運北平（商務書局擬印未成）。民十四年（一九二五）運回，由日本占領而蘇俄無法詳知。

三、文源閣：圓明園。英法聯軍時被燬者占大多數。

四、文津閣：熱河行宮避暑山莊，民國四年（一九一五）運存北平，藏國立北平圖書館。

五、文宗閣：鎮江金山寺，初燬於鴉片戰爭，後太平天國軍陷鎮江，書全燬。

六、文匯閣：揚州大觀堂，太平軍陷揚州，閣與書全燬。

七、文瀾閣：杭州聖因寺。太平軍第二次陷杭州，閣倒書散失，藏書家丁申丙收集八一四〇冊，光緒六年（一八八〇）重建。丁氏兄弟再補抄殘缺者，大部已復原，民國二十六年（一九三七）運至重慶青木閣。

運來臺灣的《四庫全書》是故宮所藏文淵閣本，最完整一套；沒想到幾年後，孔德成卻因其中《四庫全書薈要》數冊遭水損而辭職。

一九五七年三月二十五日，聯管處以小規模的文物陳列室對外開放。這次展覽是抗戰勝利以來，故宮博物院、中央博物院公開展覽的第四次，前兩次是在南京，第三次在上海。展出古物總共有十一類、三百零四件，其中來自中央博物院的毛公鼎是最受矚目的青銅器展品，另外還有玉器、宋元明清的瓷器，以及書畫雕刻、古書和文獻等，一開展就引起轟動。陳列室並不大，約是一個籃球場的面積，當時並無空調設施，所以一到夏天，不論工作人員或參觀民眾都汗流浹背，然而人潮卻是不斷，省公路局為此開了一條臺中到北溝的班車路線。以後蔣中正夫婦多次來觀展，國外元首級貴賓來臺，更是必訪之地。

張臨生提及一件趣事，在北溝期間辦展覽因外賓不少，臺大外文系退休教授齊邦媛當時擔任故宮英文編譯，因通曉外語，孔主委因此賦予她接待外賓的任務；「六〇年代大家都節衣縮食過克難日子，齊先生接待外客，總求得體，她於是穿上旗袍，但沒有高跟鞋搭配，臨時向妹妹借來一雙，妹妹腳大，鞋子穿上不跟腳，餐廳宴客，曲終客散，下樓梯時，鞋子就滑脫了，孔先生趕緊去撿鞋子。至今，齊先生回憶當年孔聖人為她撿鞋、穿鞋的陳年往事，還津津樂道。」[1]

中央研究院院長胡適年輕時曾領導五四運動，並言「打孔家店」，此刻他和只有他一半歲數的孔德成多方交會，除了諸多學術會議外，私下也有所往來。

---

1 張臨生，〈孔德成先生與故宮〉，《故宮文物月刊》第三六三期。

胡適使用《四庫全書》

一九五八年十二月，胡適在孔德成及省立農學院院長王志鵠的陪同下，到農學院演講，在講述中國文化的問題時，還是肯定了儒家思想。[2]他說，在兩千至兩千五百年前，世界文化中心有四——一為印度，一為猶太或希伯來文化，一為地中海的希臘羅馬文化，但在當時，以中國文化最為進步，當時的孔、孟、老子以及韓非、荀子等的學說，均極有價值，值得我們追憶與研究；然而兩千年以後以至滿清時代的文化，則有許多方向錯誤之處。

他舉例，如有將近千年歷史的

2《聯合報》一九五八年十二月九日一版。

來臺之初，孔德成與胡適見面。

纏足，流毒四五百年的鴉片，以及流傳千餘年的駢體對偶句和八股等等，都是這階段方向上的錯誤。但他仍極推崇朱熹學說，譽為此一階段的光輝。

胡適總會在中部待個幾天，他特別喜歡北溝的清幽環境，有時來住上幾晚，有時來此避壽，順便讀書。他會先來函聯繫，如一九五九年十二月九日致函給孔德成、莊嚴和熊國藻：

達生、慕陵、魯馨三位老兄：

我因為要躲避生日的麻煩，想到北溝來讀兩天書——想開汽車來，十二月十六日下午可到北溝，想住到十八日上午仍開汽車回來，如北溝不可住，乞賜示知，當另想法。

我想帶我海外用甘泉岑氏懼盈齋抄的《四庫》本趙氏《水經注釋》及《刊誤》校過的小山堂雕本《水經注釋》及《刊誤》來北溝，想用故宮的《四庫》本趙氏書比勘一遍，倘蒙檢出趙氏書一用，至感。

趙家兄弟刊刻父書，曾請梁處素（履繩）細細校正，改正甚多。我校得《刊誤》十二卷一共刪去了大字二百卅二，小字六；一共增加了大字一千四百七十七，小字三十八。《注釋》本身也有不少改動。此皆世人所不及知。魏源說，「考趙氏書未刊以前，收入《四庫全書》，今《四庫》書分貯在揚州文匯閣又金山文宗閣者，與刊本無二。」孟心史先生亦曾翻校庫本，但只檢校了五六事，就說，「刻版時並未改動庫本一字。」此皆一代學人之粗心妄說。故我要一校文淵閣本，為此案作一次最詳細的偵查，想能得諸兄同情支持也。

此次為避生日而來，千萬諸兄不要告訴省政府諸公，也不要請我吃飯，但每天平常吃便飯，就最好。

故宮有三四部朱謀㙔的《水經注箋》，此書有初刻與剜刻本之別，我也想一比勘此三四本。

匆匆敬祝

平安

弟胡適敬上　一九五九，十二，九晨[3]

胡適身為故宮、中央博物院管理委員會的理事之一，也會對典藏給予意見。他後來又去函王世杰和孔德成，建議對兩院珍藏的史料、孤本書、善本書最稀有的部分，及早攝製顯微影片，以資保存兼利學人研究之用；同一函裡，他也提到前次到北溝，與孔德成談及的《水經注釋》四十卷及《刊誤》十二卷、附錄二卷，經過與小山堂家刻本比較之下，實有很多的異文，很值得影印行世，如果可能，他很想自己出錢來攝製顯微影片。[4]胡適不久就去世了，故宮日後成立了圖書文獻處，當年也的確對珍稀書籍做了微縮影片，都保存在館裡，如今更把微縮影片數位化。

3《胡適之先生年譜長編初稿》，第八冊。

4《胡適之先生年譜長編初稿》，第十冊。

故宮國寶首度放洋

孔德成領導聯管處時，故宮國寶也首度赴美。這要從美國《時代雜誌》與《生活雜誌》創辦人亨利．路思義（Henny Robinson Luce）說起。路思義的父親是基督教傳教士，他生於中國，一生都是中國友人，並支持國民政府。政府遷臺之後，路思義於一九五四年首次赴北溝參觀故宮國寶後，就運作美國亞洲基金會提供資金興建陳列室，以開放參觀；一九六〇年五月，路思義夫婦率雜誌總編輯、駐香港分社主任等人來華訪問，蔣中正夫婦親自以晚宴接待，作陪的政府官員層級極高，有副總統陳誠、張群、蔣夢麟、胡適、王雲五等人，孔德成也應邀赴會。

孔德成（後左一）攜長女維鄂（後左二），與故宮管理委員會的委員在瑞三大樓合影。前排右起：陳啟天、朱家驊、魏清德、梅貽琦、胡適、王雲五、羅家倫、李濟；後排為錢思亮（右一）、李建興（右二）、王世杰（後中）。

路思義這次來，除了採訪目的之外，還促成了故宮文物赴美展覽。那次展覽總共挑選了二百五十三件文物，在一九六一年二月十四日由美國軍艦載運，自基隆港出海赴美，在華府、紐約、波士頓、芝加哥和舊金山五大城市巡迴展出，造成轟動，總共有四十六萬美國民眾參觀展覽，進而認識了中國歷史的淵博。所有文物於次年七月二十八日平安運返臺灣，並且舉行歸國特展。這次展覽，又讓美方決定贊助一半以上經費，協助興建更大的展館，也就是臺北士林外雙溪的故宮博物院。

大陸的大躍進與臺灣的孔孟學會

正當臺灣社會在平穩中尋求發展之時，中共歷經一九五七年的反右造成知識分子的動盪之後，一九五八年是毛澤東期待對外向蘇聯爭骨氣、乃至於超英趕美，對內要邁入共產社會主義的一年。

二月，中共中央在全國人民代表大會宣布，今後三年內開展「大躍進」運動，號召要在工業方面產量倍增。這是因為列寧宣稱，社會主義社會只有一個真正的基礎——大工業；中共第一個五年計畫有了初步成效之後，第二個五年計畫這年剛開始，就急切投入一場狂熱之中，號召一年內鋼鐵增產百分之十九、電力增產百分之十八……。在樂觀主義的鼓動下，浮誇風開始了，生產指標迅速提升起來，鋼鐵生產量從二月的六百二十萬噸，到八月提升為一千零七十萬噸，為了達到這個神奇的目標，每個人都被鼓動參加工業生產，不管職業是什麼，都成了無產階級。[5]到了秋天，全國豎起大約六十萬

---

5 徐中約，《中國近代史——一六〇〇—二〇〇〇中國的奮鬥》（世界圖書出版公司），頁五二八。

孔德成在北溝庫房。

孔德成在臺灣過生日，夫人孫琪方以蛋糕祝賀。

座小高爐，連「國母」宋慶齡都有一個。

與狂熱的工業化相伴而行的是，八月底，中共中央宣布成立人民公社。

然而，接下來的三年，大躍進與人民公社都遭到慘重失敗。

毛澤東急於依列寧理論，要從農業社會轉型為工業社會的思考下，發動舉國之力，全民大煉鋼，但不僅沒煉出符合品質的鋼鐵，而且也荒廢了農業；而人民公社則是吃光了存糧，又無法提供足夠的提高生產力的經濟誘因，且產量浮誇風盛行，使最高領導階層誤以為糧食大豐收，調動糧食到城市甚至出口到國外，終至造成餓死幾千萬人的大饑荒。

這就是大陸一九五九至一九六一年之間的「三年困難時期」。

當大陸的大躍進和人民公社等重大政策相繼推動，想直奔馬克斯設想的共產主義美好社會之際，臺灣這邊解讀為奴役人民的暴政，相應措施也陸續展開，孔德成也都參與。以弘揚孔孟學說以對抗馬列主義為宗旨的中華民國孔孟學會，在錢思亮等幾位大學校長發起下，一九六〇年四月十日在臺北成立，孔德成也獲選為理事。蔣中正兼任名譽理事長，在成立大會致辭說：

> 孔子乃是我們民族最大的一位思想革命家——他不僅是一位教育思想的革命家，亦是一位政治思想的革命家。他真是要從其專制政治與封建社會的思想中解脫出來，使得一般人民都能在政治上得到平等，在教育上得到自由，而其刪詩書，定禮樂，作春秋，正人倫之本，無一不是與近代的科學精神和方法，契合無間的，所以歷代尊稱他為大成至聖先師。後來相傳至其第三代的學生孟子繼承其緒業，復以仁、義、禮、智四端，發為良知良能之教育，於是聖學大行。
>
> ……我們從歷史上看，每值孔孟之道不著，邪說誣民，充塞仁義，就是我國家民族，陷於傾危顛仆的時代……，所以共產主義邪說暴行，乃得以乘機滲透，危害我們整個民族，並戕賊我們民族的根苗，這是在教育思想上言之最為可痛的事，這當然是我個人不能辭其責的！[6]

因此他指出，孔子「惡莠恐其亂苗，惡佞恐其亂義，惡紫恐其亂朱」的正道，與孟子之「正人心，息邪說，距詖行，放淫辭」的重責自任，就是孔孟學會成員對共產黨人堅持思想戰、文化戰、主義戰，

---

6 中國文化大學、中華學術院先總統蔣公全集編輯委員會，《先總統　蔣公全集》，頁二六六二—二六六三。

而以至仁伐至不仁的無敵武器。[7]此刻，中國孔孟學會的成立有其積極目的，這就是希望孔孟學說能在思想上，發揮對抗馬列主義作用。而孔孟學會的層級極高，歷年會員大會都是由總統、副總統親臨致辭，聖裔孔德成則必然是理事。

北溝的風雨威脅

兩院聯合管理處保管脆弱的國寶至此已十年以上，危機漸現。雖然所有價值連城的文物都存放在山洞裡，但是毀損的風險一直不小。一九五九年八月七日，臺灣中部地區因為連日傾盆豪雨，造成著名的八七水災，故宮中央聯管處也遭遇山崩，儲放古物山洞上方發生土石流，洞口被堵；管理處緊急冒雨搶救，在洞口上方的半山間，挖出人字型水溝，讓大水從水溝分流下來；同時又在洞口做壩，防止泥水向洞裡沖。

這場與水奮戰的驚險事件過去了，然而孔德成卻另有一場「水災」，導致他的去職。

一九六三年三月二十二日下午，科長梁廷煒例行檢查北溝存放文獻的庫房，在編號六三三的箱子上發現一灘水漬。他立即開箱檢查，發現裡面的《四庫全書薈要》有九冊被雨水浸溼，而且黏連無法揭開；他趕緊打開其他箱子仔細檢查，又在八五六號箱發現《薈要》的《欒城集》一冊黏連，一〇二一號箱裡的《薈要》有二十三冊出現霉汙。雨水之所以會從天花板漏進來，是因為上方的屋瓦破了。

---

7 同前註。

孔德成在北溝研究故宮國寶。

孔德成（左四）擔任北溝兩院主任委員，與夫人孫琪方（右五）、胡適（左五）、王世杰（右三）、莊嚴（右四）、劉真（左二）合影。

這對聯管處而言，是件大事，工作人員非常緊張，把所有的箱子全部打開檢查，幸運的是沒有再發現任何文物有狀況。孔德成了解整個情況後，立即向兩院共同理事會及教育部報告，並自請處分。他指示工作人員，幾冊損毀特別嚴重的，就依據《四庫全書》補鈔，其他則予修整。

事隔兩個月，此事突然在五月十日見報。[8]接著，記者來訪問主任委員，孔德成說，故宮中央博物院的人力和設備都感不足，當初兩院撤退來臺，只作臨時的逃難打算，沒想到會在這兒一住就是十多年，現在的人員編制，故宮博物院九人、中央博物院六人，兩院一共只有十五個人，至於庫房，已陳舊得幾乎不堪使用，以目前的人力和設備，對全部古物的保管和照顧，實在有些力不從心。

孔德成當然知道《薈要》的珍貴，但他為避免聯管處工作人員承受外界太大壓力，因此在談話裡試著降低嚴重性，而講了《四庫全書》只具考據價值、幾冊受損「這沒有什麼」的話。[9]沒想到記者就他的話寫了更多，不僅大幅報導，還引述學者的談話批駁。他因此向管理委員會主要負責人王世杰請辭。

王世杰於五月二十八日的日記記載：「故宮博物院在北溝倉庫所藏《四庫全書薈要》，有數本被雨浸損，此事並不嚴重，但一、二報紙大肆攻擊，孔德成被迫呈辭。」[10]不過他立即慰留，辭呈也不批。

8《聯合報》一九六三年五月十日三版。
9《聯合報》一九六三年五月十一日三版。
10中央研究院近代史研究所，《王世杰日記》。

負面報導引來監察院提案調查。兩院聯合管理處六月三日收到監察院來函，有監察委員要求「檢討有無失職，應予調查以明真相」。孔德成這回堅請辭職，以示負責。王世杰在六月十七日日記裡記載，「孔達生決定辭職，先請假。」以後，教育部先派前行政院副祕書長何聯奎出任副主委以協助孔德成，由於孔德成堅辭，教育部終於在一九六四年四月發布人事命令，由何聯奎接主委。孔德成日後告訴學生，由於王雪艇先生一直不批准他辭職，不惜最後使出苦肉計，當面跪辭，使雪艇先生不得不答應。[11]他雖然離職，仍然在這年就任故宮的管理委員會常務理事，而且長達四十年，直到二〇〇四年止。

台北外雙溪的故宮中山博物院於一九六五年十一月十二日完工，國寶隨即北上遷入；至於北溝陳列室，以後改由臺灣省電影製片廠進駐，但一九九九年發生的九二一大地震把此地震垮，陳列室成為廢墟，臺影則就此結束營業。

《四庫全書薈要》受損事件導致孔德成辭主委職，他那時四十四歲，把心力放在教學上，那個時候，他在臺大已任教十年，擔任教職才是他的終身事業。

11張臨生，〈孔德成先生與故宮〉，《故宮文物月刊》第三六三期。

第十三章
椰林大道

一九五〇至七〇年代，兩岸情勢相當緊張，即使在臺灣，也因戒嚴而束縛了言論，在知識界裡最顯著的是《自由中國》案，受到衝擊的有雷震和殷海光——雷震因準備組黨而被依叛亂論罪，原在臺大哲學系任教的殷海光則受到整肅，連教書都受到影響。那個時候，孔德成也在臺大開課，學生問他大陸時期或近年的事，他總是回答：「錢校長沒有請我開近代史的課。」或者「文不讀三代以下！」所謂三代，指的是夏商周三朝，可謂是優游在上古的學術裡。

孔德成治學重心在「禮」

事實上，孔德成在治學以及教學上，得到心靈的寄託。他一如孔子，「默而識之，學而不厭，誨人不倦，何有於我哉」。[1]

「老師講書時聲音的洪亮，可以由臺大中文系第五研究室傳到椰林大道，和傅鐘二十二響相為共鳴。」孔德成的弟子、知名戲曲學者曾永義回憶。孔德成的治學，早年受呂今山、王獻唐、傅斯年等師的教誨，並受五四以來科學精神的薰陶，使他在治學上講求堅實的基礎和正確的態度與方法，同時也強調集體研究的重要。曾永義指出，「老師曾說，他為了研究《禮經》，就要博通群經，還要兼治金文和商周彝器，乃至於考古學和民俗學。」[2]

一九五〇年代，孔德成起初只在臺大開金文課。曾陪孔德成赴日擔任翻譯的學者鄭清茂是嘉義縣牛斗山人，生於日據時代，受過日本教育，一九五二年考上臺大中文系。他回憶，當年他們班上「唯二」的臺籍學生，另一位是後來留系任教的林文月；一九五六年他考進臺大中文研究所第二屆碩士班，那時臺大中文系研究所的老師比學生還要多，他選了孔先生的金文課——那門課只有他一個學生。

鄭清茂說，雖是一對一，孔先生上課極為認真，而且學識豐厚，隨時能引經據典，包括四書五經在內的先秦典籍都能倒背如流；「最近幾代的衍聖公，孔先生該是最有學問的一個！」

孔德成的治學，重心在禮。孔德成解釋，在中國的傳統思想中，儒家一向居於主流的地位，而禮又為儒家思想的重心；儒家論禮，包含律己的規範，待人處世的態度、社會的秩序、政治的制度、法律的典章等範疇，涵蓋面極為廣泛。「因此研究儒家思想，能在禮的方面多所注意，則其思之過半

---

1 語出《論語．述而篇》。

2 曾永義，〈我所知道的孔德成老師〉，《孔德成先生學術與薪傳研討會論文集》（二〇〇九年十二月），頁五二一。

矣。」[3]

因之孔德成在臺大教的課程有「三禮」、「金文」和「古器物學」，但只在研究所開課。一九六五年，孔德成離開故宮職務，就把全副心力放在教學上，其中殷周青銅彝器研究的「古器物學」開在考古人類系；「三禮」和「金文」的課都開在中文系。不過上課的地點，都在他與屈萬里共用的中文系第五研究室。

孔德成的金文課，是指鑄刻在殷周青銅器上的銘文，也叫鐘鼎文。青銅器泛指古代所有的鐘鼎、斧斤、戈戟等器物，其中禮器以鼎為代表，樂器以鐘為代表。青銅主要是銅錫的合金，早在夏代就已進入青銅時代，銅的冶煉和銅器的製造技術十分發達，在青銅器上銘刻文字的時間甚長，約始於商末，盛於西周，迄至戰國末年，前後約一千兩百多年，主要是記錄當時王公貴族的活動，包括祀典、賜命、征伐、圍獵及契約之事。周宣王在位時期鑄造毛公鼎，銘文共三十二行，計四百九十七字，可謂是金文的代表。金文使用的字數，據容庚《金文編》的記載，共計三七二二個，其中可識別的有二四二〇個字。孔府裡青銅彝器不少，多是祭祀時用的，所以孔德成自幼就相當熟稔。

三禮課

所謂三禮指的是《周禮》、《儀禮》和《禮記》。一般認為《周禮》是周公所著，蒐集了周王朝

3孔德成，〈禮與現代〉，刊於《孔孟月刊》一九八五年二三卷一二期。

及各諸侯國官制與典章制度，孔子依儒家政治理念加以增刪取捨彙編而成，其間涉及內容極廣，舉凡邦國建制、政法文教、禮樂兵刑、賦稅度支、膳食衣飾、寢廟車馬、農商醫卜、工藝製作，各種名物、典章制度，無所不包，堪稱是上古文化史的寶庫。

《禮記》是記載和論述先秦禮制、禮意的書，用以解釋《儀禮》，並記錄孔子和弟子等的問答，記述修身做人的準則，涉及政治、法律、道德、哲學、歷史、祭祀、文藝、日常生活、曆法、地理等方面，集中體現了先秦儒家的政治、哲學和倫理思想。對一般中國人而言，《禮運．大同》篇裡的「大道之行也，天下為公，……是謂大同。」應是最熟悉的篇章了。

至於《儀禮》，則是孔德成著力最深的學問。他曾親自為文介紹：

> ……儀禮這本書一共有十七篇，內容記載的大都是先秦時代一般社交場合所常行的儀節。比方士相見禮是講士人階級互相贄見的儀節，士昏禮、士冠禮是講士人階級結婚、行冠禮的儀節；大射禮是講天子在射宮行射禮的儀節等等。這些儀節，現看起來雖然覺得繁複，但卻顯得相當的莊重。然而這些文字的記載，是不是就是當時的實錄呢？我想這大致是沒有問題的。從很多記載裡可以知道，周民族原來的社會就是相當多禮的。詩經豳風裡有一首東山詩，提到婚嫁的情形並說：「之子于歸，皇駁其馬；親結其褵，九十其儀。」毛傳解釋這句話，說是「言多儀也」。東山是周公東征時的詩篇，可見那時的婚禮已經是「九十其儀」了。
>
> 周既統一了諸侯，經過長期的統治，他們所行的各種儀節，自然也會在周以外的諸侯國裡推行起來。不過，由於時代、地域、人情和階級的關係，我們不能說，這些儀節永遠是一成不

變的。但是大略的考究起來，也都還歷歷可尋。例如儀禮頭一篇士冠禮，是講士人行冠禮——就是戴上禮帽，穿上禮服，成了成年人，取得了在正式社交場合中出現的資格的一種儀節，在左傳上便有晉公悼為魯襄公行冠禮的事實。雖然有的記載上說行冠禮是二十歲（如禮記曲禮：「二十，弱；冠。」），而襄公當時是十二歲。但這是因為階級上的不同——一是諸侯，一是士人的身分，和人情——即一國的諸侯不方便以一副成童（十五歲）以下的樣子主持國政並周旋在國際舞台之間——的原故。但不論如何，這是冠禮行於當時的一個明證。當然，儀節的本身，也許會有少許的出入。……儀禮在漢代只稱為禮、士禮，或禮經，稱儀禮是從王充的論衡開始，到鄭玄替他作注解之後，才確定下來。

……根據史書的記載，漢初傳禮的以高堂生為最，又有徐生「善為容」——就是懂得禮容、能親身表演——曾以禮容為禮官大夫。其後傳禮的又有大戴、小戴和慶普三家，他們傳的都是十七篇的今文（以漢代通行文字所寫成的）儀禮。景、武之間，淹中孔壁和河間獻王都另得了古文（以漢以前所用文字記載的）儀禮，有十七篇大致同於今文儀禮，其他不同的都亡佚了。

鄭玄作注的時候，就是拿了今文經的十七篇，和古文經的十七篇，互相參校著讀。……我的結論是，儀禮在漢初確是十六篇，河內女子獻的並不是古來原有的，而是宣帝時代儒者的作品。宣帝以前的十六篇，後人說是十七篇，大概是因為篇章分合，或是習用了十七的稱數的原故。而這成問題的一篇，或許便是喪服篇，其詳細的論證，因為篇幅的限制，恕我不能在

這裡列舉了。……[4]

孔德成在這篇文章中，簡單扼要而生動地介紹了《儀禮》成書的來龍去脈，並引申出要習《儀禮》，還必須兼習金文、古器物學，方能竟功。

《儀禮》復原實驗小組

章景明對中文的興趣始於高中之時，但不是在思想方面，而是文學，直到進了臺大中文系，才有所轉變。他回憶，「我進入大學後，在屈萬里、戴君仁、臺靜農等老師的引導下，才開始學習三禮的。因為這幾位老師的學問好、品格高尚，例如上戴老師的儒學課，才真正感受到什麼是儒家——他是把主張拿到現實生活來實踐，我才認識到，儒家是真實的。」

他一九六五年大學畢業時，孔德成與臺靜農成立「儀禮復原實驗小組」，臺靜農建議他跟孔老師學習，他就這麼成為孔德成指導的第一位研究生，隨孔德成學習儀禮，直到獲得博士學位。

儀禮小組成立後，孔德成挑選中文研究所裡比較優秀的十餘位研究生參與，就儀節、宮室、車馬、器具、服飾、樂器、民俗、文法等方面設立專題，分別研究。孔德成上課時嚴格認真，每星期二、四、六下午三點到六點上課，星期二及四由他自己講，星期六則是討論，先由學生講，再由老師指導。「他

---

4 孔德成，〈儀禮略談〉，發表於《聯合報》一九七二年一月十一日副刊。

講得非常細，經文裡一句話就可以講三個小時！」章景明說。孔德成上課專注到往往忘了時間，一直上到太陽下山、披星戴月方止。

曾永義自臺南一中畢業後，早章景明一年以第一志願考上臺大中文系。他讀研究所時，雖然走上戲曲研究之途，但也加入儀禮小組，接受孔德成的指導，在分題研究中分到的是《儀禮樂器車馬考》。他對《儀禮》難讀的形容，更是生動：「《儀禮》是世界上最乾枯無味的經典，我為了略知它的粗枝大葉，曾花了十七個下午翻閱它的十七篇，卻睡了十七個下午，從此我知道它是治失眠的良方。」[5]曾永義敬佩孔老師的是，早年老師為了研究《儀禮》，還得兼通其他經學，兼治金文、古器物和考古學、民俗學。他說，「孔老師為我們上了很多年的課，縱使我們也站上講臺了，還要寒暑假每周一次到他研究室『進修』。」他從孔德成那裡得到治學的啟示——要研究好一門學問，也要兼顧其他可以相輔相成的學問，這和他日後治戲曲而兼治俗文學和民俗技藝有因緣關係。

香港中文大學歷史系高級研究員張光裕，也是孔德成指導的學生。他說他加入儀禮小組，第一次正式拜謁達生師，「當時面對老師，剎那間的凝望，直逼心坎的威嚴，一直深烙在我的腦海。以後幾年，我沉浸在孔老師講授儀禮研究、古器物學和金文研究的新天地，在深厚篤實的學術搖籃、豪邁爽朗的笑聲和諄諄善誘下，受到栽培。」[6]

孔德成的課，逐漸受到重視。每到上課時間，第五研究室總是擠滿聽課的人，不過旁聽者多過正

---

5 曾永義，〈椰林大道憶恩師〉，《聯合報》二〇〇八年九月二十八日副刊。

6 張光裕，〈老師……我還沒有停下來〉，《孔德成先生學術與薪傳研討會論文集》，頁五二五。

式修課的學生，而且不乏專業人士——例如來自故宮的張臨生。張臨生是臺大歷史系畢業，甫出校門就考進故宮；以後蔣復璁院長推薦她赴美進修，學成回到故宮後，在器物處工作，為了想學習青銅器方面的鑑定，於是直接到臺大徵詢孔德成，「我是故宮的，想來聽您古器物學的課。」孔德成二話不說就收了她這位旁聽的學生。又如已是哈佛博士的語言學家梅廣，因張臨生而來聽孔德成的課，因此與她結緣進而步入禮堂。兩人請孔德成證婚，介紹人是臺靜農與蔣復璁。

與學生打成一片

至於上課的實況，學生們的感受都是，孔老師授課時很嚴肅又認真，但下課之後就和學生水乳交融、打成一片。曾永義舉了兩例。有次上課，討論到毛公鼎上的一個問題。金文出現「匹」，上面畫三個橫，再上面有個「馬」——是讀「馬三匹」嗎？曾永義認為，從文獻上來看，駕車的馬匹定必是偶數，沒有以三匹馬來駕車的，考古學上挖出土的，有四匹馬的諸侯、兩匹馬的大夫，即使是戰車也是用四匹馬來拉，他提出看法：「這字出現在毛公鼎，是不是合文？所以這應是整個合成一個字，四匹馬的意思。」對於曾永義的觀點，孔德成說，太好了，喝酒去！

還有一次，也是曾永義得意之事：「某個暑假炎熱的下午，老師為我們講《儀禮》某篇，我們用的課本是胡培翬的《儀禮句讀》，老師講到一個段落，忽然問我們：『奇怪！上文出現的那個人物，到這裡怎地卻不見了。』於是老師從張光裕、陳瑞庚、鄭良樹一個個問下來，那時我正躲在後面打瞌睡，尚未輪到問我就被驚醒了。我忙著問旁邊的啟方是怎麼回事，然後急著翻書。等老師最後問到我時，我說，是胡培翬章句分錯了，把下章首句移置上章末句，這人物不就有呼應了。老師桌子一拍，說，太好了！今天就上到這，我們喝酒去！席間還誇我，說我解決了一個大問題。」[7]

黃啟方記得，一九六八年之後，師生之間因著儀禮小組的長時間相處，就比較親了，往往下課喘口氣，老師就問晚上我們去哪吃飯？曾永義是帶頭安排的「小主管」，常常也包括臺老師。

黃啟方回憶了一件趣事：「我記得有一次下了課，我們四個——孔先生、曾永義、章景明和我，到華國飯店喝啤酒、吃點心，當時那是最大最豪華的飯店，我們沒什麼概念，啤酒喝多了，一結帳四個人掏遍口袋加起來的錢都不夠，結果曾永義下樓借錢去，我們三人做人質。」

「老師真的對錢不在意，」他說：「有次老師領了稿費，隨手就把錢給了我。我說，『老師那是你的錢。』老師回答，『胡扯，那是你的錢，晚上你請客。』」

孔德成真的應了《論語》裡孔子讚揚顏回的話：「一簞食，一瓢飲，在陋巷，人不堪其憂，回也不改其樂。」以及子路所言：「願車馬衣輕裘與朋友共，敝之而無憾。」

孔德成是知道錢的用途的，窮學生像曾永義，他就會想法子和其他老師一起幫忙找生活費。「我念研究所時的六〇年代，臺灣的經濟尚未起飛，」曾永義說，「臺、孔二師對學生很照顧，我們儀禮小組每人每月有六百六十元獎助金，可以使我們安心讀書；有件事現在想起猶令我感動不已，碩士班第三年臺老師叫我做助教，我碩士畢業考上博士班，某天上午臺老師、孔老師和鄭騫老師聚在辦公室，

---

7 同註5。

我不經意的聽到臺老師好像下結論說，既然每個月的錢差不多，那就教永義好好念書，當講師改本子是很花時間的。原來三位老師在為我的『錢途』著想。」

士昏禮實演

儀禮復原之下，終於上陣。

一九六七年八月六日，臺大借了國際學舍的禮堂，以二十五位中文系學生，依《儀禮》記載，把三千年前的結婚情景重新展示出來。這是在中國東亞學術研究計畫委員會的支持下，孔德成帶領學生研究三年的成果，所有的服飾、車具和道具，都是按古書所記，中規中矩地復原。《中央日報》報導如下：

……在婚禮中，新人和家屬都著上「雀弁服」、「玄端服」和「玄衣」，就是和尚領的黑長袍；不同的是一對新人的衣前，加上一塊紅色的「韠」，象徵吉祥和如意。新郎戴著極高的玄色帽，而新娘則將頭髮朝後梳成「次」。

首先，新郎奉著聘禮，在伴郎和隨從伴同下，來到了女家，經過通報，新娘的父親前來迎入廳內，舉行了拜見；這時，在母親、庶母、袱姆和姊妹陪伴下的新娘，嬌羞地出了房門。新娘在告別父母後，由庶母送到門口，再將新娘送上男方迎婚的轎內。

到了男家，一對新人先在宗廟中行婚禮，經過一番參拜進退，新郎和新娘對坐在席上進食，在「贊」、「媵」等男女陪同人員服侍下，一對新人「對食」的杯盤可真多，依照規矩有葅（小菜）、鮒（肉醬）、醬、湆（肉湯）、小豬、臘兔、醢魚十四條，四個敦分別盛著黍與稷。在飲交杯酒時，對坐的新人，將「俎」雙手緩緩地端起，齊眉後再仰首而飲。無論飲酒、吃菜和食飯的次數，都有一定的姿勢和次數。見到一對新人舉「俎」而飲時，考古學家李濟教授說：「這就是古云『舉案齊眉』、『相敬如賓』的出處。」

長達一個半小時的婚禮，在十數位文史權威教授的鼓掌聲中結束，大家都圍著孔德成教授道賀。沈剛伯、凌純聲、高去尋、芮逸夫、馬漢寶都連聲說，這是一場最精采的文化試驗。

臺大文學院院長沈剛伯教授，對婚禮的進行看得最仔細，他盯著每一個細節的進行。最後他向孔教授建議：「以後再『試婚』時，最好加上音樂。」孔聖人忙著向這位文學家校正：「古書上婚禮是盛行無樂的。」

歷史系主任許倬雲又提出了疑問：「新婚夫婦進食時為什麼忘了筷子？」孔教授又引經據典的解說，儀禮中就是記載用手。許教授風趣地接上一句：「那多不衛生！」

孔德成教授說，三千多年前士人婚禮的儀式，這是第一次展現出來，將來還要再演習，各種應用的道具還得再改良。以後整個儀式將拍成影片，作為《儀禮》的最佳教材。孔教授說：「看了電影，再去讀儀禮，那麼這本被喻為天書的經典就容易懂，容易讀了。」[8]

8胡有瑞，「學禮」，《中央日報》一九六七年八月七日三版。

自費拍攝「士昏禮」

「士昏禮」影片自一九六九年開始攝製，章景明是男主角，也就是新郎角色。這影片是臺灣大學中文系、考古系師生的研究成果之一，迄目前為止，可以說是海內外用電影寫實研究經學的唯一嘗試。張光裕說，把「士昏禮」搬上銀幕，是中國學術史上的重大突破，成員們都懷念那克難而甘美的日子，「由於我職司儀節的研究，因而被指派當導演，但也承包了編劇、選角、場記、剪接和配音工作，這些不平凡的經歷，無疑是我這輩子最大的榮耀。」拍攝工作結束後，孔老師特地犧牲了農曆新年假期，陪他在配音室工作，至今他還難以忘懷。孔德成解釋兩者的意義與價值：「儀禮復原研究叢刊是我們論證的過程，而士昏禮影片是我們綜合的具體成果。」[9]

以後，由於這部黑白影片用了三十年，因久經放映而嚴重毀損，葉國良秉持著「文化傳承，影象再現」的理念，考慮以新近開發的３Ｄ動畫技術，再一次為古禮舊片注入新血；經徵得孔德成同意，以《儀禮．士昏禮》原片為藍本，考證相關物件的顏色，向行政院國科會申請專案研究計畫補助，以一年時間完成「儀禮士昏禮彩色３Ｄ動畫」，將兩千多年前的先秦士昏禮，做了全新的呈現。

孔德成即便時有匱乏，曾永義卻記得一事：「在《士昏禮》影片拍攝完成後，有天老師拿了十六萬元，要我送去給他的同鄉好友企業家尹復生先生。尹先生說：『我早和你老師說好了，拍片的錢我來付！』但我深知老師為人，堅持把錢還給尹先生。因此我們才明白，《士昏禮》影片的拍攝經費原

---

9 張同註4。

來出自老師。而依那時老師的經濟情況，還得向友人先行告貸。」

難求字的調皮書法家

孔德成有許多身分，書法家是其一。從稚齡起，書法就是他的基本功，許多人向他求字，而且多到難以應付，兩個姊姊就幫他代筆；以後來臺，只要有書畫展覽，都有他的作品陳列其間。然而，他不天天寫字，因為不想做書法家，字能寫就好；另方面，求到他的字十分困難，一是他不輕易動筆為人寫字，一是即使應酬作品，也以代筆居多。

「早期通常是章景明幫他忙，」葉國良回憶也是幫孔老師代筆的經驗：「以後他有事要我去他家，我就帶一枝小楷筆去，他口述我起草，寫好給他看，他認可說好，我就拿出毛筆謄好，然後他請我去吃飯。」至於應酬書法，也差不多是這樣。

孔德成的字很難要得到，他會親自寫的，只有好友學生即將要出國留學，再難見到面的，他從「情」來考量，就會提筆寫字，以為誌念；要不然就是關係特殊的親友。他的字難求，甚至包括自家人——後來他的媳婦于曰潔想求他寫幅墨寶給她，孔德成一句話就堵了她的念頭：「哪有給自家人寫字的道理？」所以她跟公公同住了三十多年，她的哥哥弟弟們向公公求字如工廠開業匾額都爽快答應，但直到他過世竟然沒有給媳婦寫過一幅字，讓她抱憾不已。

不過，要能得到孔德成的字，還是有門道。洪國樑說，很多人都知道要他的字，最適當的場合就是吃飯喝酒，酒足飯飽之餘拿出紙筆，就可求到字，最常達陣的地點是會賓樓。

版本文獻學者潘美月，一九六〇年中文系升大四的暑假時，一直在研究室幫屈萬里老師整理系上的古籍目錄，因為孔德成與屈萬里共用一張桌子，認識了孔老師。她回憶：「最初看孔老師覺得很高大、很嚴肅，他每個禮拜要坐火車來到臺大上課，以後聊起來，沒想到孔老師那麼慈祥，從此以後他每個禮拜來上課時，都帶個中山堂旁的山西餐廳燒餅夾肉給我。以後我念研究所才開始上孔老師的三禮研究，他上課很嚴肅，但我只有第一天怕他，因為跟他太熟啦。每次請他吃飯，他總是模稜兩可地說謝了謝了——我說你到底要不要吃嘛？他這才說，當然要啦。我是比較不怕孔老師的學生，可以跟他撒嬌。」

潘美月認為，孔老師幼時的生長環境，被訓練得規規矩矩；其實他的個性是很活潑開朗的。

潘美月也是苦於孔老師把她當自己人而要不到字；但她另闢蹊徑——在臺靜農出主意下，請孔老師到家裡喝咖啡。她回憶：「有天臺老師問我，你有沒有他的字？我說我要不到。臺老師豪邁地講：『來，我們設計他！』我就說臺老師要到我家喝咖啡，請您一起來為由，把孔老師請到家裡，臺老師把孔老師『押』到書房，請他寫字，所以我家孔老師墨寶都是那一天寫的。事後孔老師說是我們把他『綁架』過來的，臺老師是主犯我是從犯，『你們騙我來寫字，我恨你們一輩子』。但這是他可愛之處，講這些話時笑容可掬。」以後電視臺記者想要看孔德成的書法真蹟，就到潘美月的家裡來拍攝，因為那是親眼看著他動筆寫的。

正當孔德成專注於學術、優游於校園之際，大陸發生驚天動地的文化大革命，徹底地打擊以儒家為主的中國文化。

第十四章
文革與孔府浩劫

一九六六年五月十六日，中共中央政治局擴大會議在北京通過了毛澤東主持起草的《中國共產黨中央委員會通知》（即五・一六通知）。《通知》要求各級黨委立即奪取文化領域中的領導權，號召向黨、政、軍、文各界的「資產階級代表人物」猛烈開火。六月一日，《人民日報》發表社論〈橫掃一切牛鬼蛇神〉，把《五・一六通知》內容發向全大陸，一場歷時十年的「文化大革命」就此啟動。

把無產階級文化大革命進行到底

文革初起時，《人民日報》〈橫掃一切牛鬼蛇神〉社論，提出「破除幾千年來一切剝削階級所造成的毒害人民的舊思想、舊文化、舊風俗、舊習慣」的口號，也就是所謂「破四舊」；八月一日起召開的中共八屆十一中全會，通過了〈關於文化大革命的決定〉，進一步肯定破四舊的提法。但是，該怎麼做呢？

八月十七日夜，北京第二中學的紅衛兵小將以〈最後通牒——向舊世界宣戰〉一文，宣布要「砸爛一切舊思想、舊文化、舊風俗、舊習慣」。十八日，毛澤東在天安門接見紅衛兵之後，北京的紅衛兵開始走上街頭「破四舊」。

這些中學生把基於中共意識型態政治正確的思考到文化上的破舊立新，簡單化為對舊思想、舊文化、舊風俗、舊習慣的一系列物化形態的破壞行動。他們把街道、工廠、公社、老字號商店、學校改成「反修路」、「東風商店」、「紅衛戰校」之類的革命名稱，在街上當眾剪路人的小褲腿、飛機頭、尖頭鞋，並且揪鬥知名學者、作家、藝術家、科學家等「資產階級反動學術權威」，學生鬥老師、校長的暴力行為成風。

中共的官方媒體《新華社》和《人民日報》對於脫序行為不斷予以肯定、歌頌，使得這股潮流迅速湧向全大陸。

中華文化復興運動

在臺灣，也注意到這股逆流。這非同小可，因為除了隱而未現的政治上動機，文化大革命革的是中國傳統文化的命。文革發動兩個月後，國父的兒子孫科與王雲五、孔德成等參加陽明山中山樓落成典禮的一千五百多人，聯名建議行政院，以十一月十二日國父孫中山誕辰紀念日，同時為中華文化復興節，一場兩岸文化上的對抗行動，就此展開。中華文化復興運動發起人宣言揭示意義：「……『紅衛兵』亂打亂鬥，妄圖毀滅我五千年歷史文化道德，中外震驚，天人共憤。當茲國父一百晉一誕辰紀念之際，同人等恭讀總統手著紀念文之後，益覺亟需發起中華文化復興運動，籲請政府明定國父誕辰同時為中華文化復興節，使世界人士瞭然於我文化正統之所在，亦所以鼓勵海內海外敵前敵後軍民同胞保衛我歷史文化之英勇奮鬥。為我民族文化，啟明復旦。」[1]

在保衛中國傳統文化的行動上，身為大成至聖先師奉祀官的孔德成必然成為代言人。一九六六年十一月十五日，《聯合報》刊出他的談話，闡述為何會以孫中山的誕辰為文化復興節。他引述戴季陶當年所撰〈孫文主義哲學的基礎〉一文所言，「中山先生的思想，完全是中國的正統思想，就是接近堯舜以至孔孟而中絕的中國道德文化的復活……中山先生自己也曾說過：『中國有一個正統的道德思想，自堯、舜、禹、湯、文、武、周公至孔孟而絕，我的思想，就是繼承這一正統的道德思想，來發揚光大的。』由這一段話，我們就可以看得出中山先生的抱負。同時，也就可以認清中山先生的國民革命是立腳在中國國民文化的復興上面，是中國國民創制力的復活，是要把中國文化之世界價值，提高起來，為世界大同的基礎。」

孔德成指出，國父繼承了中國固有的正統文化思想，以《大學》之平天下為鵠的，以《中庸》興滅繼絕為胸懷，以〈大同篇〉「天下為公」為最終的目標，一生奮鬥、救世救民；古老的中國傳統文化，在中斷了二千年之後，賴國父之倡導而復活、而光大。政府明定國父誕辰紀念日為中華文化復興節，具有重大意義，也必將發生深遠的影響。[2]

1《聯合報》一九六六年十一月十三日一版。

2《聯合報》一九六六年十一月十五日第七版，第一屆中華文化復興節紀念特刊。

在大陸，破四舊給中國文化帶來浩劫，不論官方民間，無從計數的古書、古玩、古董、字畫遭毀，連千年文化古蹟都遭殃。

古蹟中，受損最嚴重的，就是曲阜的三孔——孔廟、孔府、孔林。就在孔德成談話見報當天，紅衛兵衝進孔廟，半個月內讓三孔受到千餘年來，空前的毀損。

曲阜三孔蒙難

北京師範大學紅衛兵頭領譚厚蘭，十一月九日率領兩百餘名紅衛兵來到曲阜。依據文革檔案，時任中央文革小組組長陳伯達從北京打來電報，指示她「孔廟、孔府、孔林不要燒掉……但孔墳可以挖掉」。

十二日下午，北師大與曲阜師大的紅衛兵組織，共同宣告成立「全國紅衛兵徹底砸爛孔家店樹立毛澤東思想絕對權威革命造反聯絡站」，次日孔府大門被迫打開，紅衛兵們一擁而入。

十五日，紅衛兵在孔府大門前舉行「徹底搗毀孔家店誓師大會」，中共國務院於一九六二年立在孔府門前的「全國重點文物保護單位」石碑被砸碎了。會後，紅衛兵們衝進孔廟，砸碑、拉匾、搗毀塑像。

有人從孔子像中掏出了一部線裝古書，這是一部古色古香的明版《禮記》；緊接著，紅衛兵們又從「四配」、「十二哲」的孔子門生塑像裡紛紛掏出了線裝的《周易》、《尚書》、《詩經》、《春秋》、《大學》、《中庸》、《論語》、《孟子》等古書。擠不上神龕的紅衛兵，便將那些摔落在地上的至聖先師和先賢們的頭顱，像踢足球一般地踢來踢去。他們燒掉康熙所賜「萬世師表」巨匾，無數的線裝古書都付之一炬。

隨後，就是孔林的浩劫了。根據曲阜縣文物管理委員會一九七三年二月二十四日《關於「討孔聯絡站」破壞文物情況的匯報》、《討孔戰報》以及當事人的回憶，面積三千餘畝、延續了兩千多年的孔氏家族墓地的地下隨葬品被洗劫一空。[3]依日後統計，在曲阜將近一個月，譚厚蘭率領紅衛兵共毀壞文物六千餘件，燒毀古書二千七百餘冊、各種字畫九百多軸、打壞歷代石碑一千餘座，其中包括中共列為國家一級保護文物的國寶七十餘件、珍版書籍一千多冊，曲阜這場浩劫是「破四舊」運動中損失最為慘重的。

然而，譚厚蘭的意氣風發是短暫的。兩年後，她被安排到北京軍區一部隊勞動鍛鍊；一九七〇年六月調回北師大隔離審查，從此失去了自由。一九七五年當局送她到一所工廠勞動，一九七八年四月被北京市公安局以反革命罪逮捕入獄，此時已患了癌症的她，在獄中懺悔自己的罪過。「五大學生領袖」[4]中的其他四人被判處重刑前一年，也就是一九八二年底，譚厚蘭死於癌症。

---

3 取材自《新華網》之新華讀書，〈孔子墓蒙難記：紅衛兵小將搗毀中華文化命脈〉。

4 除了北師大譚厚蘭外，還有為首的清華蒯大富，以及北航韓愛晶、北京地質學院王大賓、北大聶元梓。

學者及孔家的遭遇

孔德成最為敬佩的大師級學者有三。弟子洪國樑說，一是考證功夫獨到的王國維；一是他年輕之際赴美研究時，曾同住並督促他念書的傅斯年；一是史學大師陳寅恪。在半世紀的荒亂歲月，這三位學者其實互有緊密的交往與友誼。

王國維一九二七年自沉於昆明湖，同在清華任教的陳寅恪對遺體行三跪三叩之禮，寫了輓詩並親撰墓誌銘。孔德成那時年僅六歲，以後他對王國維的敬重，是閱讀這位國學大師各種著作之後油然而生的。

大陸即將變色，就任臺大校長的傅斯年力勸也是姻親的陳寅恪來臺，但陳寅恪受廣州嶺南大學校長陳序經之邀，決定留在大陸。傅斯年領導臺大校務僅一年，有天下午到臺灣參議會備詢，從備詢臺走下來後就因腦溢血而辭世，陳寅恪曾為他寫過輓詩，在詩中將他比作鄭成功。據宋史學者鄧廣銘回憶，此詩即陳寅恪在一九五〇年所作的〈霜紅龕集望海詩云「一燈續日月不寐照煩惱不生不死間如何為懷抱」感題其後〉：「不生不死最堪傷，猶說扶餘海外王。同入興亡煩惱夢，霜紅一枕已滄桑。」[5]

孔德成那時三十歲，他感念傅斯年兩年前曾親自督促自己用功，整整哭了三天，並且親送傅斯年的骨灰厝於臺大校園。

至於陳寅恪，孔德成也是在學術上佩服這位文化大師，他遍讀陳寅恪所有的文章。不論早年的弟

5《陳寅恪詩集附唐篔詩存》（北京：清華大學出版社，一九九三）。

子曾永義或晚了十年的洪國樑，都提到了背誦陳寅恪文章之事，洪國樑說：「老師要我們背誦陳寅恪為《元西域人華化考》所寫的序，因為那篇文章闡述了近代學者在經學、史學研究轉換的重要關鍵。」如果背不出來，他還會生氣，說他小時候是會挨板子的。

孔德成如此高度肯定陳寅恪，然而在一九六六年為臺大研究生授課時，由於兩岸的隔閡，他只知道大陸發生了文化大革命，但他不知道的是，陳寅恪那時正身陷苦難之中。

文革初起時，大字報貼滿了陳寅恪的住所，有一陣子甚至貼到他的床頭前。既盲又斷腿的陳寅恪被抄了家，高音喇叭甚至就在他的耳旁大聲叫嚷著，一九六九年十月，他去世了。當年勸他留在大陸的陳序經，則在天津南開大學挨鬥，已於一九六七年二月死在被拘禁的小房間裡。

曾經赴孔廟、孔德成並親自接待的中研院院士、古建築大師梁思成，因唾棄國民政府，一九四九年堅決留在大陸，希望能協助國家的建設，並帶領清華建築系設計了中共的國徽和天安門廣場上的人民英雄紀念碑。一九五一年思想改造運動興起，梁思成被迫和父親梁啟超劃清界線，稱父親「抗拒最進步的無產階級革命思想」，自己受了父親的愛國教育，因此「我的愛國思想的內容是小資產階級個人主義的」，但是「我這一生自以為愛國不後於任何人」。

文革中，梁思成被打成「牛鬼蛇神」，林徽因去世後再娶妻子林洙被紅衛兵要求和他離婚，他被趕入清華園北院的一間平房裡蝸居，距梁啟超任清華國學院導師時的舊宅，僅咫尺之遙。梁思成曾為父親生前好友、卻自沉而亡的王國維設計了一塊碑，碑上刻了陳寅恪為王國維寫的銘文「思想而不自由，毋寧死耳」——碑就在清華園內。梁思成於一九七二年文革期間病逝時，正是他過去極力奔走呼籲保護的北京城牆被拆光之日。

梁漱溟，這位儒學大師早年在山東實驗鄉村建設時，孔府曾以孔德成名義向他求援，如今在文革之時也受到抄家衝擊。一九六六年八月二十四日，一群紅衛兵把梁漱溟曾祖父、祖父和父親在清朝三代為官購置的書籍和字畫、梁漱溟自己保存的從戊戌維新到東西文化論戰的名家手札，全堆到院子裡燒了。梁漱溟以後回憶：「幾天之內，幾大車的東西都化為灰燼，他們甚至還毀掉我全部參考書，如字典等。那些書裡並沒有唯心主義呀！」[6]第二天，他的妻子被紅衛兵打傷；他的房子被占了的時候，他只能睡在水泥地上，那已經是夏末秋初，天氣開始變涼，衣物被抄走，他只能把洗臉毛巾繫在腰間，以免著涼。街道上也曾拉梁漱溟去陪鬥，他也曾「坐飛機」——彎下腰腳半蹲兩手向後伸的「噴射機」樣子，回來後一身汗水。

在北京受到鬥爭的，還有孔德成的親人。堂弟孔德墉受訪時[7]說，孔家就是因為孔德成不在大陸，所以把他當成「中國頭號大地主」來鬥爭。不僅孔德墉被鬥，孔德成的二姊孔德懋同是鬥爭對象，被迫去掃街、挖防空洞等，長達三十年的歲月，孔子嫡裔的光環對她而言，是完全不存在的，反倒是成為鬥爭的口實。

---

6 艾愷，《最後的儒家——梁漱溟與中國現代化的兩難》（南京：江蘇人民出版社），頁三四七。

7 孔德墉於二〇一三年四月接受本書作者訪問。

孔德成的抨擊

破四舊不僅造成了社會生活的混亂，財產、文物的損失，更可怕的是讓紅衛兵從學生循規蹈矩的行為規範、習慣裡掙脫出來，打破了種種文明禁忌，把虛妄的階級鬥爭從理念轉化為實行踐履的狂熱，使他們崇尚非理性暴力，崇尚可以恣意妄為的權力，喚醒了他們心中的魔障。而人們也被從日常生活秩序中受了催眠似的，在暴力殘害面前變得麻木，只能逆來順受。

那兩年，給中國的傳統文化、民族精神帶來了難以估量的毀滅性影響，中華民族維持了幾千年的家譜體系幾近完全摧毀，至今無法恢復。端午、春節、重陽等本應耳熟能詳的傳統節日被批判，文化藝術遭受空前浩劫，一些傳統的道德如對父母盡孝、尊敬師長等植基千餘年的儒家倫常，在大陸社會遭嚴重破毀，難以復原。

一九六七年，蔣中正在臺灣發起成立「世界反共聯盟」，這是由亞洲反共聯盟擴大成立而來，很明顯的，這也是因應文化大革命的相應組織。他在成立大會的演說中痛斥中共，指出我們中華民族以仁愛為本質的文化復興，與中共反人性、反歷史、以仇恨為本質的「文化大革命」相比，已構成了人與獸、生與死、仁與暴的強烈對照；必須提高反共鬥志，堅信反共必勝的信念，向爭自由，反奴役的總目標奮鬥。[8]

孔德成則於隨後為文指出：「大陸……倒行逆施，變本加厲，尤以去年施展所謂『文化大革命』

8〈對世界反共聯盟第一屆大會致詞〉，《總統蔣公思想言論總集》卷二九，演講，頁五七—六〇。

以來，利用無知的青少年組織『紅衛兵』，打家劫舍，瘋狂破壞，意圖將我中華民族的歷史文化從根滅絕，這種與五千年悠久歷史為仇、與民族傳統文化為仇、與七億黃帝子孫為仇、與所有人權自由、宗教信仰、科學文明為仇的殘暴行為，真是天怒人怨，焉有不敗之理？……因之，我們決不能以當前臺灣的建設成就而自滿，需要百尺竿頭更進一步，建設再建設，進步再進步，堅強再堅強，除此之外，還要效法國父領導革命不屈不撓的志節，和愈挫愈奮的毅力，發揮『在艱彌勁、遇阻不迴』的民族精神……。」[9]

從批林到批孔

一九七一年九月十三日凌晨，一架英製三叉戟運輸機自山海關機場強行起飛，卻於兩個小時後墜毀在外蒙古溫都爾汗，機上八男一女全部死亡，其中之一是中共的二號人物——毛澤東指定為接班人的中共中央軍委副主席、國防部長林彪。飛機失事有複雜政治因素，卻意外殃及已大受衝擊的儒家文化，使得兩千年來中國人基本做人準則的價值體系，在中國大陸遭到全盤的否定。

林彪的叛逃，是毛澤東從政以來最嚴重的挫折，使他的健康每下愈況，甚至一度病危。[10] 林彪之死對毛澤東的威信傷害太大，因為眾所周知，林彪是毛發動文化大革命的主要支持者，並鼓吹對毛澤東的個人崇拜，但他的結局卻是逃亡。毛澤東為安定軍心，次年一月打破慣例，親自參加老帥陳毅的喪禮，陳毅在文革時也曾受批鬥；隨後又以林彪誣告為由平反幾件軍方冤獄大案，然後整個大陸在毛澤東認可、江青領導的中央文革小組指揮下，開始批判林彪及其黨羽，隨即轉而影射批判讓動亂社會

9《聯合報》一九六七年十月十日九版。
10李志綏，《毛澤東私人醫生回憶錄》，頁五一九—五二九。

趨於穩定的周恩來和鄧小平——因為周恩來有糾正文化大革命錯誤的措施，將危及文革的「成果」。

在毛澤東提出反對右傾倒退問題之後，他與王洪文、張春橋談到批孔，認為林彪同國民黨一樣，都是「尊孔反法」。[11] 至於為什麼批林會和孔子扯上關係？這是因為在證實林彪死亡後，隨即搜索住所，在牆上找到林彪手書的條幅：「悠悠萬事，唯此為大，克己復禮」；以及筆記本上寫有「中庸之道」、「合理」、「德、仁義、忠恕」等字。克己復禮語出《論語．顏淵篇》。

隨後毛澤東肯定廣東中山大學教授楊榮國（一九〇七—一九七八）率先寫的〈孔子——頑固地維護奴隸制的思想家〉一文的內容，《人民日報》在八月七日全文轉載。

楊文宣稱，孔子是「維護奴隸制的思想家」，頑固地站在日趨崩潰的奴隸制一邊，孔子思想的核心是仁，孝悌、忠恕、正名、德、智等倫理，以至儒家的王道思想、人本主義、民主觀念、有教無類的教育觀與性善學說等，全部是「為了鞏固並加強奴隸主貴族集團的內部團結」。孔子的仁，是把奴隸等被奴役的勞動人民排除在外，他所愛的只是奴隸主階級，「克己復禮是克制自己的欲望，約束自己的行動，回復到殷周奴隸社會的禮制範圍，這樣才叫做『仁』」，「孔子叫人這樣克制自己的願望是有他的企圖的。他要大夫不反國君，奴隸不逃跑……」，「復禮不是一般說的要講究禮貌……而是要把奴隸制原有的階級區分恢復起來。」

由於毛澤東為此文批了「楊文頗好」，再加上《人民日報》的轉載，似乎就為孔子下了定論。然而多年後學者嚴厲批判楊榮國為政治服務的考量下，拋棄了自己幾十年來較為嚴謹學風，任意編造、

11《中共黨史大事年表》。

剪裁歷史，武斷地作出結論，對孔子進行人身攻擊、侮辱孔子的人格，也誹謗了知識界，並為後來「四人幫」等任意偽造歷史誹謗孔子、否定儒家，開了惡劣的先例。[12]

雖然許多學者在那個時刻，隨著中央文革小組的政治風向球而擺盪，說要批孔就全力批孔；然而也有極少數學者依然秉持良知而為，如梁漱溟堅持可以批林但不批孔，有人開始強烈批梁，他回了一句話：「三軍可奪帥也，匹夫不可奪志！」

臺灣對文化破毀的警示

在臺灣，已經注意到大陸那邊出現批孔的問題，從「評法批儒」、「批孔揚秦」到全面「批林批孔」，且成為全民運動，可以說是從根本處傷害到幾千年來的中華傳統文化。自中共展開批孔揚秦後，臺灣大力倡導推行儒學與之相抗衡，一座身高八尺半、連同基座高達十二尺的孔子銅像，一九七二年在臺北外雙溪故宮博物院前廣場揭幕；一九七三年十月，中華民國政府將一座九尺高的孔子銅像贈給友邦玻利維亞；同時間，也宣布把一座更大的、高達十四尺的孔子銅像，要贈送給美國加州聖荷西市。

一九七四年元旦，蔣中正發表元旦文告，痛心疾首地呼籲，「……『批孔揚秦』，不止是對文化的誣蔑毀滅，而是在醞釀並激起對大陸同胞生存生活『新文革』之巨變！這是五千年聖哲相傳的道統對二十年來毛共暴力統治的鬥爭！這是我們國家最大的憂患，國民最大的痛苦，禍固無有大於此與急

12宋仲福、趙吉惠、裴大洋，《儒學在現代中國》（鄭州：中州古籍出版社），頁三三四—三三五。

於此者！而國民革命的責任，亦無有大於此與急於此者！」

兩個月後，中共中央人民廣播電臺於播出《紅旗》雜誌一九七四年第二期署名康立〈評萬事無有大於此者——蔣介石的元旦文告說明了什麼？〉一文，香港報刊指出，中共如此直接回應蔣文告，是二十幾年來未有的事。[13]

《紅旗》雜誌的文章，宣稱「無產階級文化大革命，是在社會主義條件下，無產階級反對資產階級和一切剝削階級的一場政治大革命。孔夫子及其死黨，都在這場偉大的革命運動中遭到批判和清算。孔學作為反動的意識型態，正在被革命人民送進墳墓」。文章中批林彪，又批蔣中正「一生尊孔反共」，把曾國藩的衛道和蔣的反共相提並論，「我們必須把批孔當成頭等大事來抓，……歸根到柢，這場鬥爭是中國共產黨及其領導下的廣大革命人民群眾和國民黨反動派長期鬥爭的繼續，是無產階級和資產階級鬥爭的繼續。」

孔德成的回應

三月十四日，孔德成接待日本天皇裕仁的堂兄賀陽恆憲時談及中共的「批孔」，他說：「中共正在大陸推行『批孔』運動的目的，是因為孔子思想和毛共思想完全相反，孔子倡導仁愛、愛民，使人富裕及教育自由的思想，中共則推行其憎恨、暴民、貧窮及思想不自由的言行，因為孔子思想是中共

13《聯合報》一九七四年二月十五日第二版。

所不能容許的中國人固有傳統思想，中共怎麼會不反對不批評！」[14]他從思想上的衝突矛盾，點出中共階級鬥爭的動機。

事實上，在那個時刻，中國大陸所有的傳媒以及知識分子，幾乎都只具工具性，只要中共中央命令一下達，就群起而行動。所以在「十年動亂」期間，評論孔子和儒學，本來是學術問題，演變成一場全國性的政治運動。批孔混淆了黑白是非，不僅破壞了中華傳統文化的內涵，致使千百年來維護家庭和睦、社會安定的倫理道德，不再受到應有的尊重。

中國社會科學院世界宗教研究所學者趙法生說，文革開始時他四、五歲，他家祖墳被刨了，另外還要開批鬥會遊街，一直到小學中學時批孔，「我父親識字要批孔，我奶奶不識字也要批孔，我整天聽高音喇叭廣播批孔材料，印象裡是講孔老二是非常保守落後的沒落貴族，拉歷史倒車，要復辟奴隸社會，人民日報社論把中庸之道講成搞折衷主義，敵視勞動人民，不讓學生學農；還有就是說孔子很虛偽，雖大講禮讓，但在陳國餓肚子，就讓子路偷條小豬給他。這是廣播裡說的。」他的父母對奶奶非常孝順，然而文革期間卻是讓兒子鬥父母、妻子揭發丈夫，不再把孝道、倫常當作行為準繩。

孔子重視孝道，但大陸批孔時期，「孝」在大陸有很長一段時間視為禁區，幾至不可言孝，宣稱封建統治階級提倡孝道，是為鞏固自己、服務剝削壓迫人民的政權，是束縛勞動人民的精神枷鎖，是麻醉劑，是不准勞動人民造反動統治的反。在如此批判下，文革期間煽動了家庭裡的仇恨，彼此六親

14《聯合報》一九七四年三月十五日第二版。

不認，至親之間劃清界限，在社會上不知發生多少逆倫慘事。[15]

大陸儒學學者、尼山聖源書院院長牟鐘鑒明確地說，文化大革命是一場由領導人錯誤發動，被林彪、江青「反革命集團」利用的極端狂熱的社會運動，使中國社會和文化都遭到了極度的破壞摧殘。牟鐘鑒於文革前自北大哲學研究所畢業，然後到中國社會科學院任職，文革之初也熱中參與運動，但他突然莫名其妙地成為「五一六分子」[16]而遭鬥爭，「因為傳言說我們社科院有人要挖地道到中南海爆破，我一聽心都涼了。我挖空心思想法子交代怎麼講都沒用，他們不信，社科院十幾個人就自殺了。」牟鐘鑒如今回憶起來依然淒涼。

文革期間臺灣的外交挫敗

文化大革命造成大陸全面混亂之際，中共在外交上卻有極大的進展。先是一九七一年十月二十五日，中華民國因為投票失利，宣布退出聯合國；次年九月，日本與中共建交，再予中華民國沉重打擊。外交方面的打擊，對已經年邁的蔣中正健康影響很大，而且以日本尤然。長久以來，日本有相當比例的右翼人物，對蔣中正以德報怨的處理戰後處遇是感恩的，然而新首相田中角榮上臺後，卻迅速

---

15 孔令朋，《孔裔談孔》，中國文史出版社，頁一五九。

16 文革中傳言「五一六」是個極祕密的組織，而不斷清查，成為當時株連極廣、鬥爭最慘烈的新名詞，事後證實完全是莫須有。

孔德成赴美國舊金山祭孔，攝於臺灣捐贈的孔子像前。

與中共建交，中華民國因此和日本斷交、斷航。

但孔德成的聖裔身分，在日本依然擁有極高聲望。黃啟方記得，有一年孔子誕辰，有個來自日本的學術團體到武昌新村孔老師住宅拜訪，孔老師要他過去幫忙接待。黃啟方回憶：「這個團體有上百人，孔老師家是公寓的四樓，裡面小了些，沒有多少空間，他們決定推派三位代表上去，其他留在樓下；我引導代表上去，三位代表向老師行跪禮時，下面其他人也跪，孔老師很客氣地請他們起來，樓上起來樓下這才起來，對老師非常尊重。」

孔德成在日本等東亞諸國極受尊崇。因此之故，一九七五年七月底在日本京都召開的第一屆亞洲國際文化學者會議，中華民國的兩位學者代表，一位是國學大師錢穆，另外一位是孔德成。這次會議共有中華民國、日本、韓國、香港、馬來西亞、斯里蘭卡、泰國、新加坡、菲律賓共九國、二十二位學者與會，主題為各國文化特性。從這次的邀約，已可見得孔德成在臺灣文化界及學術界的特殊性。他一方面是學者，在學術上已有權威地位；另方面他也是兩千年來的儒家傳承象徵，因而更受尊崇。

文化大革命發動之初，包括孔德成在內，恐怕很難有人可以意識到，這是何等的災難。直到毛澤東過世、四人幫瓦解，世人才終於理解，那是因為造成大躍進等錯誤而失勢的毛澤東，為了重新奪權而發動文革，以鬥倒當時的國家主席劉少奇。至於孔德成是什麼時候才知曉曲阜發生什麼事？由於大陸對消息的管制與封鎖，在文革期間並未見諸公開傳播的文字，要到文革結束多年之後，才傳出了可怕的真實情況，那可是令他痛徹心腑。

當大陸動盪不安時，身為儒家傳承象徵的孔德成，正安定地在臺灣生活，邁入七〇年代之後，孔家喜事連連。

第十五章

悠然歲月

當孔德成邁入壯年，專注於公務以及大學教職之際，他的子女也長大了，不論升學、就業，乃至於婚姻，都是他和夫人必得關注之事。

來臺之後，孔家一直在臺中市生活；一九五五年孔德成開始在臺大任教，因交通不方便，北上後必須停留，又因長女維鄂考上臺北實踐家專，因此之故，煤礦企業家李建興把臺北信陽街瑞三大樓的一層房子借給他住。李建興是臺灣煤業鉅子，經營瑞三煤礦，成為瑞芳地區的鉅富。李建興崇尚儒學，平日熱心公益，自己亦能吟詩，且有孟嘗君好客古風，與孔德成及于右任、陳立夫等文人結為好友。

讀研究所時修孔德成課的鄭清茂說，有時孔老師太忙，要他帶維鄂去吃飯，「維鄂喜歡到 YMCA 吃西餐，她也關心她爸爸的身體，看到老師喝酒就勸阻！」他說，老師已經知道女兒正與一位美軍情治單位工作的美籍少校交往，正是李建興的太太介紹的，老師並未反對。孔維鄂自實踐家專畢業，因為李太太的牽線，認識了西點軍校畢業、在臺服役的詹姆士·康格爾。康格爾的母親也住在臺北，曾經為李建興的媳婦教英語，因而結識這位異國軍官。李太太覺得他不論學問及人品都不錯，尤其喜歡中國女性，因此介紹給孔維鄂，兩人交往相戀，終至論及婚嫁。

長女遠嫁美國

這對孔府而言，又是開了先例——孔子嫡裔與外國人成親。一九六〇年十二月，孔維鄂隻身赴美，二十八日在美國首府華盛頓的使徒教堂結婚，孔德成委請我駐美大使葉公超主持婚禮。孔維鄂那年二十二歲，康格爾則是三十六歲，女兒結婚當晚，孔德成也在臺北宴請親友及介紹人李建興夫婦，他很低調，未發喜帖。孔德成對於這個美國女婿相當滿意，康格爾在臺灣服役期間，大部分時間在美國陸軍所設的華語學校學華文，所以華語講得流利，並且對中國一般詩詞也有涉獵，中文程度相當好。

孔子嫡裔保送入學

長子孔維益一九六二年高中畢業，依一九三五年九月行政院院會決議：孔子及孔子四配（顏子、子思、曾子、孟子）的後裔嫡子，由國家給資培植至大學畢業為止——保送到國立政治大學中文系就讀；維益到臺北念書，也跟著父親住到信陽街。李建興得知孔聖人為了公務以及兒子就學準備遷來臺北時，乾脆送他一戶位於南京東路五段武昌新村的四樓公寓，孔德成一家等到次子維寧於一九六六年高中畢業，搬到武昌新村定居。

孔德成夫婦的全家福，當時長女維鄂（左一）即將遠嫁美國，與大弟維益（右一）、妹妹維崍（右二）及小弟維寧（右三）合攝於臺中。

維寧高中畢業準備升大學，卻起了相當大的波折。

孔維寧是孔德成的次子，他以「述聖」子思繼承人身分，由教育部在一九六六年的教師節前夕，分發到臺大考古人類學系就讀。子思名孔伋，是孔鯉的兒子、孔子的孫子，寫了《中庸》，又上承曾參等前輩儒者，下啟後學孟子，在儒學發展和傳承上有很重要的地位，自古被尊為述聖。孔德成因為兼祧子思的後裔，所以孔維寧就以子思的嫡裔身分，也獲得分發。

1959 年 12 月 28 日孔維鄂赴美結婚，父親孔德成在松山機場與她合影。國家文化資料庫藏，《中央日報》。

然而，消息一出，立即引發一些不平之鳴，有監察委員認為當前升學競爭如此激烈，此舉有違公平，因此提案調查。後來孔維寧並未到臺大報到，徵得意願改分發到輔仁大學中文系。校長于斌總主教說，他非常願意接受孔聖後裔為學生，「我並且感到高興和光榮，希望社會人士不要再抨擊這件事，其實得到優待免試分發大專院校的例子很多，孔維寧是根據行政院的一項規定，請求享受這個優待，孔維寧本人沒有錯。」

輔大中文系，在維寧入學時僅是第四屆，但教授陣容堅強——幾乎全由臺大教授來兼課，其中包

孔德成與就讀政大的長子維益合影。

括孔德成在內，他在四年級開了「禮記」課。除他以外，還有史次耘的「左傳」、張亨的「史記」，以及葉慶炳的「中國文學史」、許世瑛的「聲韻學」等，都是一時之選。

孔維益、于曰潔的婚姻

孔維益在政大讀書時，喜歡打籃球，因為他個頭高大，有一百八十三公分；他大二時結識了來自山東省莒縣望族、在同校邊政系就讀的于曰潔。莒縣和曲阜孔府有相當淵源，孔德成的啟蒙師呂今山是莒縣南鄉人，屈萬里也是呂今山的門生之一；另一啟蒙師莊陔蘭亦為莒縣人，並為孔德成介紹終身亦師亦友的李炳南到孔府。孔維益和于曰潔的交往，就這麼水到渠成，而于曰潔的父親于蘇民也在臺大任職，有如親上加親。于曰潔還未嫁入孔家，已常出席孔德成的各種餐會，在常去的會賓樓，她看孔先生教人家如何做菜；在孔家，她也看到每次孔聖人要寫字，夫人孫琪方總會幫忙攤開紙、研墨；或者一塊到臺靜農家吃飯喝酒談學問以及寫字。于曰潔大學畢業考上華航空服員，飛了幾年國外線之後，一九七一年元月十七日與孔維益步入禮堂。

由於是孔子七十八代嫡裔、下一代奉祀官的婚禮，雖然沒有在大陸時期他的婚宴規模，孔德成還是仔細的規劃。他請國父孫中山的兒子、前行政院長孫科證婚，這就具有傳承的意義；兩位介紹人一是退役上將劉安祺，一是臺靜農，婚禮是在臺北市自由之家舉行，因政府提倡節約，並不鋪張，僅以茶點款待觀禮來賓。孔維益大學畢業，服過兵役後，先在育達商職任教，然後成為黎明工專專任副教授，後來又轉任國立臺灣藝專副教授，教授國文。

孔德成處理公務專注凝神。

書法是孔德成的基本功，他也自成一家。

孔德成（中排左一）參與博士論文口試。

婚後，孔德成照著老家傳統，身為長子的維益夫婦還是和他們同住。

在孔家，于曰潔只要下班沒事，就會下廚做菜，孔德成夫婦很熱心地指導長媳做各種菜色。她回憶：「我記得，我做的第一道菜蔥花炒蛋，公公說好吃，就給了我很大的信心，因為以前他在外聚餐給我的印象是要求很高的。」

婚後一年，于曰潔生下長女，因是孔氏家譜垂字輩，又是冬天生的，孔德成命名為垂梅；一九七五年在臺大醫院生下長子，這是孔子第七十九代嫡長孫。她的母親于穆允鶴很清楚這男嬰的重要性——她平常就稱親家為老聖人、女婿為小聖人——她告訴女兒，生下的長子

孔德成攝於臺大中文系第五研究室。

是有歷史意義的，因為是孔子的嫡長孫。于曰潔記得，生產之後，公公很開心，親自拎著雞湯到醫院探視，維益陪著他，他迫不及待地想看看嬰兒。孔德成命名為垂長，意味著孔家後代能源遠流長。他依規定以大成至聖奉祀官府名義發出公文，正式向內政部報備。

孔維寧、吳涯的感情際遇

孔維寧也是在輔大校園裡結識了另一半——同班的女同學吳涯。吳涯記得，她和維寧首次講話，是學期剛開始沒多久的偶遇。

在文學院外的蓮花池旁，孔維寧要到歷史系找同學，問她：「歷史系在哪？」她說了，等他走遠，旁邊的女同學說：「妳知道他是誰嗎？」

「不知道。」

「他就是孔維寧！」

從對話可知，孔子聖裔孔維寧到輔大讀書，在校園裡是件轟動之事。

以後在教室裡因為坐在一塊，兩人從大一下學期開始交往，孔維寧也把女友帶回家，介紹給父母親；吳涯回憶，初次去孔家，她有些惶恐，深怕規矩多到難以應付；維寧擔心她不習慣跟父母親一起用餐，最初那頓飯是維寧端進房間給她吃的，但以後熟了，她也發現其實孔先生是望之儼然、即之也溫的長輩，而且喜歡人家跟他開玩笑。

在輔大，孔維寧和哥哥一樣也喜歡打籃球，還參加過新生盃籃球賽；到了大四，孔維寧和吳涯都上了孔德成的禮記課，孔聖人待兒子同全班一樣，一視同仁。吳涯上他的課，只覺得老師講的內容極為豐富，「他一進教室就開始講課，也沒有指定教科書，我們只能趕快做筆記，把授課內容記下來。」兩人畢業後，都擔任教職。孔維寧先在士林高中教了兩年國文，然後也在黎明工專長期任教，直到退休；吳涯在金甌女中服務。

一九七四年十二月七日，孔維寧和吳涯結婚。吳涯的父親吳俊當時在臺中港擔任工程組長，孔德成、孫琪方夫婦事先親赴吳家提親，自高速公路局主任祕書退休的吳俊，後來回憶這段令他記憶深刻的親事：

……孔德成先生伉儷……專程到我家作禮貌上的拜訪時，我提起二十幾年前在成都新津機場與孔先生同乘空軍單位運輸機飛海南島，當時他這準兒媳出生剛滿六個月，由她母親抱著也在同一機艙內，大家不禁相視而笑，如此巧合，豈不就是俗話說的緣份了。

他們的婚禮是當天下午假臺北市自由之家以茶會方式舉行，為避免驚動太多親朋，除在報紙上刊登一則啟事外，喜帖發得很少，但聞訊而至的貴賓卻出乎意外比預估的踴躍，如黨國元老總統府資政陳立夫先生、時任經濟部長的孫運璿先生、時任行政院政務委員的外交家葉公超先生等，來賓人數竟有三四百人，那時孔先生尚未出任考試院長，想必是由於聖人後裔的關係。我除告知一些至親及老友外，連同在一個辦公室的同事亦未曾驚動。

最可貴是他們婚禮的證婚人是天主教樞機主教于斌先生，他平時偶爾除在教堂替教徒主持宗教式婚禮外，從不為人證婚，這次破例主因是他與孔先生私交甚篤，當時他正兼任輔仁大學校長，一對新人都是他的學生。還有站在臺上的兩位介紹人，均係臺大名教授，國學大師沈剛伯先生與臺靜農先生……

另一件很有趣的事，當天父親[1]在禮堂上晤及他的老上司陳立夫先生時，陳先生問他說：「你是孔府還是吳府的來賓？」父親笑著說：「我既不是孔府也不是吳府的來賓，因為今天的新娘子是我的大孫女。」陳先生聞後一再道賀說：「真想不到你已有這麼大的孫女兒了。」婚禮茶會之後，雙方家長在中華路會賓樓餐廳設了十桌喜宴邀請至親及老友們歡聚。[2]

吳涯說，公公是美食家，閱歷很豐富，隨時可講掌故，也會教她做菜；「在天廚吃飯，他非常喜歡吃蘋果、海蜇皮雞柳涼拌這道菜。在我家吃飯，他最喜歡的就是我做的紅燒牛筋，用芹菜提味然後撈掉，他說這是袁守謙家的做法；還有我的白燒黃魚，放老鹹菜和冬筍片，他不吝讚美，說是天下第一。」他對人親和力很夠，例如到餐廳吃飯，對餐廳的服務人員，都會很認真地致謝。

吳涯以後明白公公的個性，相處起來更是愉快：「他不是神聖不可侵犯，我覺得他很親切，他喜歡有人逗逗他，這樣他會把不愉快的情緒蓋掉，可以聲如洪鐘地哈哈大笑。」

孔維寧及吳涯生了兩女，而且生得很晚，在結婚九年後。一九八三年十二月十三日，吳涯即將臨

---

1 吳國權（一九〇四—一九七七），字醒民，一九六一年自總統府專門委員退休，吳涯的祖父。

2 吳俊，《一個平常人憶往事》，頁一三三—一三四，未公開發行。

孔德成經常應邀證婚。

孔德成與次子孔維寧一家四口，以及孔垂梅（左一）。

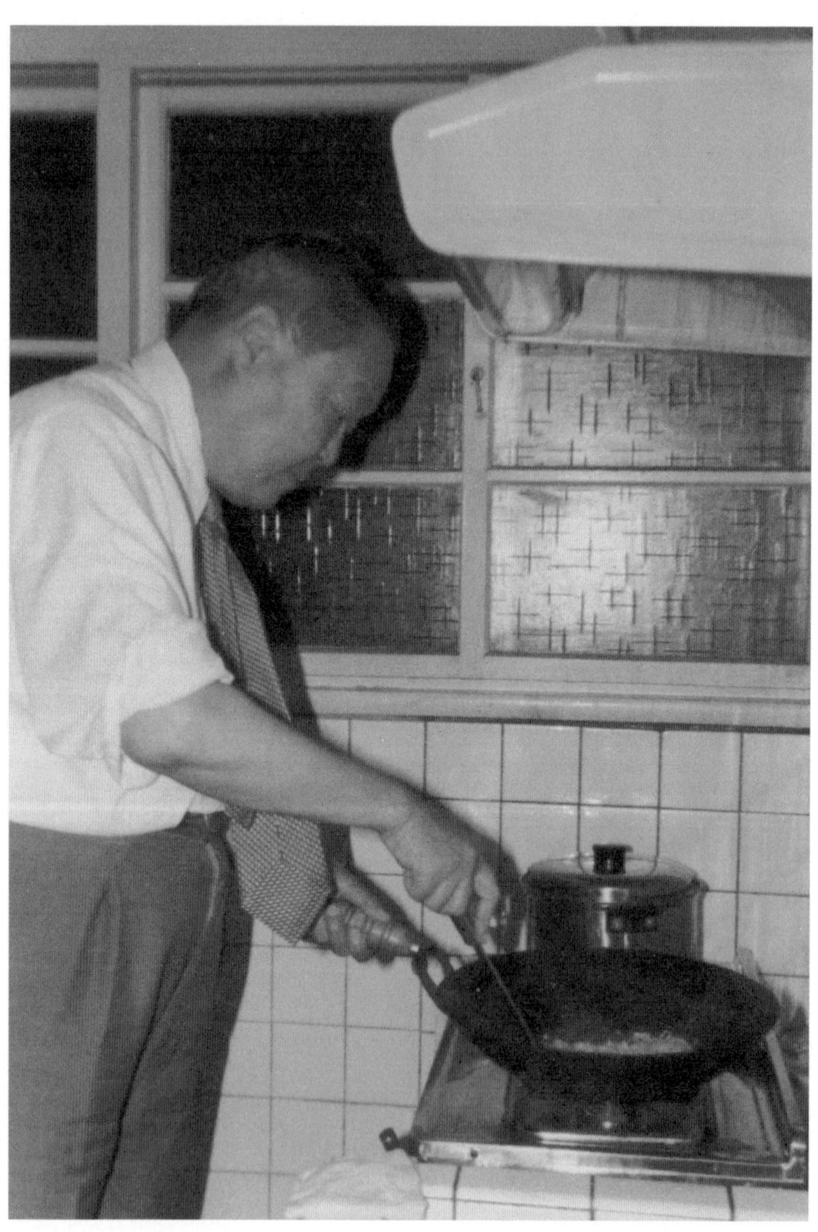

孔德成偶爾技癢，會親自下廚做菜。

盆，因為骨盆腔太小，要剖腹生頭胎；到醫院之前，孔德成告訴媳婦：「如果是男孩子我想好了，叫垂緒，女孩我還沒想到。」吳涯講了她的期待：「您幫忙取名，第三個字不要與花有關。」（因為先前已有垂梅了）面對媳婦的「考題」，孔德成踱步，從客廳走到房間，一面喃喃自語：「不要花不要花。」想了老半天，他問起他們結婚幾年了，她回答九年，他就立刻擬好如果是女兒就叫「垂玖」——結果是孔垂玖來報到。後來第二胎出生，還是女兒，吳涯自己取名為「垂永」。孔德成說很好，因為和姊姊的名字並列，有垂世永久之意。

孔德成次女維崍，則是在一九六〇年代嫁給在公家任職的李莎，有一女李舜蓉、一子李自平，李自平也自臺大畢業，和姊姊均已婚。

孔德成的節儉

在孔德成一九六〇到七〇年代那段只教書而無公職的歲月，是他心情上最釋放之時。他不喜歡官式應酬，拘束得很；他喜歡的是和師生或山東老鄉在一塊，講什麼話都行。山東老鄉方面，跟他論交的都是第一代山東幫企業家，如紡織界的尹書田、國豐實業陶子厚、廣豐集團賀膺才、達生實業尹復生及聯華神通集團苗育秀等，其中尹復生更是和他情同手足感情深厚。

臺大方面，他和系上老師屈萬里、臺靜農、鄭騫以及女先生張清徽經常在一起聚會聚餐，號稱五虎將，平日氣味相投的臺大教授們都長孔先生二十歲上下，但人人稱他為聖人，孔德成和他們平起平坐，沒有年齡的隔閡。

也在臺大任教的作家林文月曾邀師長們到府用餐，她親自下廚。魚翅很難料理，費工，又得燒得火候恰到好處；每當有魚翅上桌，孔德成會站起來舉杯：「魚翅上桌，我們要特別謝謝女主人！」這是他的紳士風範。

孔德成雖然受過極嚴格的家教，也處過富貴，但在大時代的變動下，他也能隨遇而安。曾永義說，孔老師吃得精，也懂吃；但他如果單獨用餐，也能只以一個饅頭果腹，就這麼算上一餐；但他卻是經常請學生吃飯，完全不計較用度。

孔德成其實很節儉。這恐怕是因為一九六〇年代他在臺中一家人要靠他供應所需，還有奉祀官府的開銷。自六〇年代初就在大成至聖先師奉祀官府任職的畫家江逸子，和祕書李炳南一樣，稱孔德成為上人。他說，那個時候，奉祀官府的開銷經常捉襟見肘，透支時就得靠孔上人的薪水挹注；據他所知上人其實並沒有多少餘裕，然而上人是自己省吃儉用，對他人卻慷慨大方。

孔德成的學生們，都有陪等公車的經驗——為了省錢考量，他在臺北的交通必然是搭公車；有時一等就是半個小時甚至一個小時，但他不以為苦。

曾永義回憶：「孔老師那時到哪去都要搭公車，有次章景明、黃啟方和我陪著孔老師在公車站等零南公車，準備坐到會賓樓；我說臺老師他們在等您，我們搭上車也得繞一個小時，我們師生四個人坐計程車不會貴到那裡去。但孔老師回答，呀，是好朋友，沒關係啦，讓他們等一會兒還可以。到了餐廳，臺老師全盤接受孔老師為搭公車而遲到，說：『聖人怎麼樣，我們就怎麼樣。』

「吃飯講席次，幾位老師要讓孔聖人坐最尊的位子，但他硬是不坐，因為臺老師、屈老師都比他大得多，所有老師都站著，我們學生在旁邊看，也不能講什麼，這麼一讓就讓半個小時，最後講莊子

1976 年，孔德成夫婦抱著孫女垂梅與不到一歲的孫子垂長。

1963 年，孔德成過生日，一家人為他慶生。左一為維鄂、右一為維崍、右二維寧，右三是維益的女友于曰潔。

的王叔岷老師說，你們不坐我來坐！一屁股坐下來，打破了僵局。學生說，老師您講莊子就是不一樣。」

張臨生則說，像臺靜農先生，年紀比他長許多，他還是叫老臺，十分親近；臺先生常揶揄他是「闊人」，學生們特別喜歡聽臺先生對孔老師的戲謔，讓他笑哈哈。孔德成有陣子變成幾位老師口中的青蠅館主，張臨生談了由來：「老師喜歡人開他玩笑，一次老友聚會，臺靜農、屈萬里、夏德儀、戴君仁等在座，一位女士在老師身邊坐，老師殷勤的布菜，事後臺老師開他玩笑，虧他像個紅頭蒼蠅，屈先生說《詩經・小雅》有青蠅一章，青蠅比紅頭蒼蠅來得雅，歷史系教授

在臺大任教時期，孔德成（右一）與同事及學生合影。坐在他旁邊的是臺靜農、鄭騫（左二），女先生張清徽（左一），後為經常一起飲酒、情同親人的早年學生輩，自右到左為葉國良、潘美月、章景明、林文月、黃啟方、潘美月之夫、曾永義。

夏德儀老師說，那麼就叫青蠅館主罷！老師似乎挺喜歡這尊號。」

孔德成為友朋學生證婚之多，堪稱「職業」證婚人，但往往證完婚就走。潘美月回想她一九六三年在臺北市士林結婚時，孔老師就是證婚人，這回是她強留老師，「我跟他講我的喜酒要吃到魚出來才能走，他就坐在主桌，乖乖地吃；新娘子是不吃東西的，他卻幫我夾菜，說吃啦吃啦。一直到那道蒸魚出來，他如釋重負地問我可以走了嗎？他要去都是臺大教授的那一桌。」她的結論是，其實孔老師是非常可愛的，很率真。

人類學系教授尹建中說孔老師好比是五隻老母雞煨出的一碗雞湯，醇厚無比。

孔聖人的炒蛋

孔德成常在中華商場對面的會賓樓宴客，廚師小王做菜很得他的讚許，海參、魚肚原本就是山東菜，講到孔府菜還有他提調的烏魚蛋湯、菠菜丁炒胡蘿蔔丁、醋溜魚片、花椒油淋鮑魚片、涼拌雞絲拉皮、涼拌菜心、抓炒蝦仁、炸小丸子、芙蓉雞片、炸醬配拉麵、素蒸餃、炒鱔糊、鍋塌豆腐、炸元宵、拔絲地瓜等等，小王都能做。會賓樓曾因為拒收孔德成支付的美金而鬧得有些不愉快，以後卻成為孔德成幾十年來最常去的餐廳。

曾永義說，孔老師對飲食、菜色相當講究，有時菜還沒上桌，他就退菜，因為看菜就知道做得不對；有次他退菜，還有些不高興，章景明說他知道有家餐廳，「是有地毯的哦」，但老師馬上就說「有地毯的」不好，最後師生們乾脆回家「吃自己」。

孔德成對做菜見多識廣，因此嘉惠了臺大附近的「醉紅小酌」。這家餐廳有道名菜「酒黨搗蛋」，曾永義說就是來自孔老師——有次孔老師跟他提了道私房做法，就是把蒸魚剩的魚汁炒蛋，滋味鮮美；後來他請店家照做，果然鮮味撲鼻，竟然成了店家的招牌菜，一道百元，只要他上門就免費。不過，這道菜有個門檻，得先點蒸魚才行，否則哪來魚汁？

孔德成會吃，偶爾也會技癢，親自下廚炒炒弄弄。

一位吃過他的菜的學生說：「孔老師也下廚，有次他興高采烈說發明一道菜，大家都好奇是什麼菜，沒想到他在廚房裡弄了半天，上桌不過是一道蛋丁炒高麗菜，還對自己的『發明』洋洋得意，這也就是老師可愛的地方。」[3]

曾永義也吃過孔老師親手做的菜，是韭菜炒蛋。至於好不好吃，他說，「老師做的菜當然好吃」。

張臨生說：「孔府菜餚，我們常希望老師能示之一二，老師總說你們還沒繳學費呢！不過葉國良結婚後，他在葉國良家曾露一手——菠菜炒豆腐，鹹得很，算是失敗，老師遷怒是鍋子不好。」

作家張佛千（一九〇七—二〇〇三）也曾調侃過孔德成的炒菠菜。

臺靜農、屈萬里、夏德儀、孔德成諸老皆為酒友，每同席，笑謔多集中「聖人」。

聖人常後至，臺公曰：「此之謂『聖之不時者也』。」

聖人誇說：「北京名菜皆山東名菜！」屈公曰：「還少了兩句：『山東名菜皆曲阜名菜，曲

3《聯合報》二〇〇八年十一月二十一日D6版。

皋名菜皆孔家名菜。』」

夏公謂：「聖人會做一樣名菜——菠菜炒蛋。」聖人正色曰：「加醬油，加糖，味道極美。」

我訝問：「那是什麼味道，能好吃嗎？」臺公笑日：「聖人騙人，誰能不信！」

妙謔甚多，不能盡記，聖人「怡怡如也」從容肆應，助之以笑，洪亮圓聲，聲聞數室。[4]

豪飲下的真情

孔德成由於在喝酒方面十分豪爽，不僅自己經常一飲而盡，也要學生們乾杯，學生不敢不從，因而有了「酒霸」之稱。其實，他就是服膺自己的老師丁淮汾所言「飯要吃飽，酒要喝醉」之故，有酒量而不喝就不真誠。

潘美月坦承她有好酒量，也直指會喝酒就是孔老師調教出來的，「在酒席上，孔老師一句話，『你跟他乾了吧。』我就乾了。」孔德成對女生的勸酒算是客氣；對男生的話就豪放了——章景明記得，「老師喝酒不管杯子大小內容如何舉杯必乾；勸酒的話是，乾了，（沒乾）成什麼樣子。」

張臨生說，孔老師年輕時喝啤酒是十一瓶的量。曾永義則說，孔老師四十歲時愛喝啤酒，當時餐廳裡還不太有冷氣，夏天來杯啤酒很能消暑，有時菜還沒上桌就已喝掉兩三瓶；到了五十歲時偏好威士忌，晚年獨鍾紅酒。孔德成在席間談起酒事時，會提起民國初有幾位喝酒量大的名人如蔡元培、

4《聯合報》一九七四年十月八日副刊。

譚延闓、胡適之、汪精衛，當年在北方正式宴飲中不喝高粱，只用紹興，飲具是撇，小底大撇口，飯前一人都先喝上二十五碗，一碗的容量是二兩，一共是五十兩，也就是三斤多，別人喝酒吃飯會半途離席，蔡先生終席，是肚大能容，他日有人對蔡先生的酒量稱羨，蔡先生說習慣了就是。

喝酒總是歡笑的，然而也能催出真情。

孔德成基於家教，平日可謂絕無可能以真實感情示人，但令黃啟方印象深刻的是，早在六〇年代起，幾度生日時的飲宴，老師卻洩露了他長久以來對自己身世的痛楚。孔德成的生日是夏曆元月初四，學生們總會擺宴請來諸位老師，幫他過生日；生日自然會觸及自己出生的情境與際遇，當酒喝多了，孔德成有時會卸下內心的矜持，自傷身世：「我是一個遺腹子，出生時北洋政府還要驗明正身，我從來沒見過父母親……」就傷感得講不下去了。

「我們做學生的，只能靜靜聽著，不敢講話，毫無安慰老師的法子。」黃啟方回憶：「那個時候氣氛會凝重起來，比較能安慰他、打圓場的總是臺老師，他會不經意地把話題岔開。」

幾位學生都覺得，孔德成也是因為自幼無父無母，因此會對從小就幾度特別關照他的蔣中正夫婦，有著特殊的情感。

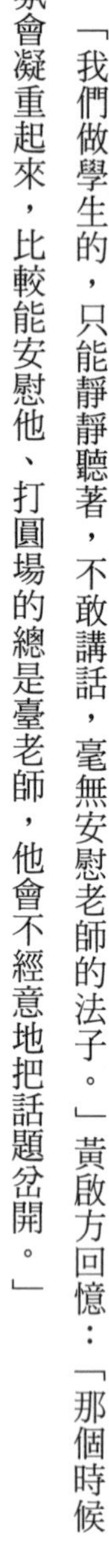

孔德成善飲，臺靜農親治一方「酒霸」章贈他。

第十六章
兩蔣情懷

孔德成僅八歲時，就以最高規格的孔府家宴，宴請過北伐而來的國民革命軍蔣總司令，這是稚齡的衍聖公初次與蔣中正見面，儘管身著長袍馬褂、舉止力求中規中舉，以主人之姿待客，但看在那年四十一歲的蔣中正眼裡仍是個孩子，親手剝了一只橘子給他吃。

日後，孔德成不斷地得到蔣中正對他的關照，包括赴南京接受大成至聖先師奉祀官之銜、抗戰初起時緊急派出裝甲車把他接到南京以確保他不會落入敵手，以及一九四七年行憲任命他為有史以來最年輕的總統府資政等等，都令他感懷在心。

蔣中正的尊孔崇儒

中華民國政府遷臺以來，蔣中正除了預備軍事反攻大陸外，在精神領導與教育方面，倡導尊孔崇

1953 年，孔德成以國大代表身分，在總統選舉中投票。

1968 年，蔣中正赴孔廟親校祭孔習儀，奉祀官孔德成在旁解說。

儒，身為大成至聖先師奉祀官，孔德成也就一直是國府傳承幾千年來道統的象徵。論者認為，蔣中正提倡儒家，除了維繫中華文化、教化子民外，當然有其政治動機；而孔德成處於當代，他自我定位是效法先聖、投注心力在教育的學者，所以他弘揚儒家文化，不批評時政。

國民大會代表，也是孔德成在臺灣重要身分之一，他所以長期參與，是因蔣中正與蔣經國之故。「他一輩子沒有批評過蔣家——其實認真說來，他也沒批評時政！」章景明說，「孔老師基本上是不問政治的，始終沒有加入政黨，他既不認同共產黨，覺得不合人性，但也不喜歡國民黨。他對老先生（指蔣中正總統）是報恩，因為老先生夫婦長久以來都很照顧他，而且尊孔！」

黃啟方回憶孔老師的一個小節，足可以小見大：「大陸改革開放以後，有次我到寧波去，回來寫了篇見聞，其中隨著大家的書寫習慣提到『這是蔣中正的故居』，結果就挨了老師罵——因為我直接寫名字，沒有在後面加『先生』兩字，老師認為不禮貌，說不要忘本！」

政府遷臺後，自一九五二年起，至聖先師孔子誕辰釋奠典禮每年都參照古禮盛大舉行，中共發生文化大革命後，蔣中正更關注尊孔、祭孔，他並親自提改良祀孔禮儀意見。一九六八年教師節那天，蔣中正在陽明山中山樓款待錢穆、曾約農、蘇雪林等四百四十多位大中小學資深優良教師，孔德成以奉祀官身分應邀作陪。

蔣中正在致辭時闡述孔子的教育思想說，人之所以為人，是由於人皆有其天賦的人性，孔子一生誨人不倦，就是要啟發並擴充每個人的心中之仁，「因為仁為每一個人天賦之所本有，只有教育的啟發薰陶，才能使之在群體關係中體現仁的表德，圓成一個人完滿的人格。」

蔣中正又提到當天稍早，他曾經到孔廟參觀改革祀孔禮儀預演的感想。「看了祀孔典禮後，愈益感覺到禮樂的感人之深，」蔣中正說：「禮樂不但可以修己淑世，合敬同愛，亦且看到了那種和諧的動作，聽到了那種典雅的音節，即足以鼓舞踔厲，相觀而善。」[1]

這回對祀孔的改革，主要在於摒棄了一般俗樂，而完全改用正五音宮、商、角、徵、羽的雅樂，也就是說更為復古，蔣中正認為是一大進步。

蔣中正強調說：「孔子和我們，雖然時代不同，環境不同，但是孔子的思想精神，卻是聖之時者，乃是萬古常新的。凡誤認孔子思想為落伍、為封建的人，絕非真的認識孔子，亦絕非真的認識中國文化的人，只要對中國文化知之既真且切，即沒有不崇敬孔子的偉大，篤信孔子思想的永恆性。」他勉勵在座教師，要致力教育事業的創新和中華文化的復興。

1《經濟日報》一九六八年九月二十九日第五版。

六〇年代，孔德成與四配嫡長孫合照。

那幾年，不僅祀孔，也擴大祭祀曾子、孟子，孔德成均出席陪祭。

參與總統選舉的辭受取予

中華民國總統經由國民大會間接選舉選出。蔣中正自一九四七年當選第一任總統，到政府遷臺之後，每六年一任、連選得連任。戒嚴體制之下，不僅總統連任，立法委員和國大代表也都因淪陷區無法改選而繼續連任。身為國大代表的孔德成，由於身分特殊，每次國民大會，他都是主席團主席之一，而且地位之崇隆，也隨著年歲增加而升高。

一九七二年三月，蔣中正的第六任總統選舉，是這位總統生前最後一任，當時身體狀況已經變差。這次國大選舉，有相當數額的增額國代。孔德成要章景明幫他處理開會的事，章景明回憶：「那時老總統指定要有五位黨外人士參加主席團，如曾國藩的曾孫女曾寶蓀也是其中之一，一個就是孔老師，這是必須由國代互選，我那時是研究生，國民黨出面安排孔老師的票，最少要得十二票。」章景明記得，為了拜託投票，孔老師和他在會賓樓連吃了二十天，有時是孔老師請客，有時是別人請孔老師，每餐必飲酒，舉杯必乾。

章景明對孔老師是佩服的：「在國民大會期間，請客要發請帖，要貼郵票，印刷品兩毛錢，二十份請帖才四、五塊錢，老師說：『景明，你這郵票錢得向國民黨要。』我幫他接待客人，下了車開收據，子，孔德成就不要了。

也要我向國民黨請款。他說，我們沒拿國民黨一毛錢，這錢當然要他們出。帳單上列明酒菜錢、郵票錢、計程車錢，這些極小的雜支都要加進去。凡是他認為該算到國民黨的，他一毛不少，全要。」

然而，以後政府給國民大會擔任主席的出席費三十多萬元，開的是國庫支票，那時可以買一棟房子，孔德成就不要了。

章景明回憶：「孔老師要我寫個條子——『茲收到國大出席費國庫支票新臺幣○○萬，敬請退還國庫』，後面蓋上他的章，名字我幫他簽，就這樣把國庫支票給退了。我打心底敬佩——老師了不起啊，孟子講一介不取，他來國民大會開會並擔任主席，純粹看在蔣總統跟他的情誼以及維護國家安定的心情，來擔當那個職務的。」

「老師出席費不要，中間的開銷還是得由國民黨負擔，開會的成果國民黨去收割，但國家不必花錢在他身上。」章景明強調，這是純粹儒家的態度，辭、受、取、予，都有分際——「所以我們這些臺大老師們也是這樣，要錢的事，我們就很小心，不會為了幾個錢就出賣自已。」

洪國樑說，孔老師對錢的方面絕不占人家便宜，託買書或什麼東西，下次見面就先處理；這方面固執得很——「有次他託我買手提包，因為每門課都要用個手提包裝教材，我家手提包太多用不到，就拿個給他，他問多少錢，我說人家送我的，我用不到。他很生氣，說拿回去重買！他堅持原則，不占任何人的小便宜。」

後來孔德成以十三票當選為主席團八十五位主席之一。那年蔣中正是同額選舉，總共有一千三百七十四人參加投票，獲得一千三百零七票；也是連任的副總統嚴家淦則是一千零九十五票。王雲五代表呈送當選證書。

蔣中正交棒

蔣中正年邁體衰，逐漸把政權交給自己的長子蔣經國，新的總統任期，就由蔣經國出任行政院長。國民大會於一九七三年十二月舉行憲政研討會和年會，年會通過一項臨時動議，籲請全國同胞擁護國策，支持蔣院長的施政，共同努力奮發圖強，以加速完成反攻復國的使命。此一臨時動議共有八百零五位國代提出，由孔德成領銜。

一九七四年十月三十一日，是蔣中正八十八歲誕辰，在戒嚴時期，整個臺灣軍民都會有如過節般，慶祝這一天的到來。那天早上，有一萬多名青年登臺北圓山，舉行歡呼祝壽大會；上午九點，孔德成率領全國各界一百多人組成的祝壽致敬團，赴總統府向總統祝嘏，並呈獻致敬書。自海外返臺的僑胞五千多人，則在總統府外歡呼。然而，身為壽星的蔣中正，那天正在榮民總醫院住院中，他已住在那裡一年多了，即使七月間孫子蔣孝勇結婚，一張合影照片也是在榮總拍的。

一九七五年四月五日深夜，蔣中正去世。孔德成的二媳吳涯記得，那天晚上公公在她家吃晚飯，突然一陣狂風驟雨襲來，因為雨實在太大，要回南京東路的家很不方便，維寧和她就挽留公公在家過夜，次日雨停了公公才搭車返家，沒多久蔣總統逝世的消息就傳來了。

對於蔣中正的辭世，孔德成是哀傷的。但是，他極少提蔣中正與他之間的往來。在學生面前，唯一一次說過跟蔣中正的互動，還是因為上課之故。「有一回我們上《儀禮》的課，講到帝王飲食以及古代飲食生活等等，他這才講到孔府筵席的排場，帝王規格是一百二十道菜。」章景明回憶。

那麼，當年老師在孔府是否也是這麼宴過客呢？孔德成說有，而且真端出一百二十道。他告訴學生，還在孔府時，印象裡以這個規格待客只有兩次，一是國民革命軍北伐打到山東曲阜，蔣總司令到孔府去拜訪，那時他才八歲，以主人之禮請吃飯，用的就是一百二十道菜，但身為主人反而基於形象而不怎麼動筷子，往往餐後客人走了後，他嚷餓再找些東西吃。而那次宴請蔣總司令，蔣於盛宴結束後親自剝橘子給他吃，來臺後有次晤面，蔣中正還提起這往事：「你還記不記得，以前我到你家，曾剝橘子給你吃嗎？」至於另一次帝王宴的主客，則是韓復榘。不過如此盛事，來臺之後已不復見。他吃得很節省，可謂克己待人，在外很慷慨，常請吃飯；但學生到他家吃飯，才知他在家吃得很簡單，就是兩碟菜。

新聞週刊：「拯救聖人」與專訪孔德成

這年九月二十八日，是孔子二千五百二十五年誕辰，也是蔣中正逝世後，第一個孔誕紀念日。實際主政的行政院長蔣經國並不含糊，籌辦了大規模的紀念活動。

《美國新聞週刊》（*Newsweek*）派出一組記者赴臺北採訪，並在九月二十九日出刊的週刊，以「拯救聖人」為題，做了專題報導：

> 如果用一個字能夠總括二千多年的中華文化的話，那個字一定會是孔子這個名字（拉丁化說法是孔夫子）。在耶穌基督之前約五百年，這位古代聖哲就開始創立一種終於代表了中國人傳統生活方式本體的哲學。中國大陸的中共政權，在過去十個月中展開了批孔運動，但在臺

灣的中華民國政府卻正忙於推行尊孔運動，來拯救這位聖人的令名。

為了紀念九月二十八日的孔子二千五百二十五年誕辰，中華民國政府籌備了一項最大規模的慶祝活動。幾個星期以來，孔子的學說大量的在臺灣的電視上、在電影院中、在報紙的專欄中出現，並印成小冊子在街頭分發。成千的用銅質、象牙及木質雕塑成的孔子像已經完成。同時，在那一天，將有包括政府首長以及孔聖人直系後裔孔德成教授在內的數百多名貴賓，將於黎明時分匯集在臺北的孔子廟參與祭孔大典。他們在祭典中將聽到六十二個穿紫色袍子、戴黑帽子的樂生，使用編磬等樂器演奏古代廟堂音樂。

由於大陸上的批孔運動，使在臺灣的中華民國政府有機會站出來作為傳統的中華文化的真正「保護者」。對抗中共的批孔，中華民國的電臺正向大陸進行頌揚孔子的廣播，中華民國政府甚至使用氣球空飄，或在外島發射宣傳彈將尊孔的宣傳品送上大陸去。

在臺灣本島上，孔子的教訓仍然在建立社會行為，特別是在家庭的標準中居於支配的地位。[2]

《新聞週刊》並同時刊出孔德成專訪文。專訪文前，有段說明文字：

在一九七四年北平政權發起汙辱孔子和孔子的倫理學說運動之前，二千多年來，所有的中國人多多少少都是孔子的信徒。孔子實際上受到如此的尊敬，所以這位孔聖人每一代的直系後

2 《聯合報》一九七五年九月二十八日六版刊出譯稿。

裔都襲封衍聖公頭銜，作為對孔子崇敬的象徵。一九一二年滿清帝國崩潰後，最近這一代的孔子奉祀官是七十七代嫡長孫、現年五十五歲的孔德成，一位國立臺灣大學教授。《新聞週刊》記者南西．納許最近曾訪問孔德成，談到孔子倫理學說特殊的永久性。

專訪摘要如下：

問：何以中國文化的學者對北平政權攻擊孔子的哲學思想感到如此震驚？

答：在任何國家中，擁有可與他相比的歷史性的人物實不多見。二千多年來，孔子的哲學思想深深地影響著中國人人際關係的每一方面——家庭、社會，以及政府。孔子影響中國如此之深且久，因此可以說這種哲學思想是中國的，中國是孔子的，攻擊孔子就是攻擊中國文化的根本。

問：這是北平政權堅決展開批孔運動的原因嗎？

答：是的。有意識的哲學學者均能體認孔子的政治思想與倫理思想，同時所有其他的中國人，不管有意識或無意識亦均能如此。要摧毀傳統的價值，就必須摧毀作為一種哲學思想及思想體系的孔子之道。

問：你認為他們汙辱你的祖先會成功嗎？

答：不會的。同時我相信即使在他們大陸上控制全體中國人中，也不會成功。雖然他們可以汙辱他的令名，但他們不能消滅他的影響。因為，可以說孔子的哲學早已變成中國人稱之為「歷史的潛意識」的一部分。在這種哲學的某一部分被扭曲解說之際，另一部分——最重要的原則是永恆不變的人的價值。例如他所說的「仁」，是包含博愛、信賴、忠實、勇氣、容忍及智慧。這些價值不只限於中國，也不受時間限制。在人類熱望享受尊嚴及正常生活的地方，這些品德都受到重視。[3]

這是孔德成對孔子學說為普世價值的確信，因為儒家文化屬於人性的，就中華民族而言，已是潛意識裡就會遵循的品德和價值。日後發展也證實，孔德成所言為真，這不是政治向背問題，這是人性的一部分。

四人幫被捕文革結束

一九七六年一月八日周恩來逝世，四月五日在天安門的紀念人潮造成首次天安門事件；九月九日，毛澤東驟然去世。十八日，中共在天安門廣場舉行毛的追悼大會，由甫上任的國務院總理華國鋒最後致悼辭，十年來領導文革造成動亂的四名激進領導人都公開露面，江青身邊是毛澤東的子女；王洪文出任追悼大會主席；張春橋是大會籌委會領導；姚文元也出現在鏡頭前。

十月六日，華國鋒迅雷不及掩耳地下令逮捕羈押江青、王洪文、張春橋和姚文元，四人被稱為「四

3同註2。

人幫」，日後均遭判重刑，文革也就此結束。一九七七年，鄧小平東山再起，重新進入執政圈子裡。一九七八年十一月舉行的中共十一屆三中全會，宣告大規模急風暴雨式的群眾階級鬥爭已經結束，中國大陸已不需要「不斷革命」。

鄧小平取得最高權力以後，加速平反，梁漱溟則是率先指責文革是個嚴重的錯誤。他始終不肯隨波逐流、批判孔子，終於贏得各方尊敬。梁漱溟後來出任中共全國政協常委、中國孔子研究會顧問等職，於一九八八年病逝。

蔣經國出任總統・中美斷交

在臺灣，蔣經國以行政院長兼國民黨主席，一九七八年，他繼父親蔣中正之後成為中華民國第六任總統，並於五月二十日就任。無黨籍又是孔子嫡長孫的孔德成，以中華民國各界代表致敬團團長身分，宣讀了致敬書。然而年底之際，美國宣布將與中共關係正常化，並和在臺灣的中華民國斷交。

其實，自從退出聯合國以來，臺灣的外交就已開始困頓，邦交國大量減少，美國終於和中共建交，就臺灣而言，實質外交關係更為重要；孔德成崇高的聖裔身分，也開始在這方面發揮了拓展外交關係的實質作用。

第十七章
聖裔外交

一九八二年八月二十八日。晴天下的美國舊金山金門公園音樂廣場，上千位中外人士逐漸聚集。舞臺上，正中央懸著巨幅孔子像，上有「至聖先師」橫批，接著是「孔夫子」英譯英文字。

舊金山祭孔

上午十點，紀念孔子兩千五百三十三歲誕辰典禮展開，由來自臺灣的孔德成主祭，紅燭香案，鼓樂齊鳴，莊嚴肅穆中略帶輕鬆氣氛。祭孔的八佾之舞隨著典禮的進行，緩舞於臺上，受到場地的限制，原先應有八行八列、六十四個舞生，只用三行六列、由國立藝專中華舞蹈團學生擔綱的十八個舞生，左手拿籥、右手執翟，隨著古樂起舞。

主祭就位，迎神既畢，禮樂大作，鞠躬進饌，上香，佾生緩舞，行初獻禮；宣讀祝文，奏秩平之樂，行亞獻禮；繼奏敘平之樂，行終獻禮。孔德成上香，飲福酒受福胙，復奏懿平之樂，撤饌；奏德平之樂送神，禮成。

參加祭孔的來賓，除了代表美國總統雷根的助理教育部長羅伯特．貝林茲外，所有美方人士都著長袍馬褂或旗袍與祭；北美事務協調委員會舊金山辦事處處長鍾湖濱及羅伯特，分別宣讀蔣經國總統及雷根總統的賀電。

蔣經國的賀電指出，他堅信這項活動可以協助美國人民了解儒家哲學與精神，從而進一步加強兩國的文化交流及傳統友誼。雷根總統的賀電則說，孔子對人類行為與倫理的標準，不但影響中國人民，進而影響全人類，孔子的教訓已一代接一代地留傳下來，使世界獲得了豐富的文化遺產。這是首次在美國舉行的祭孔典禮，由美國舊金山華僑會社邀辦。

第二年，華裔加州州務卿江月桂也來參加。此時正是中共開放改革之時，中共的政策是盡可能與臺灣接觸，因此孔德成的二姊孔德懋及另一近親孔令鵬也要求參加，但舊金山第二屆祭孔大典籌備委員會召集人宋正介婉拒。在那個時期，臺灣尚處於戒嚴之時，因此中共在世界各地都設法與臺灣人士聯繫或接觸，但臺灣這邊都視之為「統戰」而避開，包括孔德成在內。

孔德成來美，是臺大的暑假時期，他由孔維寧陪伴到舊金山主持祭典，父子倆就住在長女維鄂家，共享天倫。孔維鄂回憶，每次父親和弟弟來，總會為祭孔忙上好一陣子，「許多人會來家裡拜望父親，父親對來訪的賓客都很有禮貌，問候及關切他們在國外生活情形；弟弟因為開學得早，每次都會比父親提早回臺北。」

孔德成在女兒家裡，生活是悠閒的。白天女婿、外孫上班上學，他就和女兒談天說地；黃昏之際孔德成會出門散步，晚上女婿和外孫回來了，就圍坐餐桌吃女兒燒出來的晚餐，一家人相聚聊天，孔維鄂覺得這實在是她最幸福的日子了。有陣子維鄂生病，孔德成還動手幫女兒洗碗，這恐怕是一輩子有傭人服侍的孔德成，絕無僅有的做家事了。

孔維鄂的兒子Sean，由孔德成取個中文名字為「包尚恩」，但有先天性的疾病。她回憶，爸年紀大了後，常對她說：「我現擔心的是妳兒子Sean，他因先天性免疫系統無能症，導致多病，很多工作不能勝任，使我憂心，否則妳娘和我去之無憾了。」

女兒在美，孔德寫給維鄂的信裡，有一詩：

老來漸覺別離難，
況是客中強自寬，
風雨淒涼人去遠，
衣裳誰與問溫寒。

孔德成以大成至聖先師奉祀官身分赴日，受到熱烈歡迎。

課罷歸來難自抑，
小樓淒楚暗涕聲，
呼兒千遍無人應，
唯有孤燈伴月明。

這首為父思念女兒的詩，孔維鄂一直放在皮夾裡，不時拿出來讀，長久貼身攜著，如今她也七十五歲了，丈夫曾三度中風，為了照顧，讓她無法返臺。

孔德成赴舊金山祭孔，一直持續到一九八七年，那是蔣經國執政的最後一年。

周遊歐洲八國談孔

由於一九七〇年代以來，中華民國的外交情勢愈見艱辛，有崇高身分的孔德成也就成為蔣經國在外交上尋求突破的重點之一。

一九八四年，六十五歲的孔德成代表政府赴西歐八國訪問，他闡述中華文化道統以及孔子學說，所到之處都引起重視。

孔德成此行，是由行政院新聞局長宋楚瑜主導規畫、經由臺大中文系教授黃啟方協助打點安排的；此行預定依次訪問荷蘭、比利時、英國、西德、法國、奧地利、西班牙、梵蒂岡教廷，共八國十二城市。孔德成此行原來預定由孔維寧照料起居、黃啟方隨行，但因演講內容涉及儒家思想哲學，駐外人員擔心難以應付，臨時又增加臺大哲學系教授郭博文，他是耶魯大學博士。四月二十三日，一行四人啟程飛歐。

在荷蘭，孔德成受荷蘭第一大報《電訊報》等三家日報的訪談，《電訊報》以〈孔夫子還活著〉，做了大篇幅的報導；孔德成在阿姆斯特丹大學以「孔子的教育思想」為題，發表演講。百餘位聽講者多為學者，還有記者到場採訪。

談孔子的教育思想

他在演講中闡述孔子的教育目的，在於行仁：

孔子的人生哲學，以「仁」為中心。而行仁乃是孔子教育的最終目的，所以他說：「君子去仁，惡乎成名？君子無終食之間違仁，造次必於是，顛沛必於是。」[1]並勉勵他的學生要「當仁，不讓於師。」[2]至於行仁的方法，分為消極和積極兩方面——消極方面要做到「己所不欲，勿施於人」[3]；積極方面要做到「己欲立而立人，己欲達而達人」。[4]一個人的行事，

1《論語．里仁篇》。
2《論語．衛靈公篇》。
3《論語．顏淵篇》。
4《論語．雍也篇》。

倘能處處從推己及人上著想，便自然可以合乎「仁」了。……

孔子的教育方法有四個要點：

——注重以身作則，實施人格感化。孔子平日教學，最重人格感化，行不言之教，使學者於耳濡目染之際，能收潛移默化之功。《論語．里仁篇》說：「其身正，不令而行；其身不正，雖令不從。」〈子路篇〉說：「子帥以正，孰敢不正。」〈憲問篇〉說：「君子恥其言而過其行。」從這些話中，我們可以看出孔子對身教的重視。

——有教無類。春秋時代以前的中國社會……教育的權利操在王官手上，只有少數的貴族子弟才能到官府接受高深學術的教育，一般百姓是沒有接受教育機會的。可是孔子普遍教授生徒，「有教無類」，打破了古代階級性的貴族教育，開創中國歷史上平民教育的先河。……凡自願從其學者，無不欣然接納，來者不拒……正是我今天所要竭力推行的普及教育，使人人都有均等機會，得以接受教育。

——因材施教。孔子在教育弟子之時，喜用此原則。《論語．衛靈公篇》說：「可與言而不與之言，失人；不可與言而與之言，失言；知者不失人，亦不失言。」在《論語》中，我們可以找出許多孔子因材施教的實例來。比如同是問「孝」，他回答有「無違」、「敬養」、「色難」等等不同；同是問「仁」，所答有「愛人」、「克己復禮」、「其言也訒」、「恭寬信敏惠」等，可以看到，學生問了同一問題，孔子的說法卻不相同。這大概是因問的人在一方面有所缺陷，所以特別告誡他注意……。

——採用啟發式教學法。孔子在《論語．述而篇》說：「不憤不啟，不悱不發，舉一隅而不以三隅反，則不復也。」這段話的意思是，學者對於某一個問題研究未得之時，教者應趁機善為開導，使能豁然貫通；學者於某一問題已有所領悟，但不能暢所欲言，教者應趁機善為指示，便能暢達其辭。……

無論就教育目的、教學方法以及人格感召各方面，孔子是一位無與倫比的大教育家，一言一動均足以作為後人的楷模，因此後世尊稱他為「萬世師表」。

孔德成的演講獲得如雷掌聲。隨後的發言提問也至為踴躍。

在荷蘭停留五天，接著轉往比利時首都布魯塞爾，有當地記者來採訪，孔德成以「孔子的政治思想」為題發表演講，這場演講會需購票入場，而且挺貴，但仍然賣個滿座，且多為比國人士。

談孔子的政治思想

孔德成指出，孔子所處的時代，不論政治及社會都十分混亂，雖然是貴族之後，也不得不為「委吏」、「乘田」之類的小官，並且以教書為生了；但孔子之所以奔走於列國之間、孜孜矻矻的講學，其目的無非是想挽救世道人心，撥亂反正，他的政治思想，就建立在這種積極的救世主義上。

孔子的學說，在於承襲並傳遞中國的傳統文化，是繼承孔子以前中國一貫的傳統思想……，更承襲發揮自周代以來，人道主義的政治思想。故孔子在政治上的主要主張，大致可分「德為政本」與「正名主義」。

所謂德為政本，《論語．為政篇》說：「為政以德，譬如北辰，居其所，而眾星共之。」又說，「君子之德風，小人之德草，草上之風，必偃。」〈顏淵篇〉說：「政者正也，子帥以正，孰敢不正。」

這都是說統治者修己治人，應當以德為本，以身作則。有聖君賢者在位，可以使人民潛移默化，政治才能上軌道。《論語．為政篇》又說：「道之以政，齊之以刑，民免而無恥；道之以德，齊之以禮，有恥且格。」

……我們都知道，無論春秋時代或者當今之世，若能順行法治，已可算是難能可貴的治世了，可是在孔子看來，「道之以政，齊之以刑」的法治社會，並不能造就真正完美的人格與尊重人的尊嚴，依然有「民免而無恥」的弊病，所以他提出比法治主義更高一層的德治主張，以德與禮來教導規範人民，使人得以取法乎上，不但足以鼓舞人心道德，更能肯定人格尊嚴的價值。

在正名主義方面，《論語．顏淵篇》說：齊景公問政於孔子，孔子對曰：「君君、臣臣、父父、子子。」……所以孔子積極主張正定君臣的名分，藉以恢復政治制度。……沒有安定的政府，就不會有安定的社會。所以孔子的正名主義，究其極，還是注意到政治的最終目的，乃是在於為百姓謀福利的。

總之，孔子有關政治思想的大旨，其根本精神即在於「仁」，也就是人道主義的思想，其目標不但在於促進政治的安定與社會的和諧，同時也在於使統治者與人民都能養成盡善盡美的人格，這正是中國傳統文化的精義所在。

孔德成的演講也獲得滿堂采。在比利時不到兩天的行程，有一組電視臺記者四人，全程錄製他的活動紀錄，他去了滑鐵盧古戰場，博物館館長身著正式禮服親自接待，以表禮敬。接著，孔德成一行飛往英國倫敦。

在倫敦大學，孔德成的演講是〈孔子學說對東方社會的影響〉。聽講者約一百二十人，也坐滿了會場。

談孔子學說對東方社會的影響

孔德成指出，在東方社會中，受孔子思想影響最大的國家，是日本、韓國、越南以及新加坡等國，尤以日韓兩國為顯著。

他說，中國的經書傳至日本，最早的就是《論語》，約在西元二八五年，是由朝鮮百濟學士王仁獻奉朝廷的；到了日本推古天皇十二年（西元六〇四年）聖德太子推行「大化革新」，所頒布的十七條國家大法中，第一條「以和為貴」、第十六條「使民以時」，都採用《論語》的原句；而遠在文武天皇（西元七〇一年）時，即已開始祭祀孔子，而且歷代不絕。

十四、十五世紀以降宋儒朱子、明儒王陽明之學先後傳入日本，由德川時代到明治維新，朱、王學說並稱顯學；明末，中國大儒朱舜水流亡日本，源光國、德川家康叔侄待以師賓之禮，朝野奉為「國師朱公」而不名，日人對之「如七十子之服孔子」，明治維新之所以順利完成，實拜德川二百年太平之賜；可謂無德川之治即無明治維新，無朱舜水之教化，亦無德川之盛世。

孔德成說，韓國在中國隋唐之世已受到中國文化之薰陶，明代韓國大儒李退溪、李栗谷皆傳朱子學，同時又有鄭霞谷力倡王學，朱王之學風行朝鮮，韓人尊之，至今退溪之學在韓國仍極具影響力；至於越南古稱交趾、安南，漢代以來即受中華文化之影響，兩國關係密切；新加坡乃華人聚集之地，中國傳統文化普受重視，近年來李光耀更大力提倡儒家倫理道德，教忠教孝，這也是孔子思想重要的一環。

隔天，孔德成又在牛津大學演講，這是由胡志強所安排，胡志強和孔維寧是高中同學。孔德成演講的同時，西德總理施密特也在牛津演講，但仍有七十多位教授來聽孔德成的演說，他的題目是「儒學與經濟發展」：

談儒學與經濟發展

首先，發展經濟，先慎乎德。

一個國家所以謀求其經濟之發展，其目的乃在富國裕民，使得社會繁榮進步，民生安和樂利，而經濟之成長，則有賴於人力與資源，然人力資源非隨時可得，故在上者必須先慎修其德，教化百姓，而後能得人心。人心既得，國土才有人保衛、開發，才能致力生產、發展經濟。故《大學》第十章說：是故君子先慎乎德，有德此有人，有人此有土，有土此有財，有財此有用。這也是《尚書．大禹謨》所說：「正德、利用、厚生惟和」的道理。即先正其德，後利其用，而達到民生安和樂利。故道德乃是經濟政策之本……

其次，要以義為利。經濟政策既應以道德為本，以財利為末，則發展經濟的目的，即在謀一國全體國民之福利，而非只顧及少數個人之私利。蓋為全體或多數人謀取公利，即謂之「義」，為少數人私利之自謀曰「利」……

三，反對聚斂。一國之政府或統治者，若是對百姓橫徵暴斂，刮削榨取，這是孔子所最痛恨的行為。《論語．先進篇》記載：（魯）季氏富於周公，而冉求為之宰，為之聚斂而附益之。孔子對冉求之助惡而害民，極為憤怒，因而說：「求也非吾徒也，小子鳴鼓而攻之可也。」……政府對百姓的稅收，不宜苛細，暴斂而復苛細，不但擾民，甚且殘民。所以致力於經濟發展的國家，以減稅的辦法來促進經濟之發展，而不專以充裕國庫為務，其用意即在於此。

第四，提倡均富、開發資源。……百姓有常產，始有恆心以守之，然後驅之為善，則民從之也輕。否則田無定分，強者巧取豪奪，弱者必無以為生，如此一來，天下紛亂，社會不安，又怎能侈言經濟發展？所以《孟子．梁惠王篇》上說：……是故明君制民之產，必使仰足以事父母，俯足以畜妻子，樂歲終身飽，凶年免於死亡。

孟子這「為民制產」的主張，乃是要使人民各有其財富，很能闡揚孔子均富社會的主張。至於要造就一個均富的社會，除了為民制產的辦法之外，還要使得人人就業，並致力於開發資源，發展經濟以裕民生。

……總之，孔學在經濟方面，是一種以民為本的經濟思想，……尤其是在今日世界經濟型態日趨複雜，世道人心、經濟倫理日趨敗壞的情況下，孔學在經濟方面的思想與主張，倒是值得人們重視與深思。

五月三日，孔德成一行結束英國行程，搭機赴西德慕尼黑，有十幾家媒體記者採訪他。次日他以「孔子學說與自由中國的現代化」為題，發表演說：

……民國三十八年，國民政府播遷臺灣，依然奉行三民主義，自由中國政府與人民，經過三十多年來的努力，政治上力求民主開放，社會上講求倫理道德，經濟上高度發展，教育上普及均等，在各方面都有進步而邁向現代化，成果之豐碩，令人矚目，故稱之為「自由中國」。此一現代化的成就，與儒家傳統之思想主張，實有密切的關係，茲舉其大者，說明如下：

——推行民主開放的政治。……《孟子．盡心篇》上說：「民為貴，社稷次之，君為輕。」這說明了社稷君主都是為民而立，倘無人民哪裡還會有君王和社稷？所以人民才是最寶貴的。同時人民也是政治的中心，所以在上位者要能重視民意，為民盡責，這也是民主政治的要件——民意政治、責任政治。……《孟子．離婁》上說：「桀紂之失天下也，失其民也。失其民者，失其心也。得天下有道，得其民，斯得天下矣。得其民有道，得其心，斯得民矣。」由此可知統治者的地位，是決定於民心的向背，亦即以民意之趨向為依據。

現代的民主政治制度與思想，雖都是產自西方，但在中國二千三百年前的孟子，對於現代民主政治所需的民意政治和責任政治二個要件，已有所論述。可見儒學思想，實可作為我們今日推展民主政治的基礎。

——講求社會的倫理道德。《論語．學而篇》說：「弟子入則孝，出則悌，謹而信泛愛眾而親仁。」又說：「孝悌也者，其為人之本歟！」……自由中國近三十年來，在先總統蔣公的號召之下，努力推行中華文化復興運動，倡導倫理、民主、科學的文化，倫理道德即為首要項目。……

——均富的經濟發展。儒家在經濟思想上，主張為民制產，創造均富的社會。……孔子在《論語．季氏篇》中說：「丘也聞有國有家者，不患寡而患不均，不患貧而患不安。蓋均無貧，和無寡，安無傾。」……自由中國政府，三十多年來，施行耕者有其田的土地改革政策……農業經濟因而快速成長，並有餘裕以支援工商業之發展，經濟上各業互相配合，終使經濟起飛，社會繁榮，民生均富。這也是符合儒家經濟思想之主張與理想的。

——普及均等的教育。……孔子實是中國歷史上第一位教育家，他這種「有教無類」的教育概念，正是今日自由中國正在竭力推行的普及教育。自由中國在民國五十七年，全力推行九年義務教育，使全體適齡學童，都能接受中學教育。至今十六年來，國民知識水準普遍提高……，只要肯向學，人人皆有機會接受高深學術的教育。這與孔子的教育觀念頗為一致。總之，今日自由中國在各方面現代化之成就，與儒家思想學說實有密切之淵源關係，儒家學說思想都是人道觀念的顯示，也正是中國傳統文化精義之所在。我們的國父、先總統蔣公以及蔣總統經國先生，都十分重視我國的文化、優美的傳統，而加以倡導，如反其道，倡憎恨、滅人倫、貧其眾、愚其民，不獨有背儒家的學說、中國的文化，並且有違世界與人類的文明，是滅絕人性的邪說。由此，可見自由中國現代化，不但在歷史傳統中——尤其在近代之主政者之趨向，成果上已表現出來了。

這篇演講，是孔德成就中華民國遷臺並推行儒家思想以來，對國家社會影響的最完整論述。二百多位聽眾讓演講廳座無虛席，精闢的內容獲得不斷掌聲。許多德國人士紛紛要孔德成的簽名。次日是週末，孔德成一行參觀了世運村和戰俘營，晚上到ＨＢ啤酒館，裡面歌聲不斷酒花飛揚，十分熱鬧。黃啟方回憶，孔先生那時已戒酒幾年了，問他原因他也不說，但推測可能和他的知心好友兼酒友屈萬里老師五年前過世有關；不過一進啤酒館，裡面的德國人很熱情，就過來敬酒，老師心動了，也喝了杯黑麥啤酒——以前，他是最喜歡喝啤酒的。

他們又繼續飛法國巴黎、奧地利維也納、西班牙馬德里。每個城市，孔德成都受到熱烈歡迎，他的聖裔身分，不僅使得演講受到關注，座談會熱烈踴躍，許多媒體主動採訪，他也應邀到電臺錄音，充分發揮了文化大使的作用。外界形容，孔德成此行，已在海外掀起一陣「儒家旋風」。[5]

5《聯合報》一九八四年五月二十五日八版。

與教宗若望保祿二世會面

訪歐行程接近尾聲，五月十五日降落義大利羅馬機場，駐教廷大使周書楷在入境口迎接。次日，孔德成先赴駐教廷大使館拜會，隨即前往梵蒂岡華語電臺接受訪問，並對大陸廣播；下午則是一場演講，緊接著舉行酒會。

一九八四年五月十七日
中午十二時與羅馬天
主教教宗若望保羅
二世攝于梵蒂岡教
宗宮內書室
一九八五年十一月二十日
題記于美國加州聖
卡娄斯市貝尤路一五
六號戴尼斯與維鄂
山寓
孔德成

孔德成在女兒維鄂的加州寓所親筆題字紀念和天主教宗若望保祿二世的合影。

十七日，直到上午九點，教廷確定天主教教宗若望保祿二世將於十一點四十五分特別接見孔子聖裔孔德成。

孔德成由周書楷大使及教廷傳信部海外華人傳道處主任彭保祿神父陪同，抵達教廷，教宗親在自己書房門口迎接。周大使面呈蔣經國總統致教宗生日賀電，教宗表示誠摯謝意。孔德成和教宗同齡，兩人談得很高興。

教宗說，儒家思想是從古留傳到今，目前仍備受尊崇的極少數古代文化傳統之一。孔德成則告訴教宗，這次歐洲之行，能夠親自與西方學者就中國文化問題交換意見，他感到非常高興。過去二十八天，他訪問了歐洲八國，就儒家思想以及中華民國現況，發表了十多場演說。教宗詢問了孔德成在臺大任教情形，對孔教授在許多國家致力於教導孔子學說及中華文化，甚為讚揚。

黃啟方說，教宗與孔先生合影後，就召孔維寧、郭博文及他入內，一一握手並合影留念，孔先生告辭時，特別懇請教宗為人類正義、世界和平而保重。

下午，孔德成在彭神父的辦公室接受《家庭雜誌》記者的訪問，這份雜誌發行量有一百萬份，很有影響力。到了深夜，孔德成一行終於上了回程的飛機，十九日返抵中正機場，剛連任總統的蔣經國，已準備賦予他更重要的職位。沒多久，他就被發表出任考試院長。

第十八章
考試院長的挑戰

自隋唐開科取士以來，以儒家為內容的科舉在中國的歷史已有一千三百年以上。當積弱不振的清廷因西方工業和武力衝擊，二十世紀初終於廢了科舉，但難逃傾覆的命運；繼起的中華民國依孫中山的五權憲法設計，仍將考試權獨立，取代科舉，繼續經由考試為政府拔擢人才。歷經世紀初的科舉停辦、儒學被指為國家衰弱元凶的汙名化，如今中華民國偏處臺灣一隅，長久以來不求問政的孔德成，卻被蔣經國總統徵詢出任考試院長。

出任考試院長的經過

一九八四年三月二十一日，蔣經國由國民大會投票當選為第七任總統，選舉結果由出任大會主席的孔德成宣布，孔德成並且由國大祕書長何宜武陪同，赴蔣經國寓所報告選舉結果，並且祝賀當選

蔣經國總統當選連任，孔德成代表國民大會呈送總統當選證書。

連任。次日，李登輝當選副總統。二十五日，孔德成又代表國民大會，將當選證書致送蔣經國。

五月中旬，孔德成完成將近一個月的歐洲八國學術文化之旅，提升了中華民國在國際的能見度，載譽返臺。回到臺灣沒多久，蔣經國就親自拜訪孔德成，在孔家，蔣經國告訴孔德成，希望他出任考試院長。蔣經國說：「你總得出來，在政府裡為國家做些事情。」

考試院長是五院院長之一，地位崇高。然而孔德成已有二十年沒有出任行政職了，先前的故宮中央博物院主任委員，也只是領導十五名職員工的職務；對於總統的徵詢，事後他曾跟熟識的臺大老師講：「怎麼要我做考試院長？」他最初的反

孔德成任考試院長時期祭孔。

應其實是意外、惶恐與疑惑，與一般新官喜形於色的模樣，大異其趣。

以後有傳言指出，這項人事安排，其實與蔣中正夫人宋美齡有關，是蔣夫人向蔣經國提議的，而蔣經國也覺得適當。因為考試院管的是人才考選、銓敘、培訓、保障、退撫等，由學者清流出任，最適合不過。況且孔德成是無黨籍，又是孔子嫡長孫，擁有國際聲望，蔣經國敦請他接掌考試院時，也期望他上任後，能以院長身分，加強對外活動，增進世界各國對我國儒家思想、倫理與人道主義的了解。

但是，應該還有一個極重要的因素。

中國大陸的改革開放以來，全面糾正在毛澤東主政之時，乃至於文革時期摧毀傳統文化、批孔、踐踏倫理的錯誤，正逐漸恢復秩序。兩岸都宣稱代表整個中國之下，在臺灣的中華民國，長久以來因中共發生種種違反人性的階級鬥爭，而得以在政權與文化傳承上有力地號召海外僑民認同，並以法統自居；如今在國際外交承認上明顯地向大陸方面傾斜，身為孔子嫡裔的孔德成出任考試院長，代表以儒家為內涵的政權傳承，具有象徵意義，期待能強化中華民國的號召力。

孔德成最終當然沒讓蔣經國失望。一九八四年八月十七日，總統發布人事令：

第六屆考試院長劉季洪、副院長張宗良，任期屆滿，均應予免職。

特任孔德成為考試院長，林金生為副院長。

章景明回憶，孔老師接任院長後，沒有搬到院長官邸，還是住在武昌新村的小公寓裡，他問老師為何不搬？「老師哈哈一笑，說我考慮再三才接受這個職務的，這個官是五日京兆，隨時可以不幹的，我當院長是為了施展抱負，可以為國家做一點事，而且我有能力，否則我就不能接受。可是這是政務官，要為自己的政策負責，所以隨時我可以不做，那我為什麼要搬家？」章景明認為，這也是孔老師辭、受、取、予之間的分寸，「他不是為了做官而做官，而是認為自己確實可以為國家效力，才接任的。」

孔德成也還是國大代表及總統府資政，但幾十年下來，他始終只領一份薪水，這回也是一樣，他改領考試院長的俸祿，至於奉祀官的特任官等級薪俸，他一輩子未領。錢財方面的事，他並不在意。不過他長期以來一直搭公車當交通工具，院長配有座車及司機，他終於脫離搭公車的日子。

聖人之風・無為而治

孔德成的新職發表，接下來就是怎樣組成自己的班底。由於孔德成驟然出任院長，但他平日的圈子只在學術界，熟悉的也僅是臺大，因此他考慮的人選還是從臺大挖角；祕書長後來發表的是同為山東籍、當時是臺大文學院院長的王曾才。另外，孔德成也找了自己的學生葉國良和洪國樑出任機要祕書，兩位也都是臺大中文系教授，但只是初期來幫忙不算長的時間，以後又返回校園去了。

洪國樑記得一事，似呼應了外界關於蔣夫人介入的傳言，「孔老師告訴我，他出任院長後，蔣夫人非常高興，說他是這個位子的第二個讀書人，第一個是孫科。孔老師接任院長後，曾親筆寫信向蔣夫人報告，寫信的格式，完全依造中國傳統的公文禮儀，如總統府三字壓在信封紅框上。」

他回憶，他和葉國良到考試院之初，老師還是保持著在學校時的樣子，如稱院長會被罵，要求還是叫老師，因為他倆是他的學生。但自稱學生也都有別，有次洪國樑送書給老師，書內自稱為學生，結果遭老師退回重寫，要改為「受業」，因學生不一定教過，講受業才是真正教過的。他說，孔老師對於特別的學生才會指正；就如老師到飯館吃飯，只有熟的餐廳才會告訴老闆這菜該怎麼做。

洪國樑並說：「孔老師一直很謙遜，例如考試院總務單位依過去的慣例印院長專用的信封，上面只印『孔緘』，孔老師就說這樣太自大了，退回重印，改為『考試院　緘』，老師強調人要謙虛，不可自大，新的信封別人也可共用。」他順便提及另一件孔老師認為自大的事——在自己的家裡不應掛自己的字或畫，要掛就該掛別人的字畫，要不然也是顯得自大了。

不過，即使貴為院長，孔德成還是不改幽默。

潘美月記得，當年孔老師一當院長，故宮博物院副院長昌彼得就憂愁起來，因為昌先生被發表為副院長時，孔老師曾親自向他道賀；現在孔老師當考試院長，他想自己也該親自去道賀才算盡了禮數，但兩人雖熟，年齡也相仿，見了面還真不知該講什麼好——「昌老師的祕書看他愁容滿面就建議說，你如果請潘教授一起去，就完全不一樣了，她跟孔老師真的很熱絡。昌老師就請我作陪，我一進孔老師的辦公室，發現他的辦公室還真的很大，隨口就說老師您的辦公室好大哦——孔老師回答，可以擺一桌麻將。我說現在三缺一怎麼辦？他說得再找一個過來。我笑說那就是明天報紙頭條了！他們兩老都哈哈大笑，氣氛就馬上輕鬆下來。」

開始主持院務。作家陳柔縉曾跑過考試院新聞，她覺得孔德成的行止頗如孔子再現，平時待人謙恭有禮，一視同仁，凡是客人，均九十度鞠躬送離，讓客人多有「承受不起」的惶恐；「孔德成在禮儀上的素養，深深影響他在考試院的作為，孔德成主持考試院會，面對兩部部次長和十九位考試委員，總是客客氣氣，從無嚴詞厲色。對大小議案，不斷起身示禮，垂詢考試委員的意見，某些委員本來沒有意見，經過『洗禮』，只好『有話要說』。」

她認為，孔德成是歷任院長中，最民主、最讓考試委員暢所欲言的一位，但可能也因而影響到開會的效率，一件案子常要花四、五次院會討論才能解決，「孔德成謙沖自抑，任職考試院幾年來，除逢年節發表過精神訓示外，對具體政策沒有下過任何裁示，他在考試院可以說是無為而治，一方面是『聖人之風』，其實也源於行政經驗不足。」

祕書長王曾才則另有解釋：「考試院就是合議制，因此在院務處理上，無法像其他首長制的行政單位，能夠迅速處理議案，但好處是，任何事情都可以獲得充分討論與溝通。」

出任院長之後，孔德成一如總統的期待，仍以大成至聖先師奉祀官的身分應邀出國訪問，他現在多了考試院長身分，在文化交流上更能突破當前的困境。例如，他在一九八六年率團赴日參加由日本前首相岸信介發起的「感念蔣公遺德彰顯會」；又如繼續赴美主持祭孔大典等。

臺大中文系的課程，孔德成依然繼續，只是開課減少一些。依教育部規定公務員在外兼課以四小時為限，他就身體力行，原先在臺大的三禮研究停開，只剩金文研究。但教書才是他終身志業，他始終不能忘情。

接掌考試院一年後，身為他的部屬半世紀、卻情同父子的大成奉祀官府主任祕書李炳南去世了。

對雪公的真情

李炳南一向尊稱孔德成為「孔上公」，是因為《周禮》說，天子之下的三公，受封到八命，再加封時為九命，已居人臣極位，名為「上公」；孔子後世嫡孫代代受封為一等公爵，上朝時排在文官之首，李炳南因此以「孔上公」稱之。至於孔德成，則只在酒酣耳熱時，才會自我解嘲地對學生說：「我也是Duke（公爵）呢！」

一九二八年起，莒縣有幾年動亂，李炳南剛好在莒城，協助搶救難民，兩年後莒縣的危機才解除，他皈依於印光大師；一九三四年，莒縣重修縣志，翰林莊陔蘭擔任總纂，禮聘他負責纂修軍事等四類。一九三六年完竣，莊陔蘭推薦他入大成至聖先師奉祀官府任職，不久即晉升為主任祕書，也與孔德成結下半世紀的緣。

孔德成回憶，抗戰勝利後，奉祀官府隨政府遷回南京，炳南先生曾陪同他三返曲阜謁廟，自己僅返濟南故里探親一次；一九四九年夏天，奉祀官府遷來臺灣，炳南先生也隻身來臺寓居臺中，官府公務餘暇，即在臺灣中部向友人晚輩弘揚佛理。

來臺時六十歲的李炳南除了講經、弘揚佛法外，也默默做了許多好事；孔德成向有關單位鄭重推薦他為一年一度的好人好事代表，且已獲審查通過，他得知後，卻費盡唇舌懇求務必設法除名，堅持不肯接受表揚。孔德成說，這就是默默行善的身教。

到了一九七九年，李炳南九十歲，自覺這回真的應該退休了，於是寫了報告向孔德成請辭。然而孔德成不批辭呈，還是不斷地慰留。李炳南終究還是沒辭成，所以常自嘲是中華民國最老的公務員。

又過了幾年，李炳南辭意甚堅，說哪有九十幾歲還當公務員的？當面向奉祀官再辭，並且是跪辭。當時在場的江逸子回憶，孔上公眼見雪公跪下來，也跟著跪，然後兩位相差三十歲的老先生跪著抱頭痛哭，他自己看到如此感人的一幕，不禁也眼淚直流，跟著哭。

江逸子說，上公依然不捨，找了個理由說是找不到適當人選，李老師隨後就說請江逸子暫代主祕一職，「在送孔上公去搭車的路上，上公突然問我，江先生，你會不會覺得我不近人情？其實我的思考是，如果他老人家真的辭的話，恐怕他會覺得任務已了，就要『走』了。」不過孔德成也做了安排，江逸子暫代主祕後，由尤宗周出任此職。

一九八六年三月，李炳南已感體力不支，但他不願就醫。江逸子把情況告訴已出任考試院長的孔德成，說：「李老師快不行了。」孔德成說：「好，我們今天就下去。」立即偕同夫人孫琪方南下，到李炳南的床前。李炳南睜眼看是孔德成夫婦，連說「罪過罪過」，就想起來。江逸子說，孔上公夫婦扶著他，以對長輩近乎撒嬌方式，勸李老師到臺中榮總做個檢查，把身體調養一下，「可是老師一直說不要，老師講，我自己有個學生也開醫院，可以找他來檢查。第二天早上，老師真的去找那位醫生來看診，確實沒有看出有什麼病因。老師自己是中醫，他問醫生，我們中醫沒有不老藥，也沒不死藥，不知你們西醫有沒有？醫生答沒有。老師說，那不就結了嗎？我該死了。我向上公報告，上公說你緊緊盯著老師罷。」

李炳南在三月十九日最後一次講經。四月十二日告訴近侍弟子說，「我要去了。」以「一心不亂」囑在側諸弟子。延至十三日清晨五時四十五分逝世，享壽九十七歲。

孔德成寫了輓聯：

數萬里流離備嘗甘苦與君共
五十年交誼多歷艱難為我謀

輓聯道盡李炳南半世紀來，盡心盡力看顧他以及全家的情誼與不捨。他親自為這位親如家人的長者封棺。

來自國民大會的挑戰

這個階段，孔德成的另一挑戰是國民大會。他是中華民國第一屆國大代表，自一九四七年當選為曲阜代表，因為未曾改選，至今已經當了將近四十年了，過去戒嚴時期強調的是代表包括大陸在內的全中國，如今中華民國的治權一直只及於臺澎金馬，「資深」民意代表的「民意」代表性，漸受到黨外人士的質疑。

李登輝時期的總統府院會，五院院長參加。孔德成（左三）的左手邊是立法院長梁肅戎與副總統李元簇。

蔣經國時期的五院院長：左起監察院長黃尊秋、考試院長孔德成、立法院長倪文亞、行政院長俞國華、司法院長林洋港，以及行政院副院長連戰。

考試院長孔德成接待來訪的新加坡總理李光耀夫婦，中為行政院長俞國華。

所謂「黨外」，就是「國民黨之外」。因為政府戒嚴令的下達，是指國共戰爭尚未結束，所以依「戰時」的考量而施政，並以「動員戡亂時期」制定法令，限縮了人民自由與基本人權，包括集會、結社、言論、出版、旅遊等權利，也就是黨禁、報禁、海禁、出國旅遊禁等等。由於不准組黨，先前已有雷震的中國民主黨案遭法辦判刑，以本省籍菁英為主的反對人士，在無法組黨之下，就以黨外人士自居。

但是，海峽兩岸之間，自從六〇年代末，就已不再出現戰事了，而且臺灣反攻大陸的準備，也早在那個時候就停止了，國防的武器採購、軍力部署等攻勢戰略，已逐漸轉換為防衛。因此，戒嚴令下達，一戒嚴就是三十多年，正當性已開始動搖。

第一屆國大代表來臺，經過報到及遞補共有一千六百四十三人，經過這麼多年後，國大代表逐漸凋零，連不具民意的「遞補代表」算在內，資深國代到了七〇年代只剩五百餘人，繼一九六二年、一九八〇年兩次增額補選之後，一九八六年十二月六日舉辦第三次增額中央民意代表選舉，選出七十三位增額立法委員與八十四位增額國代。

這年九月，黨外人士宣布成立民主進步黨。民進黨在國民大會雖然僅有十一席，但是黃昭輝、蘇嘉全等新科國代，已準備以抗爭方式問政，著眼在國會應全面改選。

十二月二十六日，國民大會在臺北市中山堂中正廳舉行代表年會預備會議，由孔德成擔任主席。孔德成致辭時呼籲，目前國家在經濟發展上，有極高的成就，但是社會上仍有脫序的現象，尤其是在選舉期間，部分候選人以偏激言論攻擊政府、詆毀領袖，實令人痛心。他希望政府，不懼任何挑戰，團結力量，突破困難，開創國家的新機運。

孔德成向行政院提出兩點建議——在政治建設方面，要繼續強化民主憲政功能，促進全民團結，以建立健全的民主憲政體制；在社會建設方面，必須強化法治功能，推展全民法律教育，以維護法律的尊嚴與政府的公信。

他並說，目前中央民意代表大地區的缺額日益增多，政府必須早日設法，迅謀方法妥善解決，以落實憲政基礎，儘量使中央民意機構具有全國性與完整性，以恢宏憲政功能，反制中共統戰陰謀與臺獨分化伎倆。

孔德成那年六十七歲。一般而言，民進黨國代尊敬這位考試院長兼國代主席團主席的長者，他是無黨籍，既對他們極有禮，而且主持會議也十分公正，然而他們不會對抗孔德成個人，而是對抗制度與國民黨。十一人就足以讓開會變得荒腔走板，一團混亂。

臺灣地區解嚴．蔣經國去世

一九八七年七月十四日，年邁體衰的蔣經國宣布自十五日零時起解除長達三十八年的臺灣地區戒嚴，連帶解除黨禁；接著他又開放老兵赴大陸探親，報禁開放則是到次年一月一日實施。這些突破性的改革措施，開啟未來的民主化浪潮，但民進黨的抗爭持續著。十二月二十五日是行憲四十周年紀念日，行憲紀念大會、憲研會和國大代表年會在中山堂舉行聯合開會典禮。在蔣經國心目中，這是重要的日子，他會親自參加；民進黨也認為這日子重要，準備在會場內外抗爭。

蔣經國決定不迴避，以維持總統的尊嚴。二十五日上午，蔣經國準時參加開會典禮，他開始致詞時，十一位民進黨國代突然起立，連續高喊十幾次「全面改選」，才在其他國代勸解後坐下。蔣經國原準備自己照著講稿講完，但他簡單講了幾句開場白後，就要國大祕書長何宜武代為宣讀講詞。當何宜武讀到有關充實中央民意機構的原則內容時，民進黨國代再度起立，舉起「國會全面改選」白布條。這是蔣經國主政九年以來，首次在他面前出現抗爭動作。次日的國大憲政研討會因為副主委谷正綱請假，由常委孔德成代為主持，孔德成呼籲與會國代，「當前國家民主憲政的運作，正在朝野一致努力下，大幅度的突破開展；有關憲法精神的貫徹，憲法內涵的實踐，要在不違反反共復國基本國策的原則下，逐步達成。」[1] 但是後來的會議，依然擾攘不斷。

1《聯合報》一九八七年十二月二十七日二版。

孔德成初任考試院長，與行政院長孫運璿夫婦相互敬酒。

至於二十五日的抗爭，蔣經國的兒子蔣孝勇指出，他父親其實對這樣的抗爭動作很在意，回到官邸幾天後突然講了「我一輩子為他們如此付出，等到我油盡燈枯時，還要給我這種羞辱，真是於心何忍」的話來。[2]

一九八八年一月十三日，蔣經國在大直七海官邸，突然大量吐血逝世。「那天晚上，孔老師原本跟我約了在會賓樓吃飯，」臺大中文系教授葉國良回憶：「但等了好久他一直沒來，忽然師母來電話說別等了，他去七海官邸了！」他這才知道五院院長下午四點左右都去了七海官邸，因為總統過世了！包括孔德成在內，五院院長和副總統李登輝，都在蔣經國機要祕書王家驊臨時寫就的遺囑上簽了名。

一月三十一日，在忠烈祠的追思禮拜，孔德成和李登輝、俞國華、倪文亞、林洋港、黃尊秋、陳立夫、王世憲，為蔣經國靈櫬覆蓋了國旗。

蔣經國走了，整個中華民國的新挑戰就此開始。包括孔德成在內，都受到衝擊，然而孔垂梅說，爺爺正如孔子評論子路之言，「不忮不求，何用不臧？」[3] 對於國代是否退職，乃至於考試院長的職務，他都放得開。

---

2 王力行、汪士淳合著，《寧靜中的風雨——蔣孝勇的真實聲音》（台北：天下文化），頁一四四—一四五。

3 語出《論語‧子罕篇》。

第十九章

親情的遺憾

孔子第七十九代嫡長孫孔垂長，小時候在爺爺身邊，最感興趣的是他的菸斗。孔德成何時開始抽菸已不可考，但在大陸歌樂山時期，他的師長摯友如丁惟汾、王獻唐、屈萬里都吸菸；他在五〇年代抽雪茄，以後又抽菸斗，是有學生看到的。其實他的長孫女孔垂梅也和弟弟一樣，對爺爺的菸斗印象深刻，因為外國菸絲點燃以後很香，只要爺爺一點菸斗，她就湊到旁邊去聞。

孔聖人平凡的家居

在臺灣，孔德成一家搬到臺北後，生活相當儉約平凡。沒有什麼排場，沒講什麼規矩。于曰潔回憶，公公從小養成節儉的習慣，什麼都省；例如晚輩送他的衣服之類，他都收了起來，要等自己常穿的衣服穿到不能穿才換新的，「有天我發現他身上的毛衣肘部已經破了，幾度催促他換件新的，他總回答不用換還可以穿。」

每年除夕時，孔德成會把一張自書自剪的「孔氏歷代祖先之神位」紅紙條，貼在牆上，然後帶著全家大小鞠躬磕頭，以慎終追遠。那張紅紙神位，剪裁得並不平整，予人的感覺就是質樸，這和過去孔廟的盛大莊嚴，相距十萬八千里。而孔德成的家也極簡樸，牆上沒有任何裝飾，即使他出任五院院長依然如此，令到他家拜訪的學生、友人和外賓印象深刻。

一到過年，孔德成會出門拜年，垂梅、垂長就搭爺爺的便車出門「遊車河」到臺北市區繞一圈，還包括到蔣經國的七海官邸。

孔子第七十八代嫡長孫、孔德成的長子孔維益，自從一九七一年與于曰潔結婚後，一直與父母親同住在武昌新村那四十來坪的公寓裡，這是孔德成的觀念，長子跟父母同住，以身教之。次子維寧與吳涯結婚，就搬到臺北縣新店中央新村了。

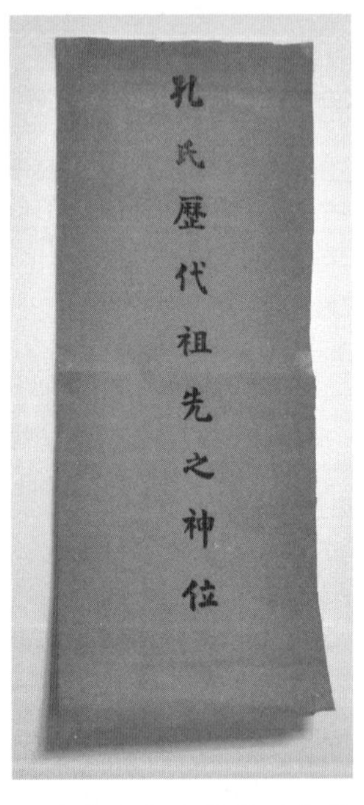

從曲阜孔廟的繁盛到來臺後的質樸。孔德成以這張親自剪裁、書寫的孔氏歷代祖先之神位，於過年時帶領家人祭祖。

在妻子的心目中，孔維益很豪爽，不論吃飯喝酒或待人處世。于曰潔說：「維益很顧家，很寵小孩，因為他生活上顧不到細節，公公因學術文化交流而出國時，都是由維寧陪伴，照料起居。」這是孔德成從大陸來臺，生活上唯一不變的情況——從小在孔府時僕傭成群，周遭大小事包括穿衣吃飯都有人照料；如今這些瑣事，他依然需要有人打點。以後到了晚年，他還是自掏腰包僱了傭人和司機各一，這開支占了他的薪水大半。

孔垂長回憶，小時候爸爸帶著全家一起出去的活動，就是吃館子，他和父親的感情很好，父子倆熱愛運動，無論籃球棒球都喜歡玩，所以在中華體育館沒燒掉以前，父親常會就近帶著他去看籃球比賽，他也擁有整套的棒球捕手裝備，通常也是跟父親一起玩。

孔德成、孫琪方夫婦（右三、右二）率長子維益（右四）、次子維寧（右一）接待日本友人。

孔垂長說，在武昌新村的家裡，爺爺得空就讀書，奶奶和父親則喜歡看武俠小說；「我爸和爺爺的個性一樣，不管家裡小事，而且關於孔家在祭祀上的義務，爸爸也很少過問，所以每年孔廟家祭是叔叔去的。」

「爺爺喜歡看書，而且勤做筆記，這個習慣一直到晚年都是這樣，」孔垂梅回憶：「有時貴賓來家訪問，說你們家怎麼這麼小，其實就因為擺滿了書，連客廳陽台都是書。爺爺要找什麼書，一找就找到。在家裡他很少談學問，但很專心地在鑽研學問。」

孔德成讀書，一定端坐在書桌之前，而且坐得很規矩。他偶爾看電視，只看新聞節目。

孔維益突然走了

孔府裡的飲食風氣，一向是有酒有肉，這是孔府菜傳統。長久以來，維益對吃的方面幾乎完全不忌口。「維益和弟弟都喜歡吃肉喝酒，」于曰潔回憶：「只要學校放假就出去吃館子，他們常到中山堂對面的山西餐廳，涮羊肉一盤盤地可以吃到盤子摞起來有一尺高；維益因為沒有養生的觀念，有點隨心所欲，所以也就很胖。」

孔維益身高一八三公分，體重有九十多公斤。不過任誰也沒想到，他會突然在還不到五十歲時出了事。其實，事先是有跡可循的，只是維益夫妻倆都忽略了。于曰潔說：「維益出事兩天前感到自己的左肩有些不舒服，其實那就是心臟出問題的警訊。」

一九八九年二月二十五日。那天很冷，因為寒流來了。孔維益上午照常坐公車到板橋的國立藝專上課，但是他覺得自己不舒服，下午回家後躺在沙發上休息。孔垂長那年是再興中學初中部二年級學生，他回到家，看到沙發上的父親。「他突然把我叫過去，說，『給爸爸親一個，現在不親以後就沒機會了。』」孔垂長回憶。他走了過去，給父親抱抱親親，然後自己回房間看書。他沒有多想，也不覺得會有什麼大問題。

孔維益又赴臺北為文化大學夜間部授課，然後回家，到了深夜十一點多，他忽然喘大氣，很不舒服；凌晨三點，于曰潔眼見情況不對，叫來救護車，並且要垂梅通知叔叔，可是那個時候，孔維益已經不省人事了。救護車到，于曰潔帶著一雙兒女，一起坐上救護車把丈夫送到新店耕莘醫院急救，孔維寧則騎機車跟到醫院。但到院後，醫師宣布他已辭世，死因是心肌梗塞，一家人都哀戚地哭了。

吳涯記得，那天夜裡她接到垂梅的電話說，可不可以叫叔叔來一下？那時大約凌晨三點鐘；她馬上把維寧搖醒，維寧出門一陣子沒消息，然後四點鐘打電話回來說維益已經走了，「早上我們都趕到耕莘，那時爺爺還鎮定，他要處理維益的後事，可是這對他而言真的是很悲哀的事。」

孔德成的喪子之痛

孔德成夫婦接到噩耗，馬上一起乘車到醫院來，夫婦倆在傷心的長媳面前顯得鎮定，以免讓曰潔更傷心，可是事後司機透露，院長夫婦在車上痛哭。這消息傳得很快，張臨生說，那天晚上她到會賓樓吃飯，裡面就有人講孔維益過世了，她很震驚，次日早上是考試院前任院長劉季洪（一九〇四—一九八九）的喪禮，她也去參加，「我看到孔老師坐在前面，就去安慰他，我說老師不要難過，他反問，『你怎麼知道？』我說了消息來源，他沒有表情。但以後他跟我講，他跟美國的大女兒通電話時，大哭。」

隔了幾天孔德成夫婦到次子維寧家用餐，悲傷的情緒終於宣洩出來。吳涯跟著孩子叫公公為爺爺——「爺爺、奶奶、維寧和我，我們四個一起吃飯，我坐在爺爺對面，談著談著他談起自己身世：『我這個人，這一生充滿了坎坷，我的爸爸在我出生之前就去世了，我的親生母親從來沒跟我見過面，我的大姊去世很早，我跟二姊又分隔兩地，沒想到現在維益又先我而去……』他就哭了。奶奶是很矜持的人，在他旁邊沒講什麼，我們大家都沒講什麼，就讓他哭。」他的坎坷身世，以前在臺靜農、屈萬里等老友酒後也會吐露，但這回沒喝酒，是維益的早逝，讓他痛心至極。

孔德成向考試院請了一個月的喪假，要在傷痛中復原。他也想到要照顧長媳曰潔和孫女垂梅、孫子垂長，於是搬到新店中央路來，與媳婦一家比鄰而居。孔維益的喪事，由山東大老、陸軍一級上將劉安祺擔任治喪主任委員，以後安葬在臺北縣三峽鎮的龍泉墓園。

少年孔垂長

父親突然辭世，當時年僅十四歲的孔垂長，馬上就引起外界的注意，他成為媒體報導的對象，因為他已成為全國最年輕且唯一的法定特任官繼承人。有記者到校採訪孔垂長，他的回答直接而真誠。學校的功課如何？「滿重的！」所有的功課中，最喜歡哪一門？「體育！」他不假思索。其實，他的個性就是如此，待人真誠以對。

身為初二學生，孔垂長在班上挺活潑。同班同學莊惠平說：「孔垂長在班上很調皮，有時會捉弄其他同學；我們也喜歡和他一起開玩笑。他的功課普通啦！不過籃球打得很好。」其他同學則補充：「孔垂長除了喜歡籃球以外，他也喜歡國文和公民與道德。我們常對他說，叫他爺爺取消考試，但他總是學我們老師的樣子說——好好用功就不怕考試了。」

另有同學說：「他的功課普通！但是我們常笑他，孔子的子孫要很會念書，只有體育跟國文好，孔子不會疼你。有時我們也笑他，和孔子長得不像。」[1]

孔垂長稚齡時，不論爺爺或爸爸，都沒跟他講過自己的特殊身分——孔子嫡長孫。因為這是須從繼承而來，長上在世時，就不會有這個問題，孔家因而有意無意地不談此事。以後，他雖隱約感受到如此特殊的身分，但總覺得與自己很遙遠，沒什麼關係，「我知道這是孔家的一件很特殊的事，但我沒放在心上，因為我覺得這是大人的事，可不是我的事。」

孔德成出生後，在讀書做學問方面受到有計畫的栽培，卻少了父母親情；孔府是個封閉的環境，孔德成的親人就是兩位姊姊，但姊姊也陸續嫁出去了，讓他感到孤單，來到臺灣，整個環境和大陸情況完全不一樣。孔垂長說：「可能那時候孔府太封閉，爺爺不希望後代和他一樣，所以許多過去的規矩也就不講究了。」

維益去世後，于曰潔代行丈夫的一些禮節。她說，由於婆婆個性內向，不喜歡交際，所以有公公的朋友到家裡來時，通常由她出面接待，以後公公應邀赴日本講學，她也代替婆婆出席。由於公公一

1《時報周刊》第五七七期。

向不談政治或各種是非，凡事都不疾不徐地處之泰然，于曰潔身為長媳也嚴守分寸，與自己無關之事亦不過問，因此與公婆相處三十多年來十分融洽，感情深厚。

孫琪方在家和丈夫一樣，喜歡看書，偶爾會談談在大陸歌樂山的往事，她和丈夫之間隨著孫兒互稱爺爺奶奶；若要直接呼喚丈夫，用的是「喂」——如「喂，你要吃什麼？」「吃牛肉好了。」有時夫人興致來時，也會親自動手燒一兩道菜，做法和孔德成說的一樣，加點紹興酒來提味，如今長媳也學會這招，只要做菜，必加點紹興酒。

孔德成一家三代都喜歡看《傳記文學》，每次新雜誌一來，孔德成先看，接著孫琪方，然後是于曰潔，最後是垂梅和垂長，次序分明。

對孔林遭文革破壞的痛楚

文革時，紅衛兵在曲阜肆虐破壞的慘況，孔德成究竟是何時知曉的？孔德成幾位最親近的弟子如曾永義、黃啟方、章景明、葉國良等，都沒聽過老師談過文化大革命。由於大陸的訊息封閉，外界對曲阜遭破壞的情況皆無所悉，直到「四人幫」被捕、文革結束，才經由外國媒體的採訪，總算了解慘況。

美國與中共於一九七九年元月正式建交之後，西方媒體得以有較大自由在大陸採訪新聞。只提到孔廟和孔府遭破壞與修復情況新聞見報後，《聯合報》採訪了孔德成。孔德成除了講述他所熟悉的孔廟和孔府的歷史，並指出他最擔心的是聖蹟殿有無被毀、承聖門東廊和玉振門西廊的碑石、大成門前的御碑亭、奎文閣的碑院……都是稀世的歷史文獻。他說，若照這位外國記者所描寫的「縱貫中國歷史的各種石碑大部分被紅衛兵破壞殆盡」，傷心難過的，當不止孔家人了。[2]

依記者敘述，孔德成對於曲阜的破壞情況也只能從那篇外電得知——而且，外電並未提到孔林——他的祖先、父母親葬身之地。大約在一九九〇年左右，孔垂梅正念臺大，孔德成很喜歡這個孫女，經常接送她上學回家。孔垂梅回憶：「有天，我看到爺爺在看報，突然冒出一句，『紅衛兵連俺娘的墳都給挖了。』然後長嘆一聲，『唉……！』」

文革時，紅衛兵衝擊孔林，不僅挖了孔子墳，也挖了孔令貽的墳，而且做了人神共憤的事。孔德成顯然到那個時候才得知，他的傷痛至極可想而知。而且，他的痛楚裡也透露了對親情的思緒——孔令貽的墳裡葬了三人，除了父親孔令貽之外，還有繼母陶夫人，以及他的生母王夫人。當年陶夫人去世，要與孔令貽同葬時，因為族人認為王夫人生下孔德成有功，主張也要同葬，孔德成雖是稚齡，卻激動下跪感謝，可以見得雖然他未曾與生母見過面，連一天也沒相處過，卻是血脈相連，感情至深。如今他痛心疾首地提到娘，指的當是生母王夫人，這也是天性使然，也是禮教中的至情流露。

在如此沉痛的心緒之下，即使日後兩岸對峙情況緩解，曲阜老家多次呼喚他，希望他返鄉，他都拒絕了。

然而，一九九〇這年，他意外地與二姊見了面。

2《聯合報》一九七九年九月七日十二版。

第三部　達生向晚

第二十章 大陸恢復尊孔

被稱為十年浩劫的文革過後，一九七八年十一月的中共第十一屆三中全會，鄧小平掌握軍權，並由胡耀邦出任總書記，全面平反過去的冤錯假案，並承認文化大革命為錯誤，包括批孔等否定中國傳統文化在內。一九七九年，胡耀邦批准山東省和曲阜縣著手修復孔林、孔廟、孔府。

大陸重回對孔子的尊崇，是中共當局的推動。清華大學國學院長陳來指出，從文化大革命結束，在一九七八年因外國訪客要參觀三孔，當局要求《歷史研究》組織學者寫一篇平反孔子的文章，「但是，在當時學者的心目中，覺得這件事還是非常嚴重的，受命主筆龐樸當時有句話說，這個寫不好是掉腦袋的事。那年夏天第一次出現了一篇撥亂反正的文章。」[1] 他說，這一「推動」在教育界引起相應變化，年初時中學歷史課本還寫「反動的孔老二思想」，在這篇文章出現前夕已改為「孔子的反動

1《北京大學儒學研究院工作簡報》，二〇一二年第二期，頁一八—一九。

思想」，在十一屆三中全會後，年底的教材就改稱「孔子的思想」。

一九八四年，周恩來的遺孀、時任全國政協主席的鄧穎超到曲阜視察，依她的建議成立了孔子基金會，由國務院國務委員谷牧（一九一四—二〇〇九）任會長，開展了學術研究，並把孔子研究推向國際；中共黨中央及國務院財政部並且撥款給孔子基金會，用於學術研究、修復三孔、建設曲阜的孔子博物館。

一九八五年一月六日，新華社出版的《參考消息》，刊登美國《亞洲華爾街日報》題為〈中國為孔子恢復名譽〉的報導：

> 講究實際的中國領導人去年重新為聖人孔子豎起了墓碑。不久前，又舉行了孔子塑像揭幕典禮。
>
> 北京成立了由研究儒學的中國專家參加的全國性儒學研究協會。他們將從孔子的教誨中尋找出有助於現代中國發展的思想。中國政府還建立了一個孔子基金會，這個基金會將建立一個研究中心和一個博物館，收藏有關孔子生平和著作的書籍和文獻。
>
> 作為恢復尊孔運動的一部分，北京已把這位哲學家的後代安排在政府的高級崗位上。孔子的第七十七代嫡孫女孔德懋和第七十六代孫孔令朋去年都被指定為中國人民政治協商會議的委員。

孔子的這兩位後裔最近出席了孔子塑像的揭幕儀式和在曲阜舉行的研究儒學的全國性會議。在這次會議上，孔子在共產黨接管政權後第一次被稱為偉大的「教育家、哲學家和政治家」。為孔子恢復名譽證實，中國領導班子正在繼續清除統治中國三十年的左傾教條主義。它將對中國國內生活的面貌和對外關係產生深遠影響。

提倡儒學可能有助於恢復社會秩序和促進經濟的發展。在過去兩年中，中國官員號召青年人尊敬父母，這與孔子極力主張的孝道是一致的。孔子尊重知識分子。中國專家說，中國現在的領導人認識到，沒有知識分子的參加，要實現現代化是不可能的。

香港的一位研究中國文化的專家說：「如果共產黨人和國民黨人都尊孔，他們就有了坐下來談判的共同話語。」

孔子的影響不限於中國，而是延伸到東南亞。日本所以成功地建立了紀律嚴明的工業社會，其部分原因應歸功於一千多年前從中國傳到日本而且在日本業已根深柢固的儒家觀念。新加坡領導人李光耀也是一個公開推崇孔子的人，他把孔子的哲學應用到對這個城市國家的治理之中。

這篇報導，顯然獲得大陸當局的認同，因而以內部轉發方式公布。

大陸領導人肯定孔子思想

一九八九年胡耀邦病故，學生為紀念胡耀邦爭民主而引發六四天安門事件，此一事件造成重大傷亡，並使總書記趙紫陽下臺。文革那年出生，因而有個很文革名字的北大研究生受訪說[2]，他也參與了學運，在學運最後幾天有事回到山東老家，六月四日人民解放軍清理了廣場之後，他決定回北京看看，就在動身之前，一向和他沒什麼話好談的父親，突然要他小心些，關切之情溢於言表，「我那時突然感受到，我和父親之間有天生的親情存在，這是文革也沒法子棄除的！」這正是儒家所主張難以泯滅的天性，如今他對父母至為孝順。

十月間，繼任的總書記江澤民接見參加孔子誕辰國際學術研討會的學者時，發表談話：「中國古代有孔子這樣一位思想家，我們應當引以為自豪。孔子思想是很好的文化遺產，應當吸取精華、去其糟粕，繼承發揚。」他並在談話中引用了孔子主張的「毋意、毋必、毋固、毋我」[3]，強調思想不要僵化，不要主觀主義。古牧認為這是改革開放新時期，中央最高領導人首次公開對外發表關於孔子評價的信息，表明了中央對中國傳統文化思想的重視，影響很大，也支持了孔子基金會的活動。[4]

古牧身為中共高官主持孔子基金會，由於在文化大革命期間曾被鬥爭，古牧論及孔子時相當謹慎，

---

2 受訪者目前在北京工作，於二〇一三年四月接受本書作者訪談。

3《論語．子罕篇》。

4 古牧，《古牧回憶錄》（北京：中央文獻出版社，二〇〇九），頁四四八。

他認為稱孔子為傑出思想家、偉大教育家、著名社會活動家並不過分，「像四人幫導演的『評法批儒』，完全是搞政治陰謀，這樣的歷史絕不應該重演！」他對共產主義與儒家思想之間的拿捏具有代表性，是官方思考的典型：

……當代中國是中國共產黨領導的社會主義國家，馬克思列寧主義是指導我們思想的理論基礎。我們研究孔子，應當堅持和提倡以馬列主義、毛澤東思想為指針。同時，也要尊重他人用其他的觀點和方法獲得的有科學價值的成果……研究孔子，要古為今用。在建設中國特色社會主義進程中，批判地繼承中國優秀的傳統思想文化，批判地吸收國外先進的思想文化，以創造高度發達的社會主義精神文明，這是我們黨和國家的重要宗旨。批判地繼承我國的傳統文化，孔子的學說是當然的重要對象。研究二千多年前的孔子，是為了用以服務現實，我們毫不諱言這個功利主義的目的。一向為封建統治階級利用的孔子學說，其中有許多東西仍然可以為中國的工人階級政黨所利用，我們應當敢於公開申明這個觀點。

孔子學說可為今用的部分，我以為有三方面：第一是可以直取而用之的。比如孔子關於教育、學習的許多論述……比如《論語》講的「學而時習之，不亦說乎，有朋自遠方來，不亦樂乎，人不知而不慍，不亦君子乎」，不就是正確的治學之道、交友之道、個人修養之道嗎？第二是可以剖取而用之的。孔子的政治思想，總體來說，是為了維護剝削階級統治的長治久安服務的，但其中某些具體部分卻具有某些普遍合理性，比如「節用而愛人，使民以時」，「博施於民而能濟眾」這些「愛民、安民、養民、富民」的思想，則可以像馬克斯、恩格斯對待黑格爾學說那樣，將其原來的意義加以揚棄，剖取出合理的部分，在新的歷史條件下加以借鑒運用。第三是可以借取而用之的。孔子有許多關於道德修養的主張，比如「己所不欲，勿施於人」，「躬自厚而薄責於人」，「無求生以害人，有殺身以成仁」，還有「吾日三省吾身」，「君子求諸己」，「不患人之不己知，患不知人也」等等。這些命題，當然都有孔子的階級烙印，是從屬於孔子的政治主張的。但同時，在一定程度上反應了社會發展的客觀需要，具有相對的真理性。我們可以借取而使用之。[5]

曾主持過中共經濟發展的古牧並且就儒家對經濟的影響，提出看法。他指出，過去在批孔期間一般認為孔子不談「耕戰」，拒答「稼圃」，「輕自然、斥技藝」，「謀道不謀食」，「憂道不憂貧」，嚴重脫離生產實踐，「有許多人認為，中國兩千多年封建社會，經濟發展不快，就是因為吃了這位老夫子的大虧，這是第一種看法。當代國外又有與此相反的第二種看法，認為世界二戰後經濟發展快的，多是儒學影響較深的國家和地區，被提到的有日本、韓國、新加坡、臺灣、香港，近幾年來我國大陸也被列入這個名單。」

他認為，孔子講生產、經濟確實不多，後人不必苛求，但儒學文化圈中的國家和地區有儒家重教育的傳統，有利於為現代高新技術產業培育高素質的專家和工人；也有儒家守本分的傳統，有利於形成較好的職業道德。[6]

---

5 同上註，頁四五二—四五四。
6 同上註。

可以說，從七〇年代到九〇年代包括臺灣在內的儒學文化圈國家，快速經濟發展，已讓中共高層看在眼裡，為之稱羨，並開始檢討被棄之如敝屣的儒家傳統，究竟對國家有什麼好處。中共想運用儒家的好，但還不忘批判，以示依然還是站在馬列主義那一邊，因為那是立國的意識型態。

一九八九年，曲阜開始設立國際孔子文化節，恢復了中斷多年的祭孔儀式，然而始終未能請動在臺灣的孔德成回家鄉。

姊弟倆在東京會面

孔德成與孔德懋可謂骨肉至親，但他不僅拒絕回家鄉拜祭祖宗，也在這位親姊姊釋出想和他會面的訊息時，仍然拒絕見面。

這應是有非親情因素考量的。在臺灣戒嚴時期，與大陸方面的接觸極其敏感，甚至禁止，因為認定中共的示好是統戰伎倆，以後即使一九八七年臺灣地區解除戒嚴，但仍處於「動員戡亂時期」，中共政權依然被認定為「叛亂團體」，孔德成的身分特殊，又是考試院長，身為政府高層官員，更是謹慎。以後，在後蔣時代民進黨陣營的態度，也證明他的謹慎是對的。

孔家這對姊弟在經歷四十二年分離後，直到一九九〇年，兩人才在日本重逢。

那次行程，應是日本方面刻意的安排。因為孔德成和孔德懋赴日，都是應邀出席「湯島聖堂三百年紀念儀式」，只是連邀請單位都刻意不同，孔德成並不知道他二姊也會出席。他於十一月二十三日赴日本東京，次日在東京近郊的麗澤大學以「孔子的時代與他的學說」為題，發表演講。而孔德懋也在同天抵達東京，次日得以在孔德成演講後見面，姊弟倆激動落淚。孔德成返臺之後並未講述此事，但在大陸那邊，上海《文匯報》於十二月六日報導了異國重逢的整個過程：

孔子七十七代嫡孫孔德成先生和孔子七十七代嫡孫女孔德懋女士十一月二十四日在日本千葉縣麗澤大學相逢。這是姊弟倆一九四八年秋天從南京分別後四十二年來的第一次相見，他們驚喜交加，骨肉間的綿綿思念頓時化作幸福的熱淚。

孔德懋女士是應日本倫理研究所邀請，攜次子柯達從北京飛抵日本參加湯島聖堂創辦三百周年斯文會活動的。當她在日本訪問期間，欣悉胞弟德成已從臺灣省到達日本，並將於二十四日在日本麗澤大學講學時，便迫不及待地要一睹胞弟的面容。她同柯達提前趕到講堂，謝絕了主人讓她坐在前排的好意，悄悄地坐在最後一排。她怕控制不住感情，擾亂了講學秩序。二十四日北京時間下午一時十分，當七十一歲的孔德成先生緩步走上講臺並用曲阜鄉音講授孔子《倫語》的時候，他怎麼也想不到臺下後排正坐著他的姊姊和外甥。從孔德成先生步入講堂，直至講畢走進休息室，年居七十四歲的孔德懋女士完全沉浸在忘我忘時忘物之中，一雙眼睛一直慈愛地盯著講臺上那個白髮的弟弟。當休息室裡的孔德成先生得知姊姊正在門外等候時，他急匆匆地迎過去，說了句「二姊，你怎麼來了」，姊弟倆便久久地擁抱在一起，弟弟的淚水灑在姊姊的背上，姊姊則嗚咽著用圍巾抹著擦不盡的熱淚。姊弟倆分手時難捨難離，姊姊請弟弟放心，說每年清明都要去曲阜孔林祭掃祖墳；弟弟扶起長跪長叩的外甥囑咐道：「好好孝順你娘。」孔德成先生和姊姊偎依著，把姊姊一直送到門外草坪上。三十分鐘的相會，人們拍下了幾十張珍貴的照片。

為了促成這次相見，東京都立清湫高等學校校長金子泰三和中國籍日本人滕穎女士出了大力。日本八十高齡的著名教授鐮正先生對孔德懋、柯達母子老淚縱橫地說：「如願了，我死可瞑目。」

其實，孔德成與二姊的重逢，也是透過麗澤大學理事長廣池幹堂所安排。姊弟倆的晤面與往來，恰好見證了兩岸之間關係的變化。國民政府遷臺之初，戒嚴體制下嚴厲的反共、防共以防堵中共在島內的滲透，任何人都不得與對岸聯繫，包括親人在內；中共方面亦是如此，甚至有親人在臺灣也會成為被鬥爭的理由。大陸方面直到改革開放之後，才積極對經濟狀況頗佳的臺灣示好，並從各種場合尋求打破隔閡，但臺灣自蔣經國出任總統以來，面對中共一九七九年起的和平統戰攻勢，採取的「不妥協、不接觸、不談判」三不政策也尚未改變，孔德成因而數度拒絕來自孔德懋的聯繫。

這種情形，直到蔣經國過世之前，因戒嚴令解除、老兵也可赴大陸探親等政策之後才逐漸改觀，孔德成也終在日本與二姊見面。一九九三年，孔德成寫了「風雨一杯酒，江山萬里心」的條幅，託人寄給了在北京的二姊。孔德懋將弟弟的條幅裱裝好後，掛在客廳的牆上，每每睹物思人。到了結束動員戡亂時期，身為政協委員的孔德懋因此能夠順利來臺，並與弟弟一家人見面敘舊。

不看來臺展出的孔府文物

一九九五年是《中國時報》在臺創刊四十五周年，《中時》舉辦「孔子故鄉四千年文物大展」。主辦單位請孔德成題字，因為以他的身分，對展覽絕對有加分作用。然而孔德成很猶豫，問了張臨生的意見。張臨生回憶：「我說當然要題啊，這是你家的東西當然要支持嘛。孔老師後來題了字，但他不去看展；我問他為什麼不去看看？老師回答：『我到家鄉以外的展覽場看我家的東西，像話嗎？』」

孔祥林和山東省文化廳副廳長李長林、省文物局副局長游少平一行在《中時》的安排下，到新店孔德成的寓所拜訪他，以《孔子文化大典》和《山東省誌．孔子故里誌》贈送孔德成，並且說明了曲阜、孔廟、孔府、孔林的文物古蹟維修情況，又談了孔德懋的近況。

孔德成回答：「德懋身體也很好，我去年秋天見她了。她差不多每年要回去一次，祭掃祖墓，有時秋天，有時春天。」他請孔祥林代為問候曲阜市父老鄉親們。

一九九五年九月十一日至二十二日，孔德懋隨中國和平統一促進會兩岸文化交流代表團赴臺灣，終於有機會再和孔德成見面。

這是孔德懋第一次踏上臺灣，她還應邀演講。演講完後，次日孔德成夫婦冒雨赴環亞飯店把她接到新店家裡，共進午餐。孔德懋以後為文敘述當時的情景：

> 看到他們的一剎那，一切彷彿都不存在了……，小弟從沙發上起來，清楚地喊了一聲「二姊！」鄉音依舊，我們緊緊地擁抱在一起，淚眼朦朧中看到的還是我的小弟。弟妹琪方雖也

是古稀之年，但依然保持著我所熟悉的身姿風韻。在六十年前的那次婚禮中，是我作為伴娘將她迎進孔府門，送到小弟身邊的。從此，這一對伉儷相敬相愛，同甘共苦，風風雨雨走到今天，這時，看到他們在金婚之年又併肩站在我面前，真是無限欣慰，感慨萬分。

還是小弟打破沉默：「二姊，走，回家說話吃飯去。」

這是什麼樣的一頓飯？這是我有生以來，大概也是小弟夫婦有生以來時間最長的一次，從上午十一點到下午三點還是沒結束；又像是時間最短的一次，一瞬間似地就過去了。其時，我們飯吃得很少，不過是不停地說話，話比酒味更濃。從兒時的書房、父母的墳塋，到健在的和故去的親友……我們有訴說不盡的話題，而且又都有著一樣的激情。

……三點已過，我擔心他太疲勞，不得不勸他休息，於是起身告辭，小弟要琪方弟妹陪我回到賓館，我說有司機照顧就行了，他卻執意不肯，說：「司機雖好，還是讓琪方陪著放心。」

……除了必要的活動外，我總是和小弟夫婦在一起。幾天來，我們按照家鄉習慣吃餃子，吃饃饃……小弟知道我在孔府裡時就愛吃泡饃饃，賓館裡沒有合適的碗，執意要我從他家裡帶一個去賓館用。我卻想，這也是我今後無論到哪裡，都和他在一起用餐的象徵吧，因而又把碗小心地帶回了北京。[7]

這個時刻，孔德成已經因李登輝總統世代交替的暗示，主動辭考試院長職。

7《天下第一家族的女兒——孔德懋畫傳》（北京：中國大百科全書出版社，二〇〇五），頁二四二—二四三。

第二十一章
後蔣時代的憂患

自一九七〇年代以來，臺灣雖然擁有足以傲視東亞的經濟奇蹟，但反對陣營從黨外到民進黨的抗爭方式也逐漸激烈，自發生中壢事件、美麗島事件等流血衝突後，蔣經國於一九八五年自言他也是臺灣人[1]以來，中華民國政權本土化已是隱然的趨勢。

自一九八八年初蔣經國去世，歷經三十九年的兩蔣統治之後，臺灣面臨新局，長期幽居的孫立人[2]以及張學良[3]的自由問題，馬上受到外界關切。

1 蔣經國於一九八五年八月十六日接受美國《時代雜誌》專訪，表示自己心在臺灣，已是臺灣人，而且從來沒有考慮蔣家成員繼任總統。

2 孫立人（一九〇〇—一九九〇）為抗日名將，一九四九年政府遷臺時，是美國屬意取代蔣中正為領導人的人選，並曾赴東京面見遠東統帥麥克阿瑟將軍。一九五五年因部屬被指企圖謀反而遭管束。

3 張學良（一九〇一—二〇〇一）發動西安事變，促使蔣中正停止剿共。

孫立人很快重獲自由，不再受到國安局的看管。十一月二十五日他過九十歲大壽，文武百官紛紛向他賀壽；五院院長中，行政院長俞國華、司法院長林洋港、監察院長黃尊秋分別送了壽禮、壽軸祝賀。立法院長倪文亞和考試院長孔德成雖收到邀請函，但並未回應。

至於張學良，他早已可自由行動，並與多位資深黨政軍高官論交，只是一直很低調，國安局人員也一直駐守在北投住處旁。孔德成的學生說，孔老師基於對西安事變的見解，一直未與張學良往來。

國民大會世代交替

一九八八年繼任的李登輝，是中華民國首位非蔣姓又是臺籍的總統。他面臨的挑戰，不僅是民進黨，還有國民黨內部。

治權機關國民大會，仍然是民進黨的主戰場之一，訴求目標則是資深國代退職。理論上，國民大會六年開一次會，目的是選出下任總統，在此期間如果完全不集會，實在浪費公帑，因此有憲研會召開。憲研會主委是總統，但不會出席，應該主持的副主委谷正綱又因身體不佳繼續請假，因此兩年前開始，改由德高望重的常務委員孔德成主持，他在國民大會裡受到敬重，在他公正有禮的主持之下，憲研會開會時，即使有民進黨國代在場，一般而言秩序也算不錯。然而民進黨的動作很大，曾經在李登輝宴請第八次大會全體國大代表時動手掀桌，毀了整個宴會的氣氛，而孔德成坐在主桌。

一九九〇年，李登輝準備競選中華民國第八屆總統，雖然黨內有行政院長李煥有意出任副總統、部分資深國代拱蔣經國的弟弟蔣緯國出馬參選副總統，然而李登輝選擇當時的總統府祕書長李元簇搭檔。這個選擇使得黨內爆發了政爭，兩李終於擺平政爭並通過國民黨提名後，連袂拜訪國大代表，包括主席團主席孔德成。

雖然有波折，李登輝和李元簇順利當選第八任總統、副總統，國民大會推派孔德成致送總統當選證書給李登輝。

五月，李登輝宣布終止動員戡亂時期，廢止動員戡亂時期臨時條款，並開展第一次修憲，制定憲法增修條文，使各中央民意機關得以換屆改選。修憲後，中華民國的民主改革即快速進入深化階段。

包括孔德成在內，第一屆國民大會代表到一九九一年底全數退職。

續任考試院長

孔德成自一九八四年起，經蔣經國任命為考試院長，如今改朝換代，李登輝主政下，他的用人方式和過去兩蔣時代大為不同，如直接解除大老沈昌煥（一九一三—一九九八）總統府祕書長職務，排除李煥、蔣緯國拔擢李元簇出任副總統等等，再加上本土化的考量，已很難測度他究竟要安排何人出任考試院長。

然而，從他執政後所不斷歷經的驚濤駭浪，在考試院長這個位子，他還是選擇提名孔德成、林金生為院長和副院長。至於十九位考試委員則是大換血，本著年輕化與本土化的原則，使本省籍的委員從一人增加到五人。

這一任考試院的人選，依法仍要由監察院審查被提名人選，監察院打破過去四十二年來的慣例，首度在行使任命同意投票前，邀請包括院長、副院長在內二十一位被提名人來院報告。

在監察院長黃尊秋的主持下，先由孔德成報告過去六年的施政成果。他指出，擔任院長時，考試院共完成《公務人員陞遷法》、《公務人員基準法》、《公務人員養老法》等百餘種健全國家文官體制法案，在考選行政方面也銳意精進，先後推動高考分級、試務資訊化等革新方案；展望未來六年，將在既有基礎上繼續推動院務。

審查會時，也遇上過去從未有的新情況。有監察委員質疑孔德成的學歷；但許多監委反對如此質疑，黃尊秋也說明依規定不能審查院長、副院長的消極資格，僅能就他們的「學術造詣」審查。

如果講「學歷」，孔德成當然拿不出來，其實孔德成與學生們吃飯時，曾經自我調侃——他連小學都沒進，卻可以做到院長這樣的大官！但是，他的學問極受學者肯定。戲曲學者曾永義說：「孔老師的禮經，最難的就是儀禮，兩岸能講儀禮的學者，大概就是孔老師最權威了，必須進入古文字學、古器物學、民俗學，這些都深入研究，才能治儀禮的。整個先秦典籍孔老師熟到能夠背，我問老師，您怎麼背這麼多？他說是挨板子挨出來的。所以孔老師當年教我們也很嚴格，他治學的態度和方法影響我很大。」

監察院後來投票，第八屆考試院長、副院長及十九位考試委員，都獲得高票通過。

孔德成這年七十歲，即將轉任考試委員的考試院祕書長王曾才，對孔德成評價很高。王曾才說，孔院長是一位學者型的政務官，有著《論語．子路篇》「居處恭，執事敬，與人忠」——也就是修己、處事、待人本著「恭」、「敬」、「忠」的修養，「他是正統儒家，有很大的文化象徵意義，他的留任，可充分代表全中國政府的色彩。」王曾才準備卸任，孔德成改聘上屆考試委員張維一為祕書長。

孔德成續任考試院長，副院長林金生比他大四歲，然而十九位考試委員平均年齡不到六十歲，使得孔德成在後蔣年代的新任期，面對自主性較高的考試委員，明顯較前一任期辛苦得多。

孔德成的兩大考驗

其實，考試院面對新局，已對過去施政上不合理之處做了更張。例如，在孔德成的主持下，考試院院會通過將沿用四十年的考試法中按各省區「降低標準、定額擇優錄取」制度凍結，使得從一九九〇年高普考起，本省籍考生不再有因省籍地域因素，而造成考試結果差別待遇，任何考生均以同一成績標準錄取。過去，這項規定是因為考量政府機關裡的公務員要省籍平均分配之故，結果造成眾多本省籍考生吃虧。

孔德成在新任期面臨兩大考驗。一是國民大會展開修憲，過去行政院的人事行政局，從「動員戡亂時期」而產生的臨時性機構，調整為常設性單位。而人事行政局的職權顯然和考試院的銓敘業務有所衝突，考試委員們基於考試權的伸張，要求把人事行政權回歸到考試院，也因此對院長孔德成有更多的要求。但行政院人事行政局已經運作二十三年，對公務員任免、升遷、考績、退休等業務已駕輕就熟，全國百分之九十八的公務員都隸屬行政院，考試院如再接手這些業務，恐怕是個極大的挑戰。

另外一個考驗，來自新任考選部長王作榮（一九一九—二〇一三）。

王作榮一上任就在李登輝總統的默許下公開宣示，在任內絕對不辦自五十七年起開辦、已舉辦十次的甲等特考，埋下了日後院、部之間衝突的導火線。

甲等特考，是在博、碩士等高學歷人才難覓的年代，為甄補高級文官及簡任職公務人員而舉行；早年甲等特考確實為政府延攬不少人才，例如馬英九當年取得哈佛博士學位，返臺出任蔣經國的英文祕書及總統府第一局副局長，一九八六年通過甲等特考即是一例。然而甲考為人詬病的，也在於不公平。因為高考晉用的公務員要爬到簡任，最快也得要十八年的時間，但甲考一旦通過，就可以十職等簡任來任用。

王作榮宣示他的任內絕對不辦甲考之後，隔了兩年，終於面臨攤牌。

王作榮堅持不辦甲考

行政院人事行政局先於一九九一年要求辦理甲等特考，被王作榮打回票；九二年四月，又向考試院考選部報告有六十九個甲等特考缺額。

考試院院會於四月三十日舉行。院會中，先是考選部長王作榮、政務次長陳庚金與人事行政局的副局長陳松柏激辯；接著是考試委員表達意見，連向來很少發言的院長孔德成也講話了。他認為，甲等特考的法源還在，所以不能不辦。

由於爭執不下，有考試委員提議表決，王作榮要求記名表決。在場的十六位委員、副院長林金生及王作榮共十八人的記名表決之下，十位委員贊成「今年仍然舉辦，但從嚴辦理」；只有林金生和王作榮投反對票，有四位委員棄權，兩位沒意見。

王作榮在表決後，當場發表措詞強硬的四點聲明，表示身為考選部長，若認定非屬「特殊需要」，有權拒絕辦理；很多考試委員接受外面人情關說要求舉辦甲考；對院會他當然尊重，但社會輿論他更要尊重；甲考黑幕重重，早就應廢止，若繼續存在，將使考試制度蒙羞、國家信用掃地。

王作榮的四點聲明公開後，考試院院會以十五票贊成、無人反對的情況下，通過以孔德成院長的名義，公開譴責。孔德成在會中宣讀由考試委員所擬、自己做了修飾的聲明指出，甲等特考於法有據，法源未廢之前，考試院應依法執行，王作榮言及考試委員接受人情關說，對考試院榮譽及委員人格造成嚴重傷害；考試院會為合議制，重要考試、銓敘業務，皆為全體人員深思熟慮依法做成的結論，王部長如認為有黑幕，自應負起責任辦理絕無「黑幕」的甲等特考。[4]

向來走中庸之道又立場公正的孔德成，這回等於把自己推向火線，公開表態。不過，他次日馬上去問候稱病未出席院會的王作榮。部分考試委員把辦不辦甲等特考的矛頭改指向孔德成，認為孔院長身為大家長，卻未能解開困局，不如下臺。而外界也開始傳言，孔德成的「老好人」作風，不但未能解決院、部之間的緊張關係，還會賠上整個考試院的形象。還有部分考試委員連名致函李登輝，應考慮更動考試院的高層人事，否則未來四年院務難以推動。至於王作榮，則始終堅持他的初衷——不辦甲等特考，不做任何可能的調整。他的堅持，終於讓甲等特考走入歷史，也使得孔德成離開考試院。

4《聯合報》一九九二年五月八日二版。

宣布辭職

一九九三年，不僅政爭持續，李登輝也主導了黨政高層人士大幅調整，除了行政院長郝柏村必須讓他下臺外，其他的院長、副院長也在調整之列，包括考試院在內。

在李登輝執意以「五院人事年輕化」為由，八十一歲的司法院副院長汪道淵最先在一九九二年十二月三十一日遞出辭呈；監察院院長和副院長也內定由陳履安、鄭水枝出任。接著，就是考試院。

孔德成於一九九三年元月六日上午，公開宣布辭職。他以書面新聞稿指出：「茲值憲政改革已順利展開，世代交替亦為時勢之所趨，為配合總統全面革新之意念，俾中生代有為之士，更有貢獻長才之機會，本人已於去年十二月三十一日擬就辭呈，林副院長亦於一月三日提出，均已送請總統核處。」[5] 考試院祕書長張維一，也基於同進同退之念，一起辭職。

孔德成離任之後，李登輝授予二等卿雲勳章。

邱創煥繼任考試院長，馬上停辦甲考；王作榮繼續出任考選部長，直到任期結束。

儒家再歷衝擊

七〇年代末期，反抗運動逐漸自戒嚴中的臺灣興起，臺灣、本土、獨立建國等字眼都浮現檯面。

5《聯合晚報》一九九三年一月六日一版。

蔣經國去世後，從黨外到民進黨的反對人士就兩蔣執政時期的措施及法令展開抗爭，甚至波及對儒家及儒者的尊崇，如國學大師錢穆被指占用臺北市市有財產。

錢穆堅信「學術自有公論，人格不容汙蔑」，表達願遷出素書樓以遠離是非。一九九〇年五月，這位已全盲的國學大師離開住了二十三年的素書樓，改住臺北市杭州南路友人提供的一戶小房，卻在度過九十六歲壽誕後，也就是遷出素書樓才三個多月，於八月三十日逝於新住所。

錢穆與孔德成皆為總統府資政，不僅早年在曲阜孔府相遇，過去也在學術圈子裡常有往來，錢穆過世後，孔德成親為棺木覆蓋國旗。錢穆夫人錢胡美琦火化丈夫遺體後，將骨灰攜往大陸，葬在浙江蘇州太湖之濱，該是對臺灣社會的轉變，做最無言的抗議了。

後蔣時代，臺灣不再以儒學為國家意識型態，是有跡可循的。不論在朝或與在野，不約而同地把政策遙指臺灣本土化，乃至於去中國化。部分政界與文化界人士在推行分離意識之時，把儒家劃為「中原」文化，以有別於「臺灣」文化。原先為求代表全中國的「法統」，以及維護、延續中國傳統文化的尊孔崇儒政策，逐漸淡出；不再以尊孔崇儒為國家意識型態，也波及到奉祀官府。

奉祀官府走入歷史

大成至聖先師奉祀官府的預算編列在內政部，除了按月供給至聖及四配的奉祀官俸祿外，並辦理社會教育、文物管理及圖書出版等業務，此外也協助各地孔廟建立制度，以及有關祭孔儀典的諮詢；奉祀官府並且編著了由江逸子所繪的《孔子聖跡圖》等著作。不過，雖然預算主要在於人事費用，孔德成一輩子未領奉祀官的俸錄。

奉祀官府的存在，代表政府尊崇以儒家為重心的中國文化價值，以及延續道統和政府的正統；後蔣時代才開始，立法院審查民國七十八年度的預算共六百八十五萬四千元，民進黨立委就提案刪減；認為這筆預算是用來「養」孔子、亞聖、述聖後裔，最好全數刪除，如果不行，只須保留孔子部分，曾子、顏子後裔奉祀官的預算應全部刪掉。內政部列席官員說不宜刪，經過協調才獲得保留。

次年，內政部照列「大成至聖先師奉祀官府」預算七百四十三萬元，其中七百一十五萬元是支應奉祀官薪資，及協助辦理祭祀事宜官員的人事費。又有在野立委反對在無法律依據下，長期編列預算供養奉祀官，要求刪除。

奉祀官府確實一直期待能夠法制化，但始終因為單位太小而無法如願，立法院終於在一九九八年決議，自民國八十八年度起不再編列官府預算，使得成立已達六十四年的大成至聖先師奉祀官府，就此走入歷史。儒學以及尊孔的規格降低，是顯而易見的。

奉祀官府在兩蔣時代的位階極高，關防用的是等同五院院長的銀關防，所以孔德成出任考試院長後，就擁有兩顆銀關防。而孔德成在兩蔣時代也受重用，不僅出任考試院長，而且在外交上也有所倚重，他時以孔子嫡長孫身分出訪，以尋求外交上的實質突破；然而李登輝時期，對於外交方面的困境，不再運用孔德成身分上的優勢。

孔德成的情緒

二〇〇〇年中華民國總統選舉，陳水扁當選了第九任總統。陳水扁就任總統後，孔德成擔任了五十多年的總統府資政，也告停聘。在這段日子裡，孔德成繼續把精神放在學校的教學工作上。他向來對時政不評論也不表態，然而一位弟子卻意外在陳水扁執政之後，親歷老師對政治的向背。

張臨生回憶：「陳水扁開始執政後，有天劉安祺的弟弟劉安愚請客，孔老師夫婦來了，長期為總統撰寫匾額、褒揚令等文稿的書法家倪摶九也是座上客；我突然感覺那天老師怎麼彆彆扭扭的，很不自在，餐後老師和師母送我回家，他在車上痛斥倪摶九，原來是為了已經八十六歲高齡的倪摶九改朝換代後繼續成為總統府資政，在總統府為新總統寫字做文章！孔老師說很肯定我，說我真是他的學生，因為我辭職了。」

可以見得，孔德成對執政者的觀感；其實早在陳水扁過去對錢穆的言行、在臺北市主政的情況，孔德成都看在眼裡。陳水扁對尊孔的態度，顯然和國民黨市長有所不同。也因此在陳的市長任內頭兩年孔子誕辰，並未依過去傳統到孔廟擔任正獻官，而是選擇缺席；直到受到輿論批評了，第三年陳水扁才終於出現在孔廟，但又偏偏遇上滂沱大雨而草草結束。

扁政府最初雖然停聘孔德成，但兩年後卻突然又表示要繼續聘這位大成至聖先師奉祀官為總統府資政；孔德成經過思考後，決定接受，因為他認為國家比一時的政權更重要。

儒學被中共視為與馬列主義有嚴重的矛盾，在大陸嚴重受到衝擊，其後又歷經十年文革浩劫，導致儒學在中國學脈全斷，幸有熊十力、唐君毅、牟宗三、徐復觀師生等當代「新儒家」主流繼續在港臺發展而存續，然而兩蔣時代結束，儒學在臺灣不再受到來自國家領導人的重視，也就逐漸有煙消雲散之嘆。鵝湖雜誌社執行長周博裕以哲學大師牟宗三為例，指出牟宗三在世期間，始終基於學術文化立場反對共產主義及其制度，一生為文批評不知凡幾；但一九九八年九月初，「牟宗三與當代新儒學國際學術會議」，竟然順利在山東省濟南市熱烈召開，並且在牟宗三的山東棲霞市老家成立「牟宗三先生紀念館」！他認為，這也是臺灣不斷地自我設限之下的一葉知秋。

再以二〇〇四年的孔子誕辰二五五五年為例，臺灣沒什麼反應，並且頻頻爭執儒學是否屬於臺灣文化之時，大陸則是視為重大節慶，不僅在全球廣設孔子學院，舉辦世界性的儒學傳播研討會，並且還由聯合國教科文組織推動在北京辦「哲學在中國」活動。這也是在儒學研究、實踐以及領導上，臺灣也已退位的實證。

臺灣的去中國化

臺大教授陳昭瑛認為，臺灣的本土化運動在解嚴之後突飛猛進、甚至步入歧途的發展，究其原因有二：

一是過去國民黨的文教政策過於僵化，對臺灣本鄉本土的各種文化歷史保存和發揚，有嚴苛的限制，造成解嚴後的另一個極端的反彈；另一原因是臺獨運動——因解嚴後言論思想的鬆綁，臺獨運動自海外流回臺灣，與臺灣原來的反對運動相結合，得到空前的發展。[6]

對於時下以「反中國」為目標的本土化運動，她從臺灣歷史的脈絡詮釋「本土化」的意涵，認為中國文化與原住民文化，才是臺灣真正的本土文化。

曾永義說，他站在讀書人的立場談七〇年代國民黨當家時期，確實是壓抑臺灣本土文化藝術，以至於臺灣的傳統民俗如南管北管現在已快找不到了，後來在蔣經國、孫運璿以後，才開始重視本土文化建設，他也因此能扶植過去只能在野臺戲看得到的如歌仔戲，登上國家戲劇殿堂。

他說：「當年臺灣本土的文化被壓抑，我們會努力；可是後來本土化變成政治工具，拿來成為去中國化的藉口，變成小國寡民目光如豆，這對臺灣傷害也很大。那時壓抑本土文化可惡，現在去中國化同樣可惡！」

去中國化還有明顯一端。已有四十多年歷史的中華文化復興總會，在二〇〇七年年底，由民進黨政府更名為國家文化總會，除了更名外，原宗旨「復興中華文化，發揚倫理道德」，也修訂為「建立文化主體性，弘揚人本精神」。

世界宗教會議把儒家文化納入世界倫理

一九九三年，在芝加哥舉行的世界宗教會議，為即將邁入二十一世紀，研討全球化倫理問題，參

---

6 陳昭瑛，《臺灣文學與本土化運動》（台北：國立臺灣大學出版中心，二〇〇九），頁二六三。

加的有宗教界領袖、學者多達六千人。會議中通過德國學者孔思漢（Hans Kung, 1928-）起草的〈世界倫理宣言〉（Declaration toward a Global Ethic），其中包含了儒家文化的「忠恕」之道，就是《論語》中孔子所言「己所不欲，勿施於人」及「己欲立而立人，己欲達而達人」，都被納入全球性人類的普世價值與道德倫理。

正當臺灣領導人奉行本土化的思維，將儒家文化歸為中原文化，以求有別於臺灣文化，並進而與中國大陸切割之下，孔子兩千多年的思維，已然邁入全球化之林，這是普世價值，欲基於政治動機予以切割，是徒然的。

第二十二章
奉祀官交棒

孔德成的人生是如此的特殊，從出生之初就熱熱鬧鬧地自大時代的波濤裡一路行來，以聖裔血脈經歷了富貴、坎坷、衝擊、匱乏、悲傷與安樂。一九九七年，朋友弟子們想到他即將八十歲了，這可得好好慶祝一番，於是想到開學術會議出論文集以為紀念的點子。

這點子規模不小，但總能克服；只剩一關——壽星得首肯才行。

以辦學術研討會祝壽遭徹底回絕

四月初，孔德成的老友劉安愚、老鄉山東文獻社總編輯姜增發、女弟子張臨生及「酒黨黨魁」弟子曾永義，四人連袂赴孔家造訪孔聖人。曾永義事後回憶，其實他們都知道這個任務不容易，因為孔老師一直很低調，不會讓大家把精神力氣投注在自己身上的，「我向老師解釋，我們想比照臺老師一樣給您過八十歲生日，開學術會議並且出學術論文集，已聯絡好書局，開學術會議的經費也有了……，但孔老師當場把我們訓一頓，他意思是說我們不知道他的為人，後來我說老師別生氣去喝酒啦。」張臨生說，孔老師毫不矯情，為了徹底斷絕他們的好意，不僅口頭說如真正付諸行動就要「絕交」，還寫了措詞非常「正式」的信表明拒絕，一封不夠又親筆再寫：

安愚吾兄道鑒：

兄偕姜增發先生、曾永義先生、張臨生先生等蒞舍所提之事，至不敢當，亦絕不接受。惟諸位盛意，銘感無既矣。耑此敬謝，順頌

道綏

弟孔德成敬啟　民國八十六年四月十二日

最後，這份心意被擋下來了，過了十二年後才終於實現，那是在孔德成辭世一年之後，學生們於二〇〇九年舉辦了「孔德成先生學術與薪傳研討會」，並為他出了一冊論文集。

擋不住的勢頭——學生和親人紛赴曲阜

八〇年代，有天洪國樑告訴孔老師一件他閱報看到的消息：「老師，曲阜那邊又挖出一件銅器。」孔德成淡淡地說：「那是我家的。」

「您家的銅器怎麼會埋在地下？」

「因為我要離開家，帶不走，就請人先埋在地下，時間久了，被知道的人挖出來了。」

洪國樑說，老師這麼講他就理解了，當年把帶不走的銅器埋入地下逃難出來，總是帶著幾分希望，想著日後回去要把它挖出來的。卻沒想到世事多變化，以後沒機會回去，而文革孔林的悲慘遭遇又讓孔老師覺得對不起祖上。

孔德成始終沒有回曲阜，大陸方面以提升他的二姊孔德懋的地位，做為尊孔的象徵。孔德成不僅自己不再踏上大陸，也反對他的學生、親人進入大陸。但他個人執著與反對，終究擋不過兩岸和解與交流的勢頭。

身為弟子們的「領頭」，曾永義率先於一九九四年五月參加一個文化訪問團，抵達曲阜訪問。他回想那次行程，笑說：「我是以酒黨黨魁的姿態，拿酒統一中國！五月十九日回到家裡，身體就受不了，休息了一個禮拜。」他參加文化訪問團沒事先向孔老師報告，因為知道一旦講了必然被勸阻。他在孔廟和孔府裡照了很多照片，孔廟裡面被當成修理工廠，孔府大致保持孔老師離去時的原樣；孔林總共去過三次。

曾永義說，他曾想發動陪孔老師回鄉，可是想來會招致絕然的回應，因此「連我這個大弟子都不敢提」。

黃啟方回憶，過去學生們跟孔老師說要去曲阜，老師會堅持不讓去。二〇〇二年，因為孔孟學會理事長李煥應宋慶齡基金會之邀帶團訪問曲阜，黃啟方列為團員之一，他跟孔老師報告，「孔老師最初的反應是說你去幹嘛，不准去！但不到五分鐘，老師就改變主意了，說好吧，你去吧！你幫我帶兩本書回來。」孔德成要的其中一本是新版的《孔子聖跡圖》。黃啟方推想，孔老師所以會改變心意，可能因為他自己是孔孟學會副理事長，總不能抵制學會的活動。

因李煥在臺灣的地位，大陸方面以高規格接待來客；而黃啟方則是每到一處，都會被介紹這是孔先生的高足，那是一趟難以忘懷的曲阜訪問。

孔家，兩位媳婦也都在孔德成生前踏上曲阜。先是一九九六年，于曰潔因著她的兄弟在大陸經商之便，打算陪著父母親回山東，並且到曲阜一遊；她向公公報告，公公的回應是：「妳最好別去。」于曰潔想，她身為媳婦當然必須對公公盡孝；但她娘家的父母也年紀大了，父母親想回家鄉並至曲阜一遊，也希望她伴隨在身邊，為了父母的心願，只好違逆了公公的堅持。

孔維寧、吳涯夫婦是在二〇〇三年赴大陸的。那是一趟旅遊行程，孔德成起初也是反對：「我看你們還是不要隨便去大陸罷。」但那時和長媳的曲阜行又隔了七年，他已不會堅決反對了。兒子說：「現在去沒什麼關係了。」他沒再說什麼。

吳涯說，在行程的安排上，維寧受到公公的影響以為大陸很落後，因此先到上海待個幾天，看來各方面建設都不錯，再飛濟南轉曲阜，因為維寧認為既然踏上大陸就應回老家看一下。

「我們一家四口像觀光客一樣，坐馬車逛了曲阜。」吳涯回憶：「維寧說，你知道老爹為什麼不讓我們來，就是因為紅衛兵搗毀孔林，他非常傷心！」看了孔府，吳涯心想還好沒住在這兒——沒空調，也沒乾淨的衛浴設備，這怎麼住啊？那裡已成為觀光景點，維寧也沒有太深的感觸。

維寧夫婦回來跟父親說了，因為三孔變成觀光景點，孔德成滿感嘆的，也覺得無奈。他很早就說過，如果能重回孔府，要在那裡辦大學，以弘揚儒學；看來已難以實現。

雖然不願返回故里，然而大陸如果弘揚儒家之道，孔德成依然支持。曲阜準備成立孔子研究院，他於一九九六年十二月受邀題寫院名；二〇〇三年初開始，孔子研究院籌備成立「孔德成研究中心」，從各方面蒐集關於他的資料及訪談等。

二〇〇七年，孔德成同意受聘為孔子研究院永久榮譽會長。院方人士指出，孔子研究院是經中國國務院批准建立的儒家文化研究機構，具有文獻收藏、信息交流、學術研究、人才培養、博物展覽等五項功能，並且期待建設成世界研究孔子思想的中心。〇七那年，孔子研究院邀孔德成參加九月底舉行的「世界儒學大會發起國際會議」，為接續每年舉行的「世界儒學大會」做準備，但他稱病婉謝。

孔家一脈隨國府來臺，象徵正統嫡脈在臺存續，對照大陸曾徹底否定儒家傳統文化與道德，更顯珍貴。如今大陸雖推行改革開放使經濟翻飛，但堅持馬列毛思想之餘，雖設法勸說孔德成返回大陸，以謀這位孔子七十七代嫡長孫在儒家文化上的肯定，終不可得。

修譜盛事

孔府的家譜多年未修，堂弟孔德墉在香港經商有成，孔子研究院榮譽會長谷牧促請孔德墉協助修譜。

從明朝至民國，《孔子世家譜》由官方資助、歷代孔子嫡長孫主持續修，大致遵循六十年一大修、三十年一小修的規制。雖然谷牧請孔德墉修譜，但依照祖制，只有孔子嫡長孫有權主持。一九九六年，孔德墉專程赴臺和孔德成商量修譜事，他回憶：「到臺灣以後，我打電話給孔德成約見面，他很熱誠接待，一見面就說你怎麼現在才來看我！我就跟他慢慢談起修譜的事，我說你是最有福氣的衍聖公——因為你有機會修譜兩次，一次是九歲，一次是現在！但他說，『跟我來臺灣的奉祀官府裡的人，像雪公和老僕人差不多都過世了，現在身邊已經沒人了。』

「至於修譜，他連說應該修應該修，但怎麼修法，他問我。我說還是得靠捐資，後來他還是委託我組織修譜。」

一九九八年三月，經孔德成認可，孔德墉在香港註冊成立了《孔子世家譜》續修工作協會，主持第五次大修孔氏家譜，孔德墉一家共捐資七百餘萬人民幣，歷經十三年的艱辛工作，終於完成八十冊、二千多萬字的孔子家譜。入列的孔子後裔多達三百多萬人，分布在世界各地；這次修譜也首次列入女性後裔。但這部《孔子世家譜》於二〇〇九年編纂完成，孔德成終未能見到。以後，《孔子世家譜》常態化續修工作協會在北京成立，推舉繼任奉祀官的七十九代嫡長孫孔垂長為會長、孔德墉為榮譽會長，協會隨時接受海內外孔子後裔入譜、勘誤、查詢、更改信息等需求。孔垂長指出，這家譜是世界上最有價值的家族史書，不僅承載著孔氏家族的歷史根脈，更是中華民族的文化瑰寶，也是全人類的財富。

長孫女垂梅的發展及婚姻

孔德成的孫輩到了二十一世紀都已成年。長孫女垂梅臺大畢業後，和她母親一樣進入航空公司，她先在國泰航空擔任空服員，接著轉到華航飛國際線。她每次回到臺北，一定會去看看爺爺報平安，

「爺爺很開明，他總說哪天來坐坐妳服務的飛機；我當然是回答好啊，但這機會一直沒有出現。」她因飛行認識了華航波音七四七機長周孔德，兩人相戀，於二〇〇一年在法院公證結婚。這是孫輩自己的決定，孔德成也覺得很好。

孔垂梅婚後生了女兒周詠萱，曾孫女的出生，給了孔德成很大的樂趣，他經常搬把椅子坐在詠萱面前看著，一看就是好久。孔垂梅再飛了一年，轉考地勤單位，這樣也能照顧女兒。目前，她的職務是華航企業安全室運行保安部副理。

長孫垂長的成長與姻緣

孔垂長一九九二年自東山高中畢業，他沒有使用政府給予孔子嫡長孫免試升學的優待，反倒是赴澳洲讀書，學的是商業。一九九八年，他返回臺灣服兵役，以盡國民義務，在軍中他也沒享受任何特權，先是到新竹科學園區旁的關東橋新訓中心接受新兵訓練。訓練結束，孔垂長抽籤分發到陸軍總司令部，再到臺北市南昌路的陸軍聯誼社擔任勤務兵，由於在臺北市，他回到新店住家的機會頗多。他記得，一九九九年的九二一大地震，半夜天搖地動，家裡的電視都翻倒了，他趕忙扶著住在隔壁的爺爺奶奶下樓到戶外，爺爺奶奶還談論著地震怎麼這麼厲害。由於全臺多少都出現震災，一星期後的孔子誕辰釋奠典禮也就從簡，但崇聖祠的家祭還是舉辦了，由叔叔孔維寧主持。二〇〇〇年孔垂長二十五歲，他在三月二十日退伍。

如今孔垂長回想從前，他在少年之時，不論爺爺和父親，都沒有特別在儒學這方面要求過他，讓

孫女孔垂梅結婚，與祖父母孔德成、孫琪方合照。

考試院長孔德成、孫琪方伉儷。

他自由成長；而他回到家感受到的就是一片祥和，爺爺讀書、時間到就起身走一千步做為運動，不論爺爺奶奶或父母親總是輕聲低語，他在個性上也因而平和，真要說起來，有點悶，膽子也小些。

他一直沒想到有一天會繼承奉祀官之職，從小直到青年時期，他都不覺得來自孔子血緣的職責和他有什麼關係，也就沒有心理準備；因此他到澳洲讀書，學的是商，服役時他想從事的工作也是商。

退伍之後，孔垂長到二舅于大鈞的公司上班，他的姻緣也來了。他在公司裡認識了來自高雄的吳碩茵，她的甜美與溫柔引起他的愛慕，「碩茵來公司時和我一樣做業務，她臺南家專畢業，又念了輔仁大學織品服裝系；後來她想回家，於是辭職回到高雄。有天我到高雄漢神百貨逛，在一個專櫃又和她重逢。我想我這個人比較不會笑，而她的笑容吸引了我。」

二〇〇五年，孔垂長與吳碩茵同樣選擇到法院公證結婚，沒有驚動多少人，身為爺爺的孔德成給予祝福，結婚當晚只有自家人在天廚餐廳圍坐一桌，以為慶賀。第七十九代嫡長孫的結婚方式沒有遵循古禮，選擇現代的簡單法制，以及與本省籍佳人結為連理，均具有與時代俱進的意義。

孔子祭祀的交棒

祭孔方面，孔德成終究年紀大了，也就做了安排，他先從二〇〇四年起，要求嫡長孫孔垂長主持釋奠典禮之前，在孔廟大殿後方崇聖祠的家祭，家祭原先是由孔維寧主持。至於大成殿的釋奠典禮，仍舊由他來主持，不過這年是他最後一次參與祭祀。

到了二〇〇五年，孔德成已經八十六歲。八月初，他感到身體不太舒服，從下午一點睡到七點，雖然不想就醫，可是垂長和垂梅還是不由分說地把他送到耕莘醫院住院檢查，這才發現心臟血管有堵塞。恰好臺大中文系主任何寄澎準備親自送聘書給他，得知老師在醫院後，直接到醫院來探視，並且建議改到臺大醫院由心臟內科廖朝嵩醫師動手術。二媳吳涯說，這手術沒什麼可怕，但爺爺抗拒不去，是長媳曰潔勸了，才終於聽進去，在曰潔的陪同下到臺大動手術，裝了兩根血管支架。

由於還在病中，孔德成想把孔廟的公祭——釋奠典禮交給孫子主持，他沒有直接跟孫子講，而是找長媳跟垂長說。但孔垂長依然不願，他告訴母親的理由是，他並不是奉祀官，所以爺爺在世時，他不宜主持公祭。

接下來三年，都是由孔德成的機要祕書鄭毅明代理主祭官。不過，孔垂長也開始意識到自己的孔子嫡長孫身分，這是不能輕忽的，他決心多涉獵儒家學說，自我養成。雖說如此，他眼見爺爺的身體愈來愈差，不僅心疼老人家即將離去，又思及爺爺在學術上的專精及成就，自己遠遠不及，壓力就上了心頭，他甚至大量落髮，有段時間左耳上方禿了一塊。

孔子八十代嫡長孫誕生

二〇〇六年一月一日，孔垂長與吳碩茵的長子在臺大醫院誕生，是為孔子第八十代嫡長孫，這是四代同堂且後繼有人，孔德成非常開心。他開始思考，該怎麼取名呢？于曰潔回憶，公公親手提筆顫巍巍地寫下「德、仁、承、元」四字，看哪個搭「佑」字比較好，因為手已無力，這幾個字抖得厲害；經過一個半月的長考，取名為孔佑仁——八十代是「佑」字輩，「仁」則是儒家的中心思想。

孔佑仁的出生，已經沒有孔德成在二十世紀初出生時那麼敏感，得靠軍隊包圍、眾多親友見證及監視。孔德成好整以暇地命名，然後發函呈報內政部：

> 大成至聖先師奉祀官孔德成嫡長子維益嫡長子垂長之嫡長子佑仁於中華民國九十五年一月一日在臺北市出生，為孔子第八十代嫡孫。茲檢附戶口名簿影本一份，報請備查。
>
> 大成至聖先師奉祀官孔德成

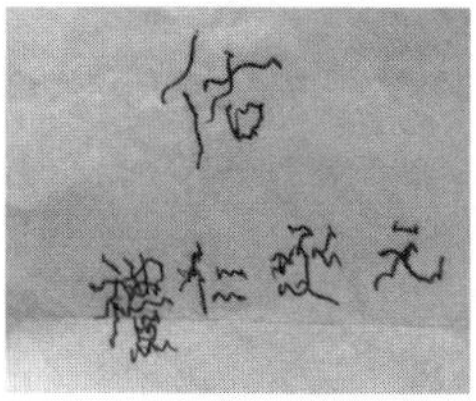

孔德成親筆為八十代嫡長孫命名，當時他八十六歲，可以看出手抖得厲害。

孔德成率長媳于曰潔，與孫女垂梅一家、孫子垂長一家赴京都。

孔德成與七十九代嫡長孫孔垂長夫婦及八十代嫡長孫孔佑仁。

《聯合報》於二月十九日報導了孔佑仁出生的消息。報導指出，帝制時期，孔子家族嫡長孫（第四十六代）自宋仁宗至和二年（一〇五五）起世襲爵位「衍聖公」，第五十代孔拯於金熙宗時（一一四二）襲封衍聖公、六十代是明成祖左右的孔承慶（早死未襲爵，追封）、七十代是清雍正帝時的孔廣棨（一七三二），每十代相隔約三百年；孔佑仁的出生，距七十代孔廣棨襲爵有二六六年，這樣的傳承，已有千年。

孔德成接受《聯合報》記者訪問時，也被問及幾個當前和儒家有關的話題。他肯定中共廣設孔子學院：「這是很好的，中國人聽到這個消息都很高興。可見在世界上大家都很重視中國文化。」但被詢及當前臺灣政府的去中國化，以及減少中文授課時數、把中國文化基本教材從必修改為選修，會不會影響到臺灣學子的儒家思想教育等問題，他一如長久以來對政治的態度，選擇迴避：「我是個教書的人，只談學術。」

張臨生說，孔老師總是不那麼開心，跟他相處久了的弟子們，可以感受得到，他其實心事重重；孔老師很敏感，問他時事，他總以回答「文不讀三代以下」來推辭——基本不評論政治，但有時會搖頭嘆息，又可見得其實他是有想法的。

日、韓、越儒學團體依然重視臺灣祭孔

雖然臺灣部分人士在本土化的策略下，把儒家打成中原文化，有意無意間予以忽視，但一到孔子誕辰，日本韓國皆有儒學團體來到臺灣，參與祭孔。因為這些儒學團體認為，有孔子嫡裔在的臺灣，

孔德成在臺北孔廟。

才是正統的儒家，而且能親炙孔子的血脈。

韓國儒學團體博約會，於一九九五年三月五日首度組團來臺參加臺北孔廟的春祭，這個人數達三百人的代表團由會長李龍兌率領致祭，他們非常慎重地以韓國朝鮮時期古禮，穿韓國傳統禮服，手持玉牌行「別添笏記」的傳統祭孔大禮，以後博約會持續參與祭孔，事務總長李毓源繼續來臺祭孔，並且拜訪了奉祀官孔德成。李毓源是韓國大儒李退溪的十四代孫；另外，還有來自成均館的儒學代表。

二〇〇七年孔子誕辰釋奠典禮，由臺北市長郝龍斌擔任正獻官，內政部長李逸洋代表陳水扁總統上香，日本道德科學研究院近七十位代表、日

2006 年，孔德成應廣池學園理事長廣池幹堂夫婦（左三及二）之邀，率長媳、孔垂長夫婦及佑仁赴日。（廣池學園提供）

本論語普及會、韓國博約會、越南河內文廟都率團參加，並穿著傳統服飾擔任陪祭官。

日本麗澤大學外國語學部教授淡島成高說，由於孔子、孟子、曾子的後代都在臺灣，日本道德科學研究院來自日本各地的會員每年都來臺參加，今年已是第三十六屆，二〇〇六年起還擔任陪祭官，來臺看到傳統的祭孔儀式，內心非常感動。

日本論語普及會這年是第三十三年來臺，在祭孔大典後，在大成殿以日語朗誦〈學而篇〉。普及會會長室屋安宏指出，普及會現在使用的讀本是孔德成贈與會員伊與田覺，再由伊與田覺翻譯手寫成讀本，代表團來臺祭孔皆朗誦不同的章節。

郝龍斌：臺北孔廟是全世界保存儒家文化最完善的

郝龍斌說，聯合國教科文組織的資料顯示，以儒家文化立國的國家國情穩定，孔子思想從過去、現在與未來都深具意義，國外儒學團體更是年年組團來臺，讓儒家文化傳揚全世界。他說，臺北孔廟不是全世界最大的孔廟，卻是保存儒家文化最完善的孔廟，北市未來將積極發揚，讓儒家文化成為全世界最主要的文化資產。

第二十三章
孔聖人的最後日子

這麼多年來，孔德成一直出現在眾人面前的，有兩端。一是肅穆地在臺北孔廟主持孔子誕辰釋奠典禮；一是在大學執教。

孔德成從年輕起就菸酒不斷，那是他們那一輩年輕時在苦悶中的生活方式。中央研究院院士董作賓（一八九五—一九六三）的兒子董玉京是中心診所心臟內科醫師，為孔德成檢查後勸他戒酒戒菸，孔德成是很能自制的，既然醫師這麼說，他果然就配合醫師，把菸酒都戒了。于曰潔說，公

2001 年，日本麗澤大學頒授榮譽博士學位給孔德成。

公很注意養生，早上吃麥片一碗，裡面是兩枚蛋的蛋白，另有一碟奇異果等不含糖的水果，晚餐通常是黑麥麵包兩片一定搭生番茄一碟，三十年如一日；像甜食是絕對不碰的。

孔德成獲頒臺大榮譽博士學位

孔德成裝心臟血管支架後逐漸康復，他也繼續到臺大上課。二〇〇五年十一月十五日，臺灣大學慶祝創校七十七周年暨改制六十周年校慶，將榮譽博士學位頒授予孔德成和數學家丘成桐。沒有任何學歷的孔德成在次媳吳涯、孫女孔垂玫陪同之下，接受學位頒贈。孔垂玫那時是臺大資訊工程系四年級學生，由校方安排上臺獻花給爺爺。

校長李嗣涔讚揚，孔德成指導中文、人類兩系師生，以實驗、復原的方法研究《儀

2005年，臺大頒授榮譽博士學位給孔德成，次媳吳涯和孫女孔垂玫陪同。孔垂玫當時是臺大學生，上臺獻花給爺爺。

禮》，是科際整合的典範，身為孔家第七十七代傳人，他一生都在弘揚儒家文化，促進國民外交。孔德成謙虛地說，自己在臺大教書五十年，貢獻甚少，他很感謝，也覺得很慚愧；臺大校訓「敦品勵學、愛國愛人」正是傳統教育的基本精神，他以此自勵，且與同學共勉。

孔德成的確一直在教書。大陸的中新社派駐臺灣記者得知孔子第八十代嫡長孫已經出生，這對中國大陸當前對儒家重視的氛圍而言，是個會受到關注的話題，要採訪他，就約在臺大的課堂。二〇〇六年三月二十五日，中新社以〈臺灣寫真：「學不厭教不倦」的孔子後人孔德成〉為題，發出報導：

> 臺灣大學文學院第十九教室。一位工作人員把兩張桌子拼起，一邊擺上一張藤轉椅，另一邊則擺上四張課椅，打開日光燈，因雨天而昏暗的教室頓時一片明亮。上課鐘聲響起，伴隨著拐杖篤地的緩慢腳步聲從走廊盡頭傳來，孔德成教授在學生的攙扶下來到教室。
>
> ……這堂「般周青銅彝器」課，雖然只來了兩位學生，孔先生仍然十分認真地開講，讀起古文來抑揚頓挫、聲音洪亮。為了講解青銅器上的虎銜孩童花紋，他引經據典，深入淺出，不時跟學生開個小玩笑，說到高興處便爽朗地呵呵笑起來。
>
> 今年八十七歲的孔德成鄉音未改鬢毛已衰，到臺灣之後就再也沒回過大陸。他自一九五五年起就在臺大中文系、人類學系兼任教授。現在他在臺大及輔仁大學講授「三禮研究」、「金文研究」及「般周青銅彝器研究」課程。他說實在是太忙，無法安排時間回老家山東曲阜看看。
>
> 談到儒家學術的精髓，孔先生顫巍巍地在紙上寫下「人」字。那握筆的手雖已蒼老，卻仍修

長均勻，握筆時，一股文人風韻瀰漫紙筆間。

他認真地對記者說，「最要緊的就是這個字，沒有什麼是離開『人』而立論的。」聽到記者說現在大陸推行「以人為本」的理念，他說，「知」與「行」並重，這很好啊！

提及現在臺灣許多年輕人不喜歡讀古文，孔德成說，「我們應該創造學習古文的風氣，最起碼要把中國傳統文化裡做人的道理，灌輸給年輕一代。我們是人，說話就應該誠實，要遵守諾言，做事業要有敬業精神。為師長的人不但要講解，還要身體力行，做青年的模範。如果不把這些教給青年人，我們就對不起他們。」

孔德成的曾孫、孔子第八十代嫡長孫在今年元旦出生，孔德成斟酌一個半月為他取名「孔佑仁」。談到小曾孫，孔德成臉上泛起慈祥的神色。對於孩子的未來，他說：「不論他以後研究什麼學問，但既然是中國人，就要多念中國書。中國是有悠深文化的國家，一個中國人如果連自己的文化都不了解，這丟人不丟人啊！」

作為大成至聖先師奉祀官，孔德成負有傳承孔子血脈及學說之責。對於「使命感」這三個字，老先生卻連說不敢當，「中國人嘛，多念中國書就是了。」

除了授課，孔德成說他其餘時間除了讀書還是讀書，「古今中外、天文地理，無所不看，不勝枚舉。」

年邁的孔德成先生每次講課，都穿著整齊的西裝，認真地打好領帶。記者問他，每周上這麼多課會不會太辛苦，有沒有考慮停課休息。孔先生語氣堅定地只說了一句話：「我在這裡都教了五十年了！」

孔子曰：「吾何足以稱哉！勿已者，則好學而不厭，好教而不倦。」謙虛、耿直、幽默、執著的孔德成，則身體力行著先人的這句話。

法國雜誌社訪問孔德成

這年九月，孔德成的精神及體力都尚可，由於佑仁的誕生，也引起法國 *POINT DE VUE* 雜誌的注意，這雜誌的內容主要在於介紹歐洲王室貴族，透過攝影大師郎靜山的女兒郎毓文聯絡，要求訪問孔德成一家人。孔德成看在老友郎靜山的關係，同意了。

POINT DE VUE 雜誌的記者在郎毓文陪同下，到孔德成在新店的家採訪。據也在場的《南方周末》記者曾年敘述，法國記者問孔德成，「你對蔣介石的印象如何？」老先生這樣回答，「他是我的長官，我不能說他壞話。日本人來的時候，他把我帶去了四川，後來又帶到南京，最後把我帶到了臺灣。」接著孔德成提起歷史上曾經離開曲阜家鄉的三位嫡長孫，第一位是在秦始皇焚書坑儒之時的第八代嫡長孫，第二位是隨北宋皇帝南遷的第四十八代嫡長孫，第三位就是他了[1]。若要算衍聖公，他是第二位遠離家鄉的公爵。

法國記者一行人聽孔老先生說起他目前每星期還兩次到臺大授課，都感到不解，以為他講的是過去的事，畢竟他年紀已這麼大了。採訪完下樓，還特別向門房打聽，才知道是真的，老先生確實每星

1曾年，〈臺北：近觀祭孔〉，《南方周末》二〇〇七年九月三日。

2006 年，孔德成與孫子垂長、甫一歲的曾孫佑仁合影。
這張照片係由 *POINT DE VUE* 雜誌攝影。

期兩度出門赴臺大授課。

法國記者在孔子誕辰那天，清晨四點半跟到孔廟看孔垂長主持家祭。天亮之後接下來是後面的釋奠典禮，由當時的臺北市長馬英九擔任正獻官。幾天後，法國記者又請了孔德成、長媳于曰潔、孔垂長與吳碩茵夫婦和還不到一歲的孔佑仁一家四代，到忠孝東路上的法國餐廳吃飯，孔德成在年紀大了後，喜歡吃西餐。不過，法國記者希望能請孔德成全家到孔廟拍張照片時遭到拒絕，理由是「我不受別人指揮」。

一個月後，*POINT DE VUE* 雜誌刊出十頁篇幅以〈和世界上最古老的家族會面〉為題的文章，一開頭是這麼寫的：「二五五七年前，這個哲學的創始人樹立了中國人的不朽精神。一代代大成至聖先師的子孫，以一樣的禮儀傳承了一個精神的權力……」

教不倦的教育家精神

孔德成有許多難得的紀錄，最令人難忘的，就是他的教學精神。他效法孔子的「述而不作」，一直把自己的學術生命擺在教學上，而且沒有退休的想法，傾力把自己的學識傳授下一代，直到他終於起不了身。

「老師自從不擔任公職後，還是很認真的教書，他當院長每星期上兩次課；卸任後曾有到三次課。」章景明回憶，那時老師已八十好幾，因為腿逐漸無力，最後兩年不在二樓的中文系第五研究室上課了，改到一樓教室。

孔德成八十七歲了，依然喜歡讀書，連客廳也堆滿了書。

孔德成效法孔子的學不厭、教不倦精神，一直教到生命的盡頭。這是他八十七歲時，為年輕學子授課情形。

八十七歲的孔德成。

章景明回想，他自己是在二〇〇四年、六十三歲時退休的，因為制度就在那兒，「我向老師報告準備退休，他臉一板眼一瞪，說『我都沒退休你退什麼？』我一說要退休就被罵，所以我退休也不敢跟他講。孔子說學不厭教不倦，他是教育家的精神，來教書從來不是為了區區鐘點費，完全是出於教育的熱情。」

孔德成繼續上課，直到二〇〇八年他八十九歲了，四月間，學期過了一半，他終於體力不繼，儀禮研究課無法再繼續下去，只好由弟子臺大文學院長葉國良把課代完。章景明講到此，有些悽然：「孔老師真的是教到不能教方止。」

雖然已經沒體力上課了，但孔德成依然要讀書。洪國樑回憶：「老師在過世前，還是很用功，開了書單要我採購，這時他已臥病在床，書單裡其中有一本是《顧維鈞傳》，我先找來《顧維鈞回憶錄縮編》上下冊，他說不是他要的，我繼續找，終於找到了。」

那幾個月，孔德成雖然已難離開病榻，但神智清楚。洪國樑記得，有天他去看老師，老師突然問：「黃先生好嗎？」洪國樑知道老師問的是誰，而且竟然稱先生，一辭出就跟黃啟方說這事，黃啟方馬上過去看老師。被戲稱孔德成門下的酒黨——曾永義、章景明、黃啟方、葉國良、洪國樑加上潘美月、何寄澎等臺大中文系老師，以及張臨生、丁原基等，都是孔德成懸念的弟子群。

最後一刻

于曰潔回憶：「公公二〇〇八年四月以後就沒什麼力氣，躺在床上半年。如果要出門到醫院就診，就離不開輪椅，十月，他咳嗽不止，起初該是感冒，後來轉劇為肺炎。二十一日那天，公公本來就剛好要到位在新店的慈濟醫院臺北院區看廖醫師的診——廖醫師剛從臺大醫院退休，轉到慈濟醫院看診；但在電梯裡傭人看到他的頭垂下來，趕緊告訴我，我和吳涯趕到醫院，廖醫師給他急診，用上呼吸器，雖然情況暫時穩定了，但一直沒能醒過來。」

「老師出狀況時，我是學生裡第一個去的。」章景明說：「二十一日早上十點左右，我接到孔維寧的電話——他那時也在上課，醫師告訴家裡人說老師可能很危險，我坐計程車趕過去，老師的兩位媳婦都在，雖然救回來了，但一直沒有醒過來。二十八日，老師真的不行了，維寧通知我和曾永義，雖然插管維持生命，但還是走了。我們都很難過。」

孔德成因心肺功能衰竭而逝，他傳奇的一生就此結束，享壽八十九歲。

洪國樑帶著老師生前要的最後一本書，到他的靈前：「我把那本書放在他的靈前，表示我還是買到了。那是金光耀寫的《顧維鈞傳》，幾年前才出版的。維寧一看到就跟我講，這本書一定是您買的！因為他知道孔老師託我買。」可以見得，孔德成不是說說而已，在辭世的最後一段時日，還是想讀書。

「孔先生代表文化典範的象徵，他的逝世是臺灣學術文化的損失。」曾是臺大中文系主任的考試院考試委員何寄澎說。他聽聞孔老師過世，心情久久難以平復。

公祭是在十一月三十日，在臺北市立第二殯儀館舉行。清晨，臺灣各界和來自日、韓的祭弔人群陸續抵達。馬英九總統頒褒揚令，並於追思時說，紀念孔先生最好的辦法，就是繼續弘揚儒學。

葉國良親為老師撰寫〈孔德成先生事略〉，內容寫道：

先生長身玉立，風度翩翩，聲如洪鐘，笑語爽朗。生平儉僕自律，院長任內不居官舍，其他可知矣。而薪俸之入，不吝與友朋學生共。平居望之儼然，而即之也溫，交無尊卑，均以親和幽默待之。與門人燕飲時，喜劇談清代及民初政壇掌故，唯知其善各體書、食不厭精、唯酒無量而已。而知之深者，則於其學問人品，敬畏有加，學者教授、弟子門生，執禮之恭，近數十年僅見，亦足證其師道之尊嚴矣。故韓國嶺南大學、成均館大學、日本麗澤大學、臺灣大學均贈以名譽博士學位，非虛榮也。

章景明則寫了曾永義認為足以代表同門弟子心聲的輓聯：

博我以文約我以禮忝列門牆稱小子

義屬師弟情同父子空依絳帳哭先生

他解釋，孔先生一向稱他為「小子」，而他們的知識和道德修業，都來自先生。

雖然大陸方面一直期待孔德成身後能夠歸葬曲阜孔林，並且在裡面留了位置；然而早在長子孔維益突然過世，孔家就買下臺北縣三峽鎮龍泉墓園一塊墓地，維益葬在那裡，孔德成辭世後，也葬在那裡。

孫琪方的意外

孔德成永遠地走了。比他大一歲、相伴七十三年的夫人孫琪方，並不知道先生已逝，因為家人怕她傷心，瞞著她。但她一直沒見到老伴，覺得奇怪，到了第五天，孔垂梅覺得瞞不住了，就把奶奶帶到靈堂看一下，奶奶沒說什麼，但看到她眼中有淚。「那天她都還好，到了晚上她就不小心跌倒撞到頭，早上才被發現。」孔垂梅幽然回憶。雖然立刻送到耕莘醫院急救，但腦子裡可以見得有淤血，也就一直昏迷。

醫院問家人要不要救，于曰潔決定要救，這一救就是住院兩年多。于曰潔說，傭人每天都到醫院給她按摩，叫奶奶還稍有反應，她也是用呼吸器，

孔德成去世，安葬在新北市三峽區龍泉墓園。五年來，不斷有來自海內外的儒學人士前往悼念；這是2013年9月孔子誕辰紀念前夕，日本友人赴墓園致敬。

從嘴插管，太痛苦了，後來二〇一一年初醫師決定氣切——在氣管開洞，沒想到卻變成肺氣腫，就在一月十五日去世。

孔維寧在母親出事之初感嘆不已，問姪女怎麼會這樣？先是父親，接下來就是母親出狀況，而且母親不到靈堂探視父親都沒事，一看就出事。孔垂梅回答：「可能因為爺爺一直照顧奶奶，現在沒法子照顧了，就想把她帶走吧。」

日後，她與孔德成合葬在龍泉墓園。

第二十四章 源遠流長

《儒藏》，明萬曆時的進士孫羽侯首倡編纂之議。明代較晚的儒學學者曹學佺感嘆，佛家有《釋藏》、道家有《道藏》，「吾儒何獨無？欲修《儒藏》與鼎立。」但始終未見著手。清朝乾隆年間周永年也有〈儒藏說〉，後來乾隆朝編修《四庫全書》其實也與此有關。

北京大學的《儒藏》計畫

二十世紀末，歷經共產黨治國之下的文革全面否定孔子與儒家後，九〇年代，北京大學儒學教授湯一介重提編纂《儒藏》之議。邁入二十一世紀，北京大學於二〇〇二年決定啟動《儒藏》工程，次年確立先編精華編，後編大全本；既要對儒家典籍作系統編纂，又要對儒家文化作全面研究。

值得臺灣學界關注的是，文獻是按傳統的四部分類，經校勘、標點，以正體（大陸稱繁體）、直行排印，計畫最終是製作便於檢索的電子版。採用正體字和直行，等於回歸臺灣在文字上長久的堅持，實際上也是書寫文化的傳承。國學大師季羨林（一九一一—二〇〇九）與聞這個儒學大計畫後，主張應讓大陸的大學生，從大一起開始學習繁體字，才能看懂、學習《儒藏》裡的學問。

二〇〇三年底，中共教育部正式批准以湯一介為首席專家的「《儒藏》編纂與研究」方案，接下來兩年，編列了一點五二億人民幣預算，執行此方案。目前，這個方案規模不僅是有中國大陸二十多所高校參與，還有韓、日、越等國學者參加編寫「域外文獻」，甚至臺灣也有學者加入。

此刻，臺灣正由民進黨陳水扁總統執政，教育部長杜正勝繼續李登輝時代的本土化思維，以同心圓理論，對於下一代的歷史教學課綱，將臺灣史列為中心、「中國史」其次，並且把中國文化基本教材改列選修。

臺灣將奉祀官制度改為榮譽職

中國大陸自一九七八年改革開放以來，重建中國傳統文化以做為民族意識的核心價值，將儒家道德價值回歸社會，並回復尊孔、讓孔裔躍上高層，乃至於成為中國在國際的象徵。然而在臺灣的孔子嫡裔，則是在民主機制下，逐漸歸於平淡。

洪國樑說，臺灣社會在後蔣時代，就讓儒家文化逐漸自國家意識型態退位，對孔子嫡裔也沒像兩位蔣總統執政時那麼敬重，「孔老師一卸任不當考試院長，座車就收走了，讓我們這些當學生的有很強烈的感受，現在奉祀官也沒有特別的禮遇。奉祀官其實具有傳統道德與文化的代表性，我們的政府當局沒思考這個問題；相對的，在大陸孔子後代的地位反倒受重視。」

孔德成去世後，接下來浮現的問題，來自內政部——世襲的大成至聖先師奉祀官，究竟要由七十八代的孔維寧，還是由隔代的七十九代嫡長孫孔垂長接任？內政部官員說，他們有這兩個腹案。如果從國學根基來看，已經在大專教國文幾十年的孔維寧當然在這方面要強；然而從自古以來的宗法世襲制度來看，那就是嫡長孫孔垂長。其實，身為「當事人」的孔德成，早就有了答案。

孔德成在長子維益突然走了沒多久，就親自把寫明「于曰潔存」的信封，交給長媳。信封裡面放的是一張「孔氏大宗譜」，從七十六代到七十九代的內容，是他自己以毛筆親自校寫自七十六代以下的家譜，明列了嫡長子的傳承，也就是說，未來繼承他的，就是長孫孔垂長——不過于曰潔並未公布。而在祭孔方面，孔德成在二〇〇四年起，也指示在崇聖祠的家祭，由垂長接替叔叔，此舉他雖然沒有明說，但也講了一句耐人尋味的話：「我這樣安排，是有用意的。」孔維寧很清楚父親的用意，所以在孔家，由誰來接奉祀官，並沒有什麼疑義。孔維寧在二〇一〇年六月十日，因腦癌去世，享年六十三歲。

孔德成去世後，內政部也重新檢討政府唯一世襲之職——千餘年來稱衍聖公、如今是大成至聖先師奉祀官的待遇問題。因為在當前的臺灣社會，異議似乎愈來愈多，總是著眼於奉祀官怎麼可以平白獲取特任官或簡任官的待遇。內政部邀了五位學者開會，討論是否改為無給的榮譽職。

「我反對改為無給職！」參與開會的葉國良說：「這個職務是全世界最特殊的，主要在於對孔子，是國家對一個流傳兩千年的文化的尊崇，我勸政府不要用有無直接貢獻心力的『公務人員』，來思考這個位子該不該有什麼薪酬，或者讓奉祀官當個哪單位的職員，這樣思考對有傳統文化背景的國家而言，並不體面。奉祀官存在的意義是象徵的，代表國家重視長久以來賴以建構社會價值觀的孔子與儒學。」

然而，內政部還在考慮奉祀官該是有給職或是無給職的時候，孔家主動表達，不願再享世襲特任官的支薪。這給了內政部檢討整個奉祀官制度的空間，初步提出的「大成至聖先師奉祀官制度調整案」，主祀的至聖奉祀官制度仍將維持，但改為榮譽職，並由嫡長子繼任；考量目前少子化及男女平等觀念，未來孔家如只生一女，則可由女子繼任奉祀官。

二〇〇九年，孔垂長被任命為大成至聖先師奉祀官，主持臺灣每年的祭孔大典。他在祖父去世之後，就擔當起每年孔子誕辰的家祭與公祭的任務。外界對這位新奉祀官是陌生的，初見面還會嚇一跳，因為年輕得出乎意料——有次他受邀到彰化孔廟，管理人員原先為古蹟裡沒有無障礙設施而擔心，一看才知他其實不是老人家。他接

孔子第七十八代嫡長孫孔維益過世後，孔德成把自己親校的孔氏大宗譜，放入信封裡交給長媳于曰潔保存。

受記者訪問時說，他了解自己特殊血脈的文化意義，會全力以赴，把孔子思想發揚光大。

二〇一〇年十一月，孔垂長赴山東青島參加王獻唐逝世五十週年學術會議，山東大學校長徐顯明頒授該校榮譽教授證書給他。

二〇一一年五月，孔垂長在臺灣發起成立「中華大成至聖先師孔子協會」，並任會長。孔垂長說，祖父逝世後，他肩負了家族的使命，但以一己之力難以承擔起民族文化傳承的重任，所幸有多位學者和祖父的門生熱心參與，以及在大陸經商的舅父于曰江鼎力支持，才能夠順利成立協會。協會宗旨是將孔子仁道思想發揚光大，把儒家倫理推廣到世界各地，進而達到世界大同的最終目標。

臺灣感受到儒家詮釋權的威脅

二〇一一年一月時，一尊連同基座高達九點五公尺的孔子銅像，被安放在天安門廣場的國家博物館前，隔著長安街，距離天安門上的毛澤東像約四百公尺之遙，毛澤東曾在文革期間批孔，徹底否定孔子思想。天安門廣場一向被視為大陸的國家精神象徵，把孔子像放在這裡，意義不言可喻，雖然馬上受到一些左派言論的攻擊，並且在三個月之後撤至國家博物館院子裡，然而仍然引起臺灣文化界的重視，認為大陸這幾年尊孔，並且藉由豎立孔子銅像宣示文化正統地位，臺灣可謂在政治與文化論述兩大層面，面臨諸多危機。

國家文化總會會長目前是曾任馬英九政府行政院長的劉兆玄。他指出，大陸發生文化大革命時，中華文化在臺灣沒有遭到破壞，得到較好的保存，這是臺灣的優勢，我們可全力推動王道文化，影響大陸。[1]

文化總會祕書長楊渡則說，此時是回顧中華文化最好的時機，二十一世紀的中國人要走出去，就要在這一波文藝復興中回歸傳統文化，找回中華文化的自信，和世界分享。他強調，很多大陸學者、文化界人士來臺後都認為，相較於大陸歷經文革的傷害，臺灣反而有較好的中華文化底蘊，這些潛藏在民間的文化，都是臺灣傳承中華文化的優勢。[2]

大陸自一九四九年以來不斷地發動對知識分子的鬥爭、貶抑，乃至於被官方定性為「十年浩劫」的文化大革命，臺灣則在兩蔣執政期間一向保存中華文化不遺餘力，因而在中華文化詮釋與代表上很具優勢，但因臺灣近年來傾向「本土優先」，如今談儒學或者中華文化，大陸已逐漸取代臺灣。

孔垂長赴北大介紹在臺灣的中華文化

二〇一二年四月，北京尚有寒意，但春天已悄然來臨。

孔垂長以孔子第七十九代嫡長孫、大成至聖先師奉祀官的身分，二日再次率團重返曲阜，三日上午於孔廟主持春祭大典，四日上午於孔林家祭，六日轉赴北京。這趟行程是公開的，因此引起許多大陸媒體大篇幅的報導。

1《聯合報》二〇一一年一月十三日A15版。

2同前註。

七、八兩日，北京大學召開「儒學的復興」兩岸學者學術研討會暨孔垂長先生歡迎會。九十三年前，北大是五四運動的發源地，學生們群起為國仇家恨走上街頭，進而揚棄儒家學說，發起新文化運動，希望能全盤西化以救中國，共產思想也因此茁壯，進而席捲全大陸。三十七歲的孔垂長如今步入這著名學術殿堂，其意義不言可喻。

北京大學這場學術研討會，由北大哲學系主任、儒學院副院長王博主持，北大《儒藏》首席專家湯一介、孔垂長、當時的北大校長周其鳳先後在會中致詞。校長周其鳳指出，「孔垂長先生作為孔子第七十九代嫡長孫、歷代衍聖公的正宗傳人，是儒家文化在當代的重要象徵之一，也因此承負了特殊的歷史責任。」他說，儒學的復興是與中華民族的偉大復興緊密關聯在一起，黨的十七大已明確將「弘揚中華文化，建設中華民族共有精神家園」作為整個國家文化戰略的目標，「在我看來，離開了國家的強盛，文化的復興終究不過是鏡花水月；而沒有內在的精神凝聚力，國家的成長也將因失去方向而停滯不前。我有理由相信，儒學在當代中國的復興，將成為凝聚民族共識的重要的思想資源。」

次日，孔垂長和隨行的前東吳大學校長劉源俊一起舉行「儒學與科學——發展科學民主須以中華文化為基礎」講座，孔垂長以〈孔子思想歷久彌新的實用價值〉為題，在北大講述了孔子的儒家思想對臺灣人民的潛移默化。面對滿座的北大學生，他先盛讚北大的學術氛圍很好，各種觀點可以兼容並蓄，有認同儒家、道家、馬克思哲學等等不同的學生社團並存，所以他也可毫無顧慮地發表自己的一家之言。其實，這就是近百年前，北大首任校長蔡元培主張的學術自由。

孔垂長指出，先祖孔子的儒家思想，不僅僅是一種學說理念，也主導了中國兩千多年來的教育、政治、社會及文化的發展；在中國人日常生活中更是廣泛地運用，「孔子儒學思想的最大特色，就是『以人為本』的人文精神，這並不是一種強制性的思想，而是出於人類社會道德生活自身的內在需求！」這也是他的祖父孔德成，一向主張的中心思想。

他開始從生活層面闡述儒學思想裡的價值，首先談孝道。

「儒家文化向來很重視孝道的觀念，子曰：『弟子入則孝，出則弟，謹而信，泛愛眾而親仁。行有餘力，則以學文。』孔子把孝親放在很重要的位置，在儒家文化的影響之下，中國家庭一向強調『以孝立國』，直到今天，這個觀念仍深植於中國人的心中。」他舉臺灣的退休調查員丁祖伋以花布包著病重的母親到醫院就醫，感動了無數人的例子，指出孝行美德在中華民族社會的根深柢固，臺灣法律甚且規定，為人子女者如棄年邁雙親於不顧，就會觸法。

他接著講儒家社會福利思想，是仁愛思想的一種表現：

「儒家文化非常重視以和為貴，孔子認為和諧社會建立在互助的基礎上，不分階級相互扶持，尤其要對弱勢族群給予必要的照顧，所以孔子很重視分配正義和社會公正的問題，反對貧富過於懸殊，希望民眾生活獲得充分保障，人人得以安居樂業。《禮記．禮運篇》強調，『人不獨親其親，不獨子其子。使老有所終，壯有所用，幼有所長，矜寡孤獨廢疾者，皆有所養。』這是世界上最早的完整社會福利思想主流。」他指出，在政府方面，臺灣行之幾十年的全民健保制度，就是基於如此理念而辦出來的；而在民間，他以在臺東鄉下賣菜的陳樹菊為例，把賣菜所得、畢生積蓄全拿出來捐給學校蓋圖書館，而臺灣其實有許許多多廣施愛心的「陳樹菊」，這也是臺灣社會最大的正向能量。他還提及決定把十六億美元於身後捐出的長榮集團創辦人張榮發，認為張榮發無私無我的大愛精神，正是儒家思想的最高表現，令人肅然起敬。

孔垂長並提到二〇〇八年四川汶川大地震，臺灣同胞紛紛伸出援手，其中在大陸的「臺灣同胞投資企業聯誼會」立刻斥資近九千萬元人民幣，興建都江堰市的「臺灣愛心家園」，展現了臺灣民眾的愛心，這就是儒家文化裡的「人溺己溺，人飢己飢」精神的高度展現。

孔垂長說，臺灣民眾已把孔子的仁愛思想內化為生活習慣，例如在捷運等大眾交通工具上讓座的情形非常普遍，認為是理所當然的事。

演講最後，孔垂長談起兩岸儒學的未來：

> 儒學在臺灣的傳承是眾所公認的，作為孔子的後人，我也很欣喜地看到大陸近年來也正經歷一個包括儒學在內的中國傳統文化的復興時期，考慮到在以前特殊年代大陸出現過傳統文化的斷層，這種復興就更值得兩岸炎黃子孫甚至全球華人歡欣。垂長作為孔子第七十九代嫡長孫，更是肩負歷史重任，將孔子思想發揚光大是我們中華大成至聖先師孔子協會的責任，相信也是眾多志士仁人的共同願望，這一目標的實現尤其需要同根同源的兩岸同胞攜手努力！

他也期許北大，作為中國大陸的文化高地，在這裡弘揚儒學不僅可以培養出新一代中國傳統文化的推手，更可以為全中國乃至世界文化的發展樹立標竿和楷模。

演講在北大學生的掌聲中結束。

劉源俊首先回顧了德先生（Democracy）與賽先生（Science）引進中國的新文化運動，以此闡述了「德先生和賽先生與中華傳統文化的關係」和「我們應該提倡什麼樣的德先生與賽先生」兩個話題。

他認為，科學、民主與中國原始儒家的精神是相通的，德先生的實現需要以儒家倡導的優良道德為基礎，賽先生發展也應該提倡中華固有文化為制衡。他強調，本立而道生，德先生、賽先生固然是好東西，但必須建立在中華固有文化的底蘊上，才會對中華民族有用。

孔垂長在北京大學演講。

這趟行程，孔德成的門生曾永義和黃啟方一起隨行。曾永義有感於此行陪同孔老師的嫡孫孔垂長赴曲阜，他以「侍從」的心情隨垂長祭祀孔子，五日過七十二歲生日時，是由曲阜師範大學單承彬院長和諸學者領他登梁山，於是賦七律一首記之：

歲華已及仲尼年　侍從聖裔祠聖賢
喬木芳菲思故國　惠風甘澍澤苗田
書生守拙無爭競　驥足方施未敢先
白髮蹉跎春去也　梁山呵酒嘯雲天

他寫此詩之後，贈予小他三十七歲的垂長，並且與啟方分享。黃啟方隨即回以七律，並贈垂長：

紛紛世事二千年　聖裔軒昂自象賢
三孔煙林藏遠祖　尼山風月映丘田
侍從行禮曾無愧　放浪聯盃方敢先
滿眼迎春何日再　此生莫負白雲天

大陸學者肯定孔垂長的北京之行

這次孔垂長率團赴曲阜和北京，大陸學者的評價很高。

中國社科院的儒學學者趙法生指出，北京大學是五四新文化運動的策源地，各種激進主義和文化保守主義思潮，都是從此地風生水起，打倒孔家店的口號也是從這裡傳出，那時的孔夫子被指為中國現代化的絆腳石，「經過半個多世紀的花果飄零，孔氏嫡長孫在北大所強調的觀點，似乎遙遠地回應了當年的世紀論爭。」

他並以自己經歷為例：「鄧小平七〇年代後期強調思想解放運動，讓學界從文革的思考中解放出來，所以我們文學界會有傷痕文學，反省文革造成的傷害。傷痕文學反思文革對個性的壓抑，例如我們沒有不喊口號的自由，現在要解放自己。到了九〇年代，大陸開始反思社會倫理問題——我們的社會親情淡薄，人際關係疏離，知識分子感到社會倫理出了很大的問題。開始反省之下，孔子就重新進入人心，孔學、儒學愈來愈受重視。」

尼山聖源書院院長牟鐘鑒說，大陸很容易認同孔垂長的孔子嫡長子身分，讓他到處受到歡迎，「所以我認為北大校長周其鳳出面歡迎孔先生來，代表國家領導以及政府的態度愈來愈明確，只要愈多認同，這個傳承就能解決；我個人認為孔垂長不是只是臺灣的奉祀官，他是屬於中華民族的。現在大陸這邊講文化中國，我要改為文化中華——因為『中國』有政治意涵，『中華』就是民族意涵。大陸要正式認可他的奉祀官身分才對。」

他並強調，儒學的復興在大陸，不是哪個階層少數人炒作，而是全方位的復興；因為已發現光是經濟強大還不行，還要包括文化復興才行！「這裡主流開始對孔子賦予應有的尊重，民間對儒學四書的誦讀很普遍，我參加各種場合的講座可以感受得到，中國經歷大起大落後，愈來愈認同中華文化，主流已確定下來了。」

「垂長的時代和孔老師不一樣，」曾永義解釋：「因為中國站起來了，共產黨也慢慢在開放，他們的軍事經濟都站起來，一有信心才會回頭看文化問題，所以他們省思到以前批孔揚秦的錯，會設孔子學院來補過去文化大革命所造成的傷害，我們在臺灣也就不能和過去的共產黨等量齊觀。所以垂長要做交流，民族的傷痕一旦抹平就要讓它過去，大陸對孔子思想重新認知，這方面我們要順水推舟，匯為大河。」

他建議孔垂長，在聖裔立場要把握潮流，應適如其分地盡自己的力量，促使兩岸在典籍整理、儒家發揚方面著力，思考如何推動儒家文化，「垂長千萬不要求之於艱深，而是要平實，從日常、周遭生活著手。不可望著太陽月亮高高在上。他有努力的空間。」

儒家歷久彌新

二〇一三年五月，大陸中華書局正式引進臺灣高中學生必修的《中華文化基本教材》。《新華社》報導，引進版教材與原教材，在內容與體例方面基本上是一致的，分上下冊，上冊為〈論語選讀〉，下冊為〈孟子選讀〉與〈學庸選讀〉，內容以儒家經典《四書》為主。《聯合報》報導指出，目前大陸高中語文課國文科的教材中，雖有古文如詩詞歌賦的選載，但內容較少，而且缺乏對儒學有系統的介紹；因此移植臺灣行之有年的高中中華文化基本教材，改編成《中華文化基礎教材》。[3]

政大中文系名譽教授董金裕說，這是因為大陸文革時期，中華文化的地位被破壞殆盡，直到改革開放、經濟起飛，大陸雖然變得富有，社會卻出現自私自利、男盜女娼、不講秩序、不敬老尊賢等種種亂象，有識之士於是回過頭來，希望透過《論語》、《孟子》等文化經典，改善社會風氣，因而形成一股國學熱和儒學熱；由於臺灣高中課程幾十年來都持續教授《論語》、《孟子》等國學經典，教材也編得很好，大陸中華書局因此向臺灣取經。大陸中華書局所引進的，就是他所審訂的康熹版《中華文化基本教材》，目前已有好幾個大陸的高中下訂單，即將開課。

同樣參加了「儒學的復興」學術會議的北大高等人文研究院院長杜維明，回顧了上世紀初以來儒家所遭受的衝擊，感慨但堅定地說：「儒家的傳統在鴉片戰爭以來，特別在五四以來所受到的摧殘和批判，在人類文明的過程中從來沒有出現過，各種宗教都沒有。但是它所有陰暗面都被用特大的放大鏡給照查出來，本身不是陰暗面我們也找出它的陰暗面。但它現在依然活著，表明它已經煉成金剛身。」[4]

3《聯合報》二〇一三年五月二十一日第一版。
4二〇一三年六月二十一日《中國新聞網》：〈新儒家領軍人物杜維明：儒家傳統已經煉成金剛身〉。

孔德成的預言

章景明回憶，文化大革命時期，他曾經問過孔老師，中國文化何去何從？

「老師說這個我們不必擔心，他們不能持久的。畢竟孔子集大成的儒家文化是中國民族性，也是人性，幾千年來深植人心，凡是中國人都還是會接受。他就是這麼一句話——中國總會回歸到儒家文化。」

孔德成對儒家思想與文化有如此的把握；如今看來，他的話果然不虛。

德之不修，學之不講，聞義不能徙，不善不能改，是吾憂也

戊戌六月廿一日恭录

祖訓以勗寧兒

達生

1958 年作品，訓勉次子維寧，行書，時年三十八歲。

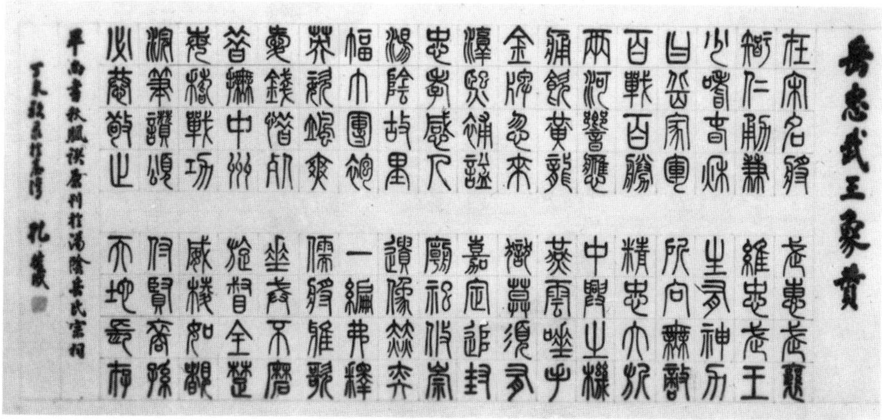

1967 年作品，篆書，時年四十七歲。

垂長吾孫念之

忠信篤敬

德成 庚辰五月台北

2000 年作品，孔德成勉七十九代長孫垂長，時年八十歲。

後記　回應孔聖人的確信

汪士淳

二〇〇六年二月的一個晚上，新店中央路孔宅。

我那時還是《聯合報》記者，登門採訪孔子第八十代嫡長孫孔佑仁的出生，因為這個機會，得與一生都是故事的孔德成先生見面。在採訪前，他的長媳于曰潔女士告訴我，孔先生有一邊耳朵是重聽的，所以跟他談話得大聲點；另方面，我也擔心會聽不懂他的話，所以就由于女士居間「翻譯」了。

採訪曾孫的出生與孔先生見面

我拍攝了孔先生懷抱著才睜眼的曾孫照片，由於急著回去發稿，只問了孔先生兩問題，都是與時事有關：一是對大陸在世界廣設孔子學院的看法？一是對臺灣當時政府的去中國化，進而把中國文化基本教材從必修改成選修的看法？這兩問題，他肯定前者，迴避後者。

我與孔先生的直接接觸僅僅如此，對他的了解也止於表層，如今看來這採訪應是入寶山空手而回──他是很難有機會採訪到的人物，而我竟然沒問他什麼！

兩年半之後，孔先生去世了。再過五年，我撰寫他的傳記，隨著資料的蒐集、訪談家人、學生、學者及友人，對孔先生的認識逐漸加深，我終於理解到，他回答兩提問的簡單內容，裡面蘊藏著他對世事的認知、對政權的向背及轉向，以及他的人生態度，他的個人經歷。

我也終於肯定，許許多多在他周遭的人士，給他的一個特別稱呼——孔聖人，是名副其實的。他的言行思考，的確就如聖人一般，他以身作則，踐行二千五百五十年前老祖宗孔子的教導，他就是一位純粹的儒者。

撰寫孔先生傳記，我也書寫了十九世紀跨越二十世紀、進入二十一世紀這段歲月，兩岸之間對儒家的否定、衝擊，以及再肯定、再否定的歷程。從甲午戰爭之後一百多年以來，該是兩千五百多年儒家歷史中，遭受到最嚴重打擊的時刻了。恰好從出生就身歷其境的孔先生，卻能處之泰然，並且對儒家的未來有十足的把握，堅信儒家的道理已深入民心，不是一時的民粹、任何政權所推行的政策，就能消滅得了的。事實證明，果然如此。

丁龍講座與客家老太太之例

我舉二例，呼應孔先生心中的確信。先談丁龍講座。

美國紐約哥倫比亞大學（Columbia University）的丁龍講座（Dean Lung Professor），創立於一九〇一年，是一個專門研究中國文化與漢學的講座。丁龍，是十九世紀自山東赴美工作的一位華裔老工人的名字，已故國學大師錢穆記述了講座的來歷[1]：

林肯總統時代的退役將軍卡本特（Horace Walpole Carpentier），獨居在美國紐約，他僱用一名男僕整理家務，但因為他的脾氣不好，動輒謾罵，僕人往往幹不了多久就離去。僕人不斷地更換，來自大陸山東省的丁龍是其中之一，也因為將軍的壞脾氣而離職。有天卡本特家裡失火，他因為沒有傭人而十分狼狽，丁龍得知將軍的困境，重回他家表達願意幫忙，理由是「我家鄉的古代聖人孔子，曾經教我們恕道——『己所不欲，勿施於人』；現在您獨居在家，又遭火災，我曾經做過您的僕人，聽到您的遭遇很不忍心，所以願意回來幫您的忙。」

卡本特將軍很感動，說：「過去怠慢了，我不知道你是讀書人，能讀聖賢書！」丁龍回答：「不，我不識字，不是讀書人。」「那你父親是讀書人，也非常好！」「我父親也不識字，我祖父、曾祖父都不識字，這些聖人的道理，都是因為前代的家訓，代代相傳，我們才會知道的。」卡本特將軍極為感動，從此跟丁龍有如朋友般住在一起，丁龍服侍他，協助家務，再也不曾挨罵。

過了好些年，丁龍病重了。他知道餘日無多，於是跟將軍說：「我在您家，食住無慮，您所賜的工資我沒有用到，都存了起來，現在我快要死了，在紐約這裡沒有熟朋友，在家鄉也沒有結婚，因為我們有這麼多年的私誼，所以就還給您吧。」

丁龍去世後，卡本特將軍並沒把這位山東漢子遺下的錢財放回荷包，反倒把丁龍的存款添成一筆

1原文見錢穆《中國史學發微》，〈略論中國歷史人物之一例〉（台北：東大圖書公司），頁二七二—二七三。民國七十五年為國史館復刊第一期作。

巨款，捐贈給哥大，創立了專為研究中國文化的丁龍講座，至今已百餘年。

另一例子，來自花蓮縣壽豐鄉一家民宿的客家女主人。我妻張璉在東華大學歷史系任教，她告訴我，朱姓女主人一直對自己今年八十四歲老母親很感佩，因為母親從小就教她做人處世的道理，如要謙恭有禮，寧可自己吃虧，不要與人爭執等等，這些教導對她而言受用無窮；值得一提的是，客家老太太並不識字，當然也就沒讀過書，這些溫良恭儉讓的教導，其實就是儒家文化的核心精神，全是祖上傳下來的。

這兩例可謂是儒家扎根在華人生命裡的縮影，可以這麼說，兩千五百年來儒家的通俗文化，早已在華裔的庶民日常生活裡落實，存在於中華民族每個角落，如家庭裡的盡孝、公車上的讓座皆然，毋需經由學堂的知識傳授，這就形塑了中華民族溫柔敦厚的民族特性，當前任何想去除或降低儒家影響的文化政策，都無從否定或改變。

這本書撰寫時，獲得多位先進的協助，從前期多位曾親炙於孔先生的臺大教授、他的弟子、大陸儒學學者和相關人士的受訪，與國史館陳立文教授、中國社科院楊天石教授的協助查找資料；後期孔先生長媳于曰潔女士、次媳吳涯女士，以及我同學張麗君，還有張璉的指正與校稿，在此一併致謝。

孔孟輩系表（孔德成親校）

五十六代至一〇五代（自此，始有排輩字）

56希 57元 58公 59彥 60承 61宏 62聞 63貞 64尚 65衍

66興 67毓 68傳 69繼 70廣 71昭 72憲 73慶 74繁 75祥

76令 77德 78維 79垂 80佑 81欽 82紹 83念 84顯 85揚

86建 87道 88敦 89安 90定 91懋 92修 93肇 94彝 95常

96郁 97文 98煥 99景 100瑞 101永 102錫 103世 104緒 105昌

孔德成大事記

一九二〇年二月二十三日（農曆正月初四）

生於山東省曲阜縣孔府，字玉汝，號達生，係孔子第七十七代嫡孫。

一九二〇年農曆正月二十一日（十七天）

生母王太夫人去世。

一九二〇年六月六日（滿百日）

大總統徐世昌頒令襲封為第三十五代「衍聖公」。

一九二五年（五歲）

設立闕里中學（現曲阜第一中學），就任名譽校長。

一九二八年（八歲）

蔣中正赴曲阜。

一九二九年（九歲）

設立全國孔氏一族修譜事務所。

庶母陶夫人去世。

老師莊陔蘭教授漢字、書法。

一九三〇年

主持大修《孔子世家譜》。

一九三四年

國民政府決定每年八月二十七日（農曆九月二十八日）為孔子生日，並舉行祭典。

日人廣池千九郎至曲阜訪問。

一九三五年（十五歲）

南京國民政府改「衍聖公」爵號為「大成至聖先師奉祀官」。

一月十八日明令任命孔子嫡系裔孫為「大成至聖先師奉祀官」並設置「大成至聖先師奉祀官府」。

七月八日於南京宣誓就職。

日本政府邀請參加日本孔廟（湯島）竣工典禮，由孔昭潤代理出席。

贈送書法「日孜孜」予日本廣池學園。

一九三六年十二月二十六日（十六歲）

與前清名宦孫家鼐孫女孫琪方女士結婚。

一九三七年（十七歲）

西遷漢口。

《孔子世家譜》編撰完成，撰寫序文。

長女維鄂誕生。

一九三八年（十八歲）

遷至重慶歌樂山。

膺選國民參政員。

一九三九年（十九歲）

長子維益（孔子第七十八代嫡孫）於重慶歌樂山誕生。

一九四一年（二十一歲）

次女維崍於重慶誕生。

一九四六年（二十六歲）

任國民政府制憲國民大會代表。

一九四七年（二十七歲）

抗戰勝利遷至南京市。

次男孔維寧於南京誕生。

一九四八年（二十八歲）

就任第一屆國民大會代表（山東省）。

就任總統府資政。

公費赴美深造一年，應聘耶魯大學榮譽研究員。

一九四九年（二十九歲）

二月舉家遷臺居臺中奉祀官府。

三月自美返國，時教育部長杭立武特邀至廣州、香港及澳門等地演講。

任臺灣省立農學院（現中興大學）中文系兼任教授。

一九五五年（三十五歲）

任教國立臺灣大學，後續任教於國立師範大學、私立輔仁大學及私立東吳大學。

一九五六年（三十六歲）

任國立故宮中央博物院聯合管理處主任委員（一九五六——一九六三）。

一九五七年（三十七歲）

應日本道德科學研究所邀請赴日本演講，以學者及聖裔雙重身分蒞臨東土，受到熱烈歡迎，東京都贈榮譽市民。

一九五八年（三十八歲）

應越南孔學會之邀赴西貢（今胡志明市）等地演講。

一九五九年（三十九歲）

應韓國成均館大學之邀赴韓演講，並獲贈名譽文學博士，韓國大統領李承晚待以上賓之禮。

回程應日本廣池學園邀請赴日，會見日首相吉田原。

一九六五年（四十五歲）

受東亞學術計畫委員會贊助，與臺大中文系主任臺靜農、研究生曾永義等十餘人，以出土資料驗證

《儀禮》經文，後撰成《儀禮復原叢刊》，凡十餘種。

一九六七年（四十七歲）

自費領導拍攝《儀禮士昏禮》黑白影片，為世界首部古禮電影，二〇〇〇年，弟子葉國良改製為彩色3D動畫影片。

一九六八年（五十八歲）

蔣中正蒞臨臺北市孔廟親校祭孔習儀。

一九七一年（五十一歲）

一月十七日長男維益與政治大學同學于曰潔女士結婚。

十二月四日長孫女垂梅出生。

一九七三年（五十三歲）

赴日參加第二次日中文化研究會專題演講「孔子的生涯與思想」。

一九七四年（五十四歲）

應日師友會之邀，赴日演講「關於孔子的仁愛思想」。

一九七五年（五十五歲）

七月一日長孫孔垂長（孔子第七十九代嫡孫）誕生。

十月九日應廣池學園邀請赴日演講「孔家二五〇〇年的歷史和傳統」，由夫人孔孫琪方、長子維益、次子維寧和孫女垂梅陪同。

一九七七年（五十七歲）

訪問日佐賀縣多久市多久聖廟，演講「傳統與仁愛精神」。

一九八一年（六十一歲）

赴韓國參加李退溪先生誕生四八〇年國際學術會議。

一九八三年（六十三歲）

參加美國舊金山祭孔大典。

以團長身分赴日參加「中華民國書法展」。

一九八四年（六十四歲）

代表國民大會致送第七屆總統蔣經國當選證書。

四月訪問荷蘭、比利時、英國、西德、法國、奧地利、西班牙及義大利八國，發表演說十三場。

與教宗若望保祿二世晤談。

六月赴廣池學園參訪。

八月十七日總統令特任為第七屆考試院長。

一九八五年（六十五歲）

麗澤大學校長廣池千太郎夫婦參訪考試院。

十月三十一日赴美參加十一月三日在紐約舉行的美國第四屆祭孔大典。

一九八六年（六十六歲）

日本道德科學研究所理事長廣池幹堂夫婦來訪。

九月二日赴日參加日本前首相岸信介發起「感念蔣公遺德彰顯會」，並擔任團長。

十二月四日赴美參加「美洲第五屆祭孔大典」。

一九八八年（六十八歲）

一月十三日蔣經國總統逝世，於蔣總統遺囑副署。

赴日參加道德科學研究所所長廣池千九郎逝世五十周年紀念會，演講「孔子思想的本質與其精神傳統之現代意義」。

一九八九年（六十九歲）

長子維益逝世，享年五十。

十月二十八日前往漢城首爾出席亞太議員聯合會第二十四屆大會。

一九九〇年（七十歲）

代表國民大會致送第八屆總統李登輝當選證書。

八月十七日總統令特任為第八屆考試院長。

十一月二十三日至二十七日應邀赴日主持湯島聖堂三百年紀念祭孔大典。

一九九一年（七十一歲）

一月十八日接待韓國儒教學會金丁鎮副會長一行三人。

國大代表退職（一九四八—一九九一）。

一九九三年（七十三歲）

四月二十四日卸任考試院長，在任八年餘，先後制定《公務人員考試法》、《專門職業及技術人員升等考試法》、《典試法》、《公務人員任用法》及《公務人員俸給法》等重要法案。

總統府授予二等卿雲獎章。

一九九八年（七十八歲）

認可孔德墉在香港註冊成立《孔子世家譜》續修工作協會（二〇〇九年編纂完成）。

一九九九年（七十九歲）

「大成至聖先師奉祀官府」走入歷史。

二〇〇〇年（八十歲）

卸任總統府資政。

二〇〇一年（八十一歲）

日本麗澤大學授與名譽文學博士，演講「孔子重視的道德，知識，學問」。

二〇〇二年（八十二歲）

續任總統府資政。

二〇〇五年（八十五歲）

第七十九代嫡孫孔垂長與吳碩茵女士結婚。

國立臺灣大學授與榮譽博士學位。

二〇〇六年（八十六歲）

孔子第八十代嫡孫誕生，命名為佑仁。

應邀訪日赴京都賞櫻，此為最後一次訪日。

二〇〇七年（八十七歲）

受聘中國大陸山東曲阜「孔子研究院」永久榮譽會長。

二〇〇八年（八十八歲）

因心臟病住院慈濟醫院臺北分院。

因心肺功能衰竭，十月二十八日上午十時五十分辭世，享壽八十八歲。

儒者行：孔德成先生傳

2013年10月初版　定價：新臺幣420元

著者　汪士淳
總編輯　胡金倫
發行人　林載爵

出版者　聯經出版事業股份有限公司
地址　台北市基隆路一段180號4樓
編輯部地址　台北市基隆路一段180號4樓
叢書主編電話　(02)87876242轉212
台北聯經書房　台北市新生南路三段94號
電話　(02)23620308
台中分公司　台中市健行路321號1樓
暨門市電話　(04)22371234ext.5
郵政劃撥帳戶第0100559-3號
郵撥電話　(02)23620308
印刷者　世和印製企業有限公司
總經銷　聯合發行股份有限公司
發行所　新北市新店區寶橋路235巷6弄6號2樓
電話　(02)29178022

叢書主編　沙淑芬
校對　吳美滿
封面設計　沈佳德

行政院新聞局出版事業登記證局版臺業字第0130號

本書如有缺頁，破損，倒裝請寄回台北聯經書房更換。　ISBN 978-957-08-4276-0 (軟精裝)
聯經網址：www.linkingbooks.com.tw
電子信箱：linking@udngroup.com

國家圖書館出版品預行編目資料

儒者行：孔德成先生傳/汪士淳著．初版．
臺北市．聯經．2013年10月（民102年）．424面．
17×23公分
ISBN 978-957-08-4276-0（軟精裝）

1.孔德成 2.台灣傳記

783.3886 102019555